Gérald Bronner

Kognitive Apokalypse

Gérald Bronner

Kognitive Apokalypse

Eine Pathologie der digitalen Gesellschaft

Aus dem Französischen
von Michael Bischoff

C.H.Beck

Die Originalausgabe erschien 2021 auf Französisch unter dem Titel
Apocalypse cognitive
bei HUMENSIS

Die Arbeit des Übersetzers am vorliegenden Text
wurde vom Centre National du Livre (CNL) gefördert.

Mit 15 Grafiken

Für die deutsche Ausgabe:

www.chbeck.de
Umschlaggestaltung: geviert.com, Nastassja Abel
Umschlagabbildung: © Shutterstock
Satz: C.H.Beck.Media.Solutions, Nördlingen
Druck und Bindung: Pustet, Regensburg
Gedruckt auf säurefreiem und alterungsbeständigem Papier
(hergestellt aus chlorfrei gebleichtem Zellstoff)
Printed in Germany
ISBN 978 3 406 79128 4

myclimate

klimaneutral produziert
www.chbeck.de/nachhaltig

Inhalt

Für Daphnée

«Vielleicht wäre es in unserem Jahrhundert die höchste Tugend,
der Unmenschlichkeit ins Gesicht zu sehen,
ohne den Glauben an die Menschen zu verlieren.»

Raymond Aron

Subjektives Vorwort

Eine großartige Zeit

Im November 1989 fiel die Berliner Mauer. Obwohl ich damals noch etwas zu jung war, um die ganze Tragweite dieses Ereignisses zu erfassen, sah ich doch klar, dass es sich um etwas Erfreuliches handelte: Die Menschen jubelten und tanzten. Im selben Jahr stürzten auch die finsteren Ceauşescus. Kurz gesagt, mit dem Niedergang des sowjetischen Imperiums hielt die große Geschichte Einzug bei uns zu Hause, und wir hatten Gelegenheit, selbst Zeuge des historischen Geschehens zu werden. Zugleich gab es da eine gewisse Melancholie, denn wie manche behaupteten, würden wir so etwas nicht noch einmal erleben. Zu ihnen gehörte Francis Fukuyama, der vor kaum dreißig Jahren ein Buch veröffentlichte, das in der ganzen Welt Aufmerksamkeit erregen sollte: *Das Ende der Geschichte*. Dieses Buch des jungen Politikwissenschaftlers, das einen 1989 in der Zeitschrift *The National Interest* veröffentlichten Aufsatz weiter ausarbeitete, galt manchen als einer der wichtigsten Texte der zweiten Hälfte des 20. Jahrhunderts. Darin konnte man lesen, der Untergang des kommunistischen Imperiums kündige die Monopolstellung des Ideals der liberalen Demokratie an. Fukuyama wusste sehr wohl, dass Gewalt und Wirren damit durchaus nicht verschwinden würden, aber er glaubte zumindest, dass kein ideologisches System mehr mit der liberalen Demokratie konkurrieren könnte, die von nun an den einzigen möglichen Horizont des politischen Denkens bilden werde.

Irgendetwas gefiel mir nicht an der allgemeinen Befriedung, die man uns da prophezeite. War das die Laune eines verwöhnten Kindes? Sollte das Leben für uns nun wirklich einen ruhigen und langweiligen Lauf nehmen? Wer so dachte, hatte offenbar nicht die Schrecken der Geschichte erlebt, doch mit diesem Gefühl endete für mich das vergangene Jahrhundert. Ich bemerkte auch, dass die moralische Empörung, die damals schon zu einem Dauerzustand wurde, meiner Generation als Deckmantel diente, auch wenn sie nicht weniger mutig als die anderen war, aber keine Gelegenheit zu wirklichen Heldentaten fand. Ging die Geschichte tatsächlich ihrem Ende entgegen? Meine intellektuelle Bildung hätte schon sehr unvollkommen sein müssen, wenn ich an solche Märchen geglaubt hätte. Die Geschichte kommt niemals an ein Ende.

Drei Jahrzehnte später scheint die Geschichte zu galoppieren. Ihr Lauf hat solch eine Geschwindigkeit erreicht, dass es fast unmöglich ist, sie ordentlich zu denken. Es gibt zahlreiche politische Systeme, die sich als Ersatz für das Modell der liberalen Demokratien anbieten: die autoritäre Marktgesellschaft wie in China, eine Demokratur wie in der Türkei oder in Russland, der politische Islam oder auch die gesellschaftlichen Veränderungen, wie sie die verschiedenen politischen Zweige der ökologischen Bewegung vorschlagen, die sich zum Teil gegen ein weiteres Wachstum wenden, während andere sich dem Antispeziesismus verschreiben.

Unter all den Eigenheiten dieser leidenschaftlichen und beunruhigenden Zeit ist mir besonders in Erinnerung geblieben, dass die ersten zwei Jahrzehnte des 21. Jahrhunderts eine massive Deregulierung des kognitiven Marktes herbeiführten, den man auch als Markt der Ideen bezeichnen könnte. Diese Deregulierung lässt sich einerseits durch die ungeheure, in der Geschichte der Menschheit beispiellose Masse verfügbarer Information und andererseits durch die Tatsache erfassen, dass jeder seine eigene Darstellung der Welt in dieses Meer einfließen lassen kann. Die neue Situation schwächte die Rolle der traditionellen *Gatekeeper*, die hinsichtlich dieses Marktes eine regulierende Funktion ausübten (Journalisten, akademische Experten, kurz alle, die als gesellschaftlich legitimiert galten, sich an der öffentlichen Debatte zu beteiligen). Heute kann jeder, der über einen Account in einem sozialen Netzwerk verfügt, seine Ansichten, zum Beispiel über Impfstoffe, direkt gegen die eines Medizinprofessors stellen – und sich dabei möglicherweise noch mit einem größeren Publikum brüsten.

Es ist nicht das erste Mal in der Geschichte, dass Glaube und methodisches Denken in Wettstreit miteinander treten, wenngleich der Glaube dem methodischen Denken oft ganz buchstäblich verbieten konnte, seine Positionen zum Ausdruck zu bringen. In manchen Gesellschaften wurden Menschen, die sich dennoch für die aufkommende Wissenschaft und das methodische Denken einsetzten, mit dem Tode bestraft. Der Glaube vermag also dem Wissen zu verbieten, seine Argumente zur Geltung zu bringen, etwa unter Androhung des Todes auf dem Scheiterhaufen. Er bemüht sich jedoch meist um Arrangements, die es ihm erlauben, eine direkte Konfrontation mit für ihn abträglichen Argumenten zu vermeiden. Als man zum Beispiel in der Scholastik nach den Verbindungen zwischen Gott und der Natur fragte, fühlten sich die Denker der Zeit zwischen Glaube und Vernunft hin- und hergerissen. Das 13. Jahrhundert war von Krisen an den Universitäten geprägt, und so erfand man jene doppelte Wahrheit, die der Historiker Alain de Libera als «mittelalterliche Schizophrenie» bezeichnet hat.[1] Danach vermag ein und dieselbe Person als Philosoph das eine und als Christ etwas ganz anderes zu glauben. Das ist einer der Auswege, die Menschen in der Geschichte ersannen, um einer Konfrontation aus dem Wege zu gehen. Diese Lösung hielt jedoch nur eine begrenzte Zeit, und die Fortschritte der Erkenntnis traten oft in direkte Konkurrenz zu wörtlichen Auslegungen der religiösen Schriften oder zu all den anderen Aussagen aus dem Bereich des Übernatürlichen, der Magie und der Pseudowissenschaften.

Hier nur ein Beispiel von vielen. Die in der Bibel (Genesis 1,20–30 und 2,7) dargestellte Sicht, wonach die Tiere und der Mensch von Gott erschaffen wurden, und zwar jede Art getrennt von den anderen, hat viel von ihrem Ansehen verloren. Der dort vertretenen These, unsere Erde sei in sechs Tagen erschaffen worden (Genesis 1,1–31) und sei 6000 Jahre alt, ergeht es kaum besser angesichts der Entdeckung der Fossilien, ihrer Datierung und allgemein der wissenschaftlichen Fortschritte insbesondere des 19. Jahrhunderts. All das ist höchst unbequem für das biblische Weltbild, das jahrhundertelang die Vorherrschaft besaß, und man kann sagen, dass die von der Wissenschaft vorgeschlagenen geistigen Modelle in eine feindliche Konkurrenz zu den von der Religion behaupteten getreten sind.

Angesichts solcher Widersprüche bleiben dem Gläubigen mehrere Möglichkeiten. Er kann seinen Glauben aufgeben und einräumen, dass die Bibel, auf die er seinen Glauben stützt, aus erfundenen Geschichten bestehe; oder er kann daran festhalten, dass Darwins Theorie falsch sei. Und tatsächlich wird die zweite Option häufiger gewählt als die erste. Nur selten gibt ein Gläubiger seinen Glauben allein wegen widersprechender Fakten auf, so gut sie auch begründet sein mögen. Vielmehr wird er versuchen, deren Befürworter in Misskredit zu bringen, die Methoden, die zu diesen unliebsamen Erkenntnissen geführt haben, bis ins Unendliche zu zerlegen und Fehler in der zugrundeliegenden Argumentation ausfindig zu machen. Kurz, er wird sich nicht geschlagen geben, sondern bis zum Ende kämpfen, um die Darstellung zu bewahren, die ihn entfremdet, ohne dass er sich dessen bewusst wäre.

Genau diese Strategie wird heute zum Beispiel noch in der Türkei eingesetzt, wo der Rat für höhere Bildung 2017 beschloss, Darwins Theorie aus den Biologielehrbüchern zu entfernen, weil sie mit den Werten des Landes nicht vereinbar sei. Seither dürfen nur über Achtzehnjährige in die Erkenntnisse eingeweiht werden, die den wissenschaftlichen Zugang zum Rätsel des Lebens bilden. Die Evolutionstheorie wird dort also als jugendgefährdend eingestuft, desgleichen in Saudi-Arabien. In den Vereinigten Staaten von Amerika wird die Evolutionstheorie zwar nicht aus den Schulen verbannt, aber sie findet kein großes Publikum. Man kann sich natürlich über den Befund des Gallup Instituts freuen, wonach in diesem Land die Zustimmung zu Darwins Thesen noch nie sie groß war wie 2019, aber die Begeisterung dürfte nachlassen, wenn man erfährt, dass nur 22 Prozent der Ansicht waren, dass «die Lebewesen sich über Millionen von Jahren aus weniger fortgeschrittenen Lebensformen entwickelt haben und Gott mit diesem Phänomen nichts zu tun hat». 1983 hatte dieser Anteil nur 9 Prozent betragen. Dennoch glauben mehr als 70 Prozent der Einwohner der Weltmacht Nr. 1 auch heute noch den religiösen Thesen zur Biologie.

Und noch eine dritte Strategie bietet sich dem Gläubigen an, wenn der Fortschritt des Wissens seine Vorstellungen bedroht: die Ansicht, dass es sich um einen Scheingegensatz handele. Diese Strategie beobachten wir seit dem 19. Jahrhundert. Sie besteht darin, dem Gläubigen vorzugaukeln, er könne beides haben. Viele Katholiken interpretieren die biblischen Zeiten als Metapher für sehr lange, geologische Zeiträume. Danach beschreibt die Bibel die äußerst langsame Herausbildung des Universums und die schrittweise Entstehung der Arten ganz gemäß den späteren Entdeckungen der Wissenschaften. So geraten sie denn in Verzückung über die großartige Modernität und wissenschaftliche Voraussicht der Heiligen Schrift.[2] Die Botschaft Papst Johannes Pauls II. an die Mitglieder der Päpstlichen Akademie der Wissenschaft vom 22. Oktober 1996 lässt erkennen, dass eine Lösung dieser Art den Segen des Vatikans hätte. Insbesondere erklärt der Papst dort, man habe «Anlass, in der Evolutionstheorie mehr als eine Hypothese zu sehen», und verweist in diesem Zusammenhang auf «die Fruchtbarkeit eines vertrauensvollen Dialogs zwischen Kirche und Wissenschaft».[3] Die sinnbildliche Interpretation der Texte statt der früheren wörtlichen Auslegung ist eine der häufigsten Listen des Glaubens bei dem Versuch, eine direkte Konfrontation mit den Argumenten der Wissenschaft zu vermeiden. Dadurch erhält der Glaube eine Formbarkeit, die ihn unwiderlegbar macht.

Wenn aber die Fortschritte der Wissenschaft den Ausdruck des Glaubens in dieser Weise stören, müssen wir uns dann nicht über den generalisierten kognitiven Wettbewerb freuen, der zu den Grundzügen der modernen Welt gehört? Werden die objektiv rationalen Aussagen sich in diesem Wettbewerb letztlich nicht gegen die verfälschenden Hervorbringungen des Aberglaubens, der modernen Mythen und anderer Verschwörungstheorien durchsetzen?

Schon ein oberflächlicher Blick auf die gegenwärtige Lage macht solche Hoffnungen zunichte. In Wirklichkeit begünstigt der freie Wettbewerb oft die Produkte der Leichtgläubigkeit.[4] Manche Erscheinungen – die im Übrigen nicht auf das Internet warten mussten, um Eingang in die gesellschaftliche Realität zu finden – haben sich seit dem Beginn der 2000er Jahre verstärkt. Das gilt etwa für das Misstrauen gegenüber Impfungen, für Verschwörungstheorien oder auch für die gehäuften Warnungen vor Gesundheits- oder Umweltgefahren, die nicht immer in der Vernunft gründen.

Selbst die Flacherdler – die an der Theorie einer flachen Erde festhalten – finden heute ein gewisses Publikum und veranstalteten 2018 ihren ersten internationalen Kongress. Sie verweisen übrigens gerne darauf, dass sie «Mitglieder rund um die Erde» [*sic*] hätten. Wie lässt sich angesichts unserer zahlreichen Fotografien und all der empirischen Beweise für die Kugelgestalt der Erde die unverständliche Wiederauferstehung einer derart verrückten Theorie erklären? Wenn wir uns die Videos ansehen (und davon gibt es auf YouTube mehr als eine Million) in denen diese These vertreten wird, zum Beispiel die von Mark Sergant, einem der weltweiten Anführer dieser Gemeinschaft, werden wir feststellen, dass die Argumente zwar sämtlich widerlegbar sind, aber doch den unvorbereiteten Geist leicht verwirren können. Dennoch stellt sich auch angesichts dieses ausgesprochen marginalen Glaubens wieder die quälende Frage: Warum lässt der freie Wettbewerb auf dem kognitiven Markt solche Behauptungen nicht einfach in der Versenkung verschwinden?

Wird der Wettbewerbsvorteil mancher für leichtgläubige Menschen reizvollen Thesen von Dauer sein, oder dürfen wir erwarten, dass der Wettbewerb der Ideen auf lange Sicht jene Aussagen begünstigt, die am besten begründet sind und dem Kanon der Rationalität am nächsten kommen? Auf diese Frage lässt sich allenfalls eine spekulative Antwort geben, doch sie bietet die Gelegenheit, mit einem großen französischen Soziologen ins Gespräch zu kommen, der heute in Vergessenheit geraten ist: Raymond Boudon. Seine Leser werden sich erinnern, dass er im letzten Teil seines Werkes eine Theorie des Fortschritts der Ideen vorgelegt hat.[5] Er sah natürlich, dass kollektive Meinungen in die Irre gehen können (das war eines der Hauptthemen seines Werkes), behauptete jedoch in der Nachfolge Tocquevilles, dass sich in geschichtlicher Perspektive auf lange Sicht jene Ideen durchsetzen, die dem Gemeinwohl zuträglich sind.[6] Der Kern dieser «evolutionären» Theorie gilt sowohl für die Ideen im Kontext des Wahren und Falschen als auch für jene im Kontext des Guten und Bösen und basiert auf dem Gedanken der «transsubjektiven» Begründungen, die er so bezeichnete, weil diese Ideen die Fähigkeit besitzen, «von einer Mehrzahl von Personen gebilligt zu werden, obwohl man ihnen keine objektive Geltung zusprechen kann».[7]

Dieser Gedanke hätte gewiss eine gründlichere analytische Klärung verdient, denn er führt den Autor zu einer sehr starken These: Wenn die gesellschaftlichen Bedingungen es zulassen, erlangen manche Ideen dank ihres transsubjektiven Charakters eine solche Dauerhaftigkeit und eine derart weite Verbreitung, dass die öffentliche Meinung sie nicht mehr infrage stellt, sobald sie sich einmal durchgesetzt haben. In seinen Augen – und er verteidigt seine Grundthese immer wieder – gibt es im Bereich des Deskriptiven wie auch des Normativen eine rationale «Sicherung». Als Beispiel führte er gerne die Todesstrafe an. Ist sie erst einmal abgeschafft, wird nicht mehr grundsätzlich darüber diskutiert. Raymond Boudons Vorstellung von der Selektion der Ideen war also von einem optimistischen Evolutionsgedanken geprägt, der sich vor allem im letzten Teil seines Werkes findet, in seinem Buch *Le Sens des Valeurs* [Der Sinn der Werte], wie auch in seinem Büchlein *Déclin de la morale? Déclin des valeurs?* [Niedergang der Moral? Niedergang der Werte?].

Die Transsubjektivität einer Überzeugung bemisst sich also an deren Fähigkeit, auf andere Geister überzugehen, zumindest wenn man voraussetzt, dass dies auf einem kognitiven Markt geschieht, auf dem ein reiner und vollkommener Wettbewerb zwischen den Ideen herrscht. Solche Verhältnisse lassen sich in der Realität allerdings kaum finden. Die kognitiven Märkte haben eine Geschichte, und manche Ideen besitzen eine Oligopol- oder gar Monopolstellung, und zwar nicht wegen ihres transsubjektiven Charakters, sondern weil sie von Verbreitungseffekten profitieren, die ihre Dauerhaftigkeit sicherstellen.[8] Aber kann man wirklich darauf wetten, dass ein freier Markt der Ideen die kognitiven Erzeugnisse hervortreten lässt, die aus der Perspektive der Rationalitätsnorm am besten begründet sind?

Bei der Diskussion dieser Hypothese können wir ebenjenen Transsubjektivitätsgedanken heranziehen, den Boudon bei der Konzeption seiner evolutionären Theorie verwendete. Wenn wir mit seiner Hilfe wirklich verstehen können, wie der kognitive Wettbewerb auf lange geschichtliche Sicht die individuellen Urteile von ihren subjektiven Determinanten zu befreien vermag, lässt sich damit vielleicht auch verstehen, warum es möglich ist, dass gewisse logische Irrwege auf einem deregulierten kognitiven Markt zusammenkommen und falschen oder zweifelhaften Ideen eine gewisse Glaubwürdigkeit verleihen. Die Frage ist, ob der Wettbewerb stets das beste Erzeugnis begünstigt oder lediglich das Produkt, das die größte Befriedigung verspricht. Auf vielen Märkten fallen beide zuweilen zusammen, doch auf dem kognitiven Markt markieren sie den Unterschied zwischen methodischem Denken und Leichtgläubigkeit. Und genau diese Frage stellt sich uns heute. Mit ihr macht die Geschichte kraftvoll ihre Rechte gegen all jene geltend, die meinen, sie sei an ihr Ende gelangt.

Die Objekte geistiger Betrachtung können sich nicht nur deshalb vermehren und in einen ungehemmten Wettbewerb miteinander treten, weil auf dem Informationsmarkt neue technologische Bedingungen herrschen, sondern auch weil die verfügbaren Kapazitäten unseres Gehirns gewachsen sind. Diese Objekte der Betrachtung haben keinen anderen Daseinsgrund, als unsere Aufmerksamkeit zu erringen. Ob sie nun Theorien über den Sinn der Welt, eine Sittenlehre, ein politisches Programm oder eine bloße Fiktion vortragen, sie können nur überleben, wenn wir ihnen einen Teil unserer «Gehirnzeit» widmen. Es zeigt sich – und das ist ein weiterer bedeutsamer Aspekt der Geschichte, die sich gerade entfaltet –, dass diese verfügbare «Gehirnzeit» noch niemals so groß war wie heute.

Die beispiellose Lage, die wir heute beobachten, ist also geprägt vom Zusammentreffen unseres uralten Gehirns mit dem allgegenwärtigen Wettbewerb der Objekte geistiger Betrachtung, verbunden mit einer bislang noch nie dagewesenen Freisetzung verfügbarer Gehirnzeit.

Wer wird in diesem Endkampf um die Aufmerksamkeit den Sieg davontragen? Das ist die große Herausforderung. Denn in dieser verfügbaren Gehirnzeit warten auf uns fantastische Requiems oder Krebsheilmittel ebenso wie die schlimmsten Verbrechen, die man sich nur vorstellen kann, oder höchst bedauerliche kulturelle Hervorbringungen. Wir können die Gehirnzeit nutzen, um Quantenphysik zu studieren oder um uns Katzenvideos anzuschauen. So bleibt denn eine Frage – die politischste aller Fragen, die wir stellen können, denn die Antwort darauf wird über nichts Geringeres als die Zukunft der Menschheit entscheiden:

Was werden wir mit dieser freigesetzten Gehirnzeit anfangen?

Dieser Frage soll dieses Buch nachgehen und dabei insbesondere zeigen, dass der Wettbewerb auf dem kognitiven Markt die Möglichkeit bietet, einige unserer tiefen Sehnsüchte zu enthüllen. Anders gesagt, da die Situation unsere Natur ans Licht bringt, erlaubt sie die Annäherung an eine realistische Anthropologie unserer Spezies. Gehört die Menschheit unter allen möglichen intelligenten Zivilisationen zu jenen, die ihr evolutionäres Schicksal überwinden können? Alles hängt davon ab, wie wir mit dieser freigesetzten Gehirnzeit, dem kostbarsten aller Schätze der uns bekannten Welt, umgehen werden.

Die Stunde der Konfrontation mit unserer eigenen Natur wird kommen. Wie bei jeder Initiation wird das Ergebnis dieser Konfrontation von unserer Fähigkeit abhängen, uns einzugestehen, was wir da im Spiegel sehen. In der Geschichte haben manche immer wieder die Existenz dieses Spiegelbildes zu leugnen versucht, indem sie Gesellschaftsprojekte ersannen, die auf naiven Anthropologien basierten und – wie könnte es anders sein? – stets scheiterten. Sie riefen nach einem «neuen Menschen», der allerdings niemals kam. Andere Projekte verlangen dagegen, diese Spiegelung als unabwendbares Schicksal anzunehmen, und leiten aus unseren unmittelbarsten Anschauungen (dem gesunden Menschenverstand, wie sie gern sagen) und unseren drängendsten Wünschen eine Art politischer Legitimation ab. Diese Projekte nehmen häufig die Form des Populismus und hier wiederum viele die der Demagogie an.

Es gibt indessen eine andere Möglichkeit, doch der Weg dorthin ist steinig.

I

Der kostbarste aller Schätze

Die befreiten Menschen

Jean Perrin war eine Persönlichkeit, wie es sie heute gar nicht mehr gibt. Er erhielt 1926 den Nobelpreis für Physik und betätigte sich wenig später als Staatssekretär im Bildungsministerium. Als bekannter Intellektueller seiner Zeit gehörte er zu jenen Wissenschaftlern, die sich im Gefolge der Dreyfus-Affäre in der Öffentlichkeit engagierten. Nach Ansicht dieser Wissenschaftler, zu denen auch Émile Borel, ein großer Mathematiker und Vorkämpfer der europäischen Idee, oder Paul Painlevé, Präsident der Académie des sciences, zählten, beide gleichfalls Minister zu ihrer Zeit, sollte die Wissenschaft eine wichtige Rolle im gesellschaftlichen Fortschritt spielen. Sie bildeten eine mächtige, gleichermaßen politische und philosophische Lobby und gründeten die Union rationaliste, aber auch den Vorläufer des CNRS (Centre national de la recherche scientifique). Damals glaubte man fest an den Fortschritt, und anthropophobe Ansichten stammten allenfalls aus der Feder religiös-konservativer Autoren und solcher Philosophen, die sich in die Gefilde der Misanthropie verirrt hatten. Eine ferne Zeit also, die uns heute recht verstaubt vorkommt. Man vergisst leicht, dass wir die Modernisierung Frankreichs und die schrittweise Befreiung aus den Fesseln des Aberglaubens zu einem Gutteil solchen Menschen verdanken.

Es war eine andere Zeit. Jean Perrin erhielt von der Regierung Herriot sogar eine Summe von 5 Millionen Francs, die vom Bau der Maginot-Linie abgezogen wurden, für die Gründung der Caisse nationale des sciences – ein aufschlussreiches Symbol und ein Beweis, dass man selbst in

Zeiten großer militärischer Spannungen Mittel für die Förderung der Forschung loseisen konnte. Wie sich zeigte, war die Caisse nationale des sciences letztlich von größerem Nutzen als die Maginot-Linie, denn aus ihr ging das CNRS hervor, das heute noch zu den wichtigsten Forschungseinrichtungen Frankreichs gehört. Ihre durch einen Erlass vom 19. Oktober 1939 amtlich bestätigte Gründung wurde in der Öffentlichkeit kaum zur Kenntnis genommen. Wir dürfen nicht vergessen, dass unsere Mitbürger und die Presse damals ganz andere Sorgen hatten, denn Frankreich war gerade in den Krieg eingetreten. Überlieferungen zufolge gewann Jean Perrin die Unterstützung der Regierung bereits 1930. Zu diesem Anlass gab er eine Erklärung heraus, über die wir heute vielleicht nur lächeln könnten oder die unsere Zeitgenossen erschrecken würde:

> Wenn wir heute zu diesem kleinen notwendigen Opfer bereit sind, werden die von der Wissenschaft befreiten Menschen schon bald, vielleicht in wenigen Jahrzehnten, froh und gesund leben und sich bis an die Grenzen der Möglichkeiten ihres Gehirns entwickeln ... Es wird ein Paradies sein, das in der Zukunft und nicht in einer Vergangenheit liegt, die in Wirklichkeit elend war.[1]

Zu einer Zeit, da die herrschende Ideologie zuweilen misstrauisch gegenüber Wissenschaft und Technologie ist und die Idee des Fortschritts in Trümmern liegt, muss diese Erklärung zweifellos naiv erscheinen. Dennoch waren die Hoffnungen Jean Perrins nicht vollkommen abstrus, und die nachfolgende Zeit gab ihm teilweise Recht. Es ist nur zu wahr, dass Wissenschaft, Technologie und sozialer Fortschritt die Menschheit von einem Teil der Knechtschaft, die den Überlebenserfordernissen geschuldet war, befreit und ihr Los beträchtlich verbessert haben.

So ist etwa die Lebenserwartung bei der Geburt auf allen Kontinenten geradezu schwindelerregend gestiegen. In der Mitte des 19. Jahrhunderts lag sie im weltweiten Durchschnitt unter 30 Jahren. Heute liegt sie bei mehr als 70 Jahren. Man könnte auch darauf verweisen, dass die Kinderarbeit stark abgenommen hat. Nach Angaben der Weltarbeitsorganisation waren 1950 fast 30 Prozent der Weltbevölkerung davon betroffen, heute dagegen unter zehn Prozent – auch wenn immer noch weltweit 73 Millionen Kinder arbeiten müssen. Desgleichen sterben weniger Frauen im Kindbett und weniger Kinder bei der Geburt. Der Anteil der Weltbevölkerung, der unter Mangelernährung leidet, konnte um ein Drittel gesenkt werden. Der Zugang zu sauberem Trinkwasser, zu Gesundheitsversorgung und zu Elektrizität hat sich überall verbessert. Malaria richtet weniger Verheerungen an, und die Zahl der in Kriegen oder bei Naturkatastrophen getöteten Menschen ist deutlich zurückgegangen – wenn man die Geschichte unserer Welt mit dem Abstand von einigen Jahrzehnten betrachtet.

Selbst auf manchen Gebieten, auf denen es nach verbreiteter Auffassung in früheren Zeiten besser war, können wir feststellen, dass diese Ansicht sich als Irrtum erweist, wenn wir uns nur die Mühe machen, die Situation anhand objektiver Daten zu prüfen. So ist die Luft, die wir heute atmen, weitaus besser als in den letzten Jahrzehnten. Zumindest in Frankreich haben der Ersatz der Kohleheizungen und strenge Vorgaben für die Industrie zu einem deutlichen Rückgang der CO_2-Emissionen geführt, die für den sauren Regen verantwortlich waren, der in den 1980er Jahren für Schlagzeilen sorgte. Dasselbe gilt auch für Blei und Kadmium. Und die gesundheitlichen Grenzwerte für Feinstaub wurden 2007 in 33 Fällen überschritten, während es 2016 nur noch drei waren.

Kurz gesagt, die heute fast tot erscheinende Idee des Fortschritts hatte zu Jean Perrins Zeiten durchaus einen Sinn. Aber welchen Sinn könnte man diesem Satz des Staatssekretärs und Nobelpreisträgers für Physik geben, wonach die von der Wissenschaft befreiten Menschen «froh und gesund leben und sich bis an die Grenzen der Möglichkeiten ihres Gehirns entwickeln» würden? Man kann sich vorstellen, Perrin meinte damit, die Zwänge, die auf der Menschheit vor allem deshalb lasten, weil sie sich ernähren und ihre biologischen Bedürfnisse befriedigen muss, hinderten sie daran, ihr ganzes geistiges Potenzial zu entfalten. Die Zwänge der Arbeit gelten lange schon als eine Last, die schwer auf unserer Lebenszeit und mehr noch auf unserer Aufmerksamkeitsspanne liegt, wie es schon die Etymologie des französischen Wortes für Arbeit: *travail* (von *tripalium*, einem aus drei Pfählen bestehenden Folterwerkzeug) nahelegt, aber auch das ungute Gefühl, das viele unserer Mitmenschen am Sonntagabend vor dem Beginn einer neuen Arbeitswoche überkommt. Viele von uns sehnen sich nach etwas anderem.

Nicht dass die Lust auf Müßiggang derart verbreitet wäre, denn wie wir wissen, können Leere und Langeweile durchaus quälend sein, aber zumindest teilen wir die Hoffnung, all die Tätigkeiten, mit denen wir Geld verdienen können, weniger mühsam gestalten zu können. Mit Ausnahme derer, die das Glück haben, ihre Leidenschaft zum Beruf gemacht zu haben, wären die Menschen bereit, weniger zu arbeiten, wenn ihre Einkünfte dieselben blieben. Ebenso und noch einhelliger würden sie es begrüßen, wenn ihre beruflichen Tätigkeiten von stumpfsinnigen Aufgaben entlastet würden, die ihnen das alltägliche Leben verderben. Anfang des 19. Jahrhunderts glaubten übrigens Ökonomen wie David Ricardo und Karl Marx ohne jegliche Furcht, dass Roboter die Menschen ersetzen könnten, und Marx erblickte darin sogar eine Befreiung für die Menschheit. Der Ausdruck «Roboter», aus dem russischen Wort für Arbeit: *rabota*, abgeleitet, verweist deutlich auf die Funktion, die man diesen Maschinen von Anfang an zuwies: an unserer Stelle zu arbeiten. Diese Hoffnung brachte auch der Schriftsteller Théophile Gautier zum Ausdruck, der 1848 erklärte:

> Die Menschheit emanzipiert sich Schritt für Schritt. Bald wird auch der Arbeiter frei sein. Aber ein neuer Sklave wird ihn bei diesem harten Herren ersetzen. Ein Sklave, der Tag und Nacht im Feuer keuchen, schwitzen, stöhnen und hämmern kann, ohne dass man Mitleid mit ihm hätte. Seine eisernen Arme werden an die Stelle der schwachen menschlichen Arme treten. Die Maschinen werden nunmehr alle ermüdenden, abstumpfenden und abstoßenden Arbeiten verrichten. Der Bürger wird dank dieser Dampfheloten Zeit haben, seinen […] Geist zu bilden.[2]

Doch womit soll man sich beschäftigen? Was vermag denn nun das «bis an die Grenzen» entwickelte Gehirn zu tun, um es mit Jean Perrin zu sagen? Mit einer gewissen Beunruhigung versetzt, finden wir diese Mutmaßung bei einem anderen Nobelpreisträger, diesmal in Wirtschaftswissenschaften, dem berühmten John Maynard Keynes. Er fragt 1930 nach den «wirtschaftlichen Möglichkeiten für unsere Enkelkinder»:

> Denn drei Stunden am Tag reichen aus, um den alten Adam in den meisten von uns zu befrieden! […] Zum ersten Mal seit seiner Erschaffung wird der Mensch damit vor seine wirkliche, seine beständige Aufgabe gestellt sein – wie seine Freiheit von drückenden wirtschaftlichen Sorgen zu verwenden, wie seine Freizeit auszufüllen ist, die die Wissenschaft und Zinseszins für ihn gewonnen haben, damit er weise, angenehm und gut leben kann.[3]

Falls Keynes sich hier wirklich an seine Enkel wenden wollte, war er wohl ein wenig voreilig mit seiner Prophezeiung, dass sie nur noch drei Stunden am Tag arbeiten würden. Denselben Vorwurf könnte man auch Jeremy Rifkin machen, der in seinem berühmten Buch *Das Ende der Arbeit* behauptete, die in allen Volkswirtschaften laufende, der Logik der Profitoptimierung folgende Automatisierung werde zu Massenarbeitslosigkeit führen. Diese Voraussagen waren zwar übertrieben, doch es trifft zu, dass, über die letzten zwei Jahrhunderte besehen, eine eindrucksvolle Verringerung der auf die Arbeit verwendeten Lebenszeit zu verzeichnen ist. Zu Beginn des 19. Jahrhunderts wurde in Frankreich doppelt so viel gearbeitet wie heute. Der Rückgang hängt mit mehreren Gesetzen (1841, 1892, 1900, 1919 …) zusammen, die durch die Einführung eines bezahlten Urlaubs die wöchentliche Arbeitszeit verringerten, aber natürlich auch mit der gestiegenen Arbeitsproduktivität.[4] Ein solcher Rückgang lässt sich in allen Wirtschaftssektoren (Industrie, Baugewerbe, Dienstleistungen, Landwirtschaft …[5]) und in allen Ländern beobachten. In der gesamten industrialisierten Welt reduzierte sich die Arbeitszeit auf etwa die Hälfte. In Belgien war die Arbeit um 1870 am härtesten, denn dort betrug die durchschnittliche Wochenarbeitszeit 72 Stunden, während man in Frankreich 66 und in Australien nur 56 Stunden arbeitete. Heute wird in den USA, Kanada und Großbritannien am längsten gearbeitet, nämlich etwa 40 Stunden in der Woche, während die wöchentliche Arbeitszeit in den Niederlanden nicht einmal 34 Stunden beträgt.[6]

In Frankreich nimmt die Arbeitszeit gegenwärtig 11 Prozent der gesamten wachen Lebenszeit in Anspruch, um 1800 waren es 48 Prozent.

Parallel zu dieser Verringerung der Arbeitszeit hat auch die für häusliche Arbeit aufgewendete Zeit stark abgenommen. Die Zubereitung der Mahlzeiten, die Wäsche oder auch Heimwerkerarbeiten kosten uns heute weniger Zeit, nicht zuletzt, da uns bei zahlreichen Tätigkeiten, die früher von Hand verrichtet werden mussten, auch hier die moderne Technik zu Hilfe kommt. Waschmaschinen, elektrische Haushaltsgeräte, elektrische Rasenmäher, Bohrmaschinen, Staubsauger oder auch Geschirrspüler sind gleichsam Prothesen, die im Laufe des 20. Jahrhunderts in ganz erheblichem Maße aufkamen. Allein zwischen 1986 und 2010 verringerte sich die für häusliche Arbeiten verwendete Zeit um fast 15 Prozent.[7]

Auf nahezu allen Gebieten werden wir, ohne es zu bemerken, in unserem alltäglichen Leben oder durch Konsumgüter aus Industrie und Landwirtschaft von einem ganzen Heer «energetischer Sklaven» unterstützt, wie Jean-Marc Jancovici sie nennt. Was meint er damit? Nach Ansicht dieses Ingenieurs kann man eine Parallele zwischen unserem Energieverbrauch und der Zahl der Sklaven ziehen, die wir für Fortbewegung, Heizung, Ernährung usw. bräuchten – wenn es keine Maschinen gäbe. Ein Toaster mit einer Leistungsaufnahme von 700 Watt entspräche in energetischer Hinsicht dem Besitz eines ständig in Ihrem Haus lebenden Ochsen. Jeder Franzose könnte danach auf das energetische Äquivalent von fast 400 energetischen Sklaven zurückgreifen, während weltweit jedem Menschen im Durchschnitt das Äquivalent von 200 solcher Sklaven zu Diensten wären.

All das hat mit der Zeit zu einem spektakulären Fortschritt in der Verfügbarkeit unserer geistigen Fähigkeiten geführt. Die Menschheit hat sich nach und nach von den Zwängen befreit, die ihr nur wenig Zeit ließen, ihre höheren kognitiven Funktionen zu nutzen. Die Geschichte der freigesetzten Gehirnzeit macht es möglich, unsere gemeinsame Geschichte ganz anders zu denken. Unsere Vorfahren träumten häufig von diesem Augenblick, den wir heute erleben. Aber sahen sie auch voraus, dass aus diesem Traum ein Albtraum werden kann?

Eine andere Geschichte der Menschheit

Wenn wir diese andere Geschichte in groben Umrissen skizzieren wollen, müssen wir uns klarmachen, dass die Menschen und ihre Vorfahren lange Zeit von den gewaltigen Erfordernissen des Überlebens erdrückt wurden. Die normalen Lebensbedingungen unserer Ahnen waren von ständiger Ungewissheit und Unsicherheit geprägt. Die Zeit, die wir brauchten, um uns aus diesen Lebensbedingungen zu befreien, ist nur ein Wassertropfen im Vergleich zur gesamten Geschichte des Lebens, betrug aber dennoch mehrere hunderttausend Jahre. Erst im Altpaläolithikum erlangten die Vorfahren des Menschen eine vorherrschende Stellung: *Homo habilis, Homo ergaster, Homo erectus, Homo heidelbergensis* ... Das Ganze dauerte also Jahrtausende. Diese Sammler und Jäger wurden oft noch die Beute großer Raubtiere. Nach und nach stellten sie Werkzeuge her, mit deren Hilfe sie das von ihnen gejagte Niederwild zerlegen konnten. Bald schon halfen ihnen diese Werkzeuge, darunter Speere mit einer Länge von mehr als zwei Metern, auch größere Beutetiere anzugreifen. Der vermehrte Fleischkonsum förderte die Entwicklung ihres Gehirns. Sie entwickelten außerdem ihre sozialen Fähigkeiten und sorgten für eine effizientere Koordinierung ihrer Jagd- und Sammelaktivitäten. Die Stärkung ihrer unteren Extremitäten ermöglichte es ihnen, auf der Suche nach Beute große Strecken zurückzulegen. Schon 400 000 Jahre v. Chr. hatten sie einen beträchtlichen Teil der Erde besiedelt.

Nach neueren Studien[8] erschien *Homo sapiens*, also der Mensch, wie wir ihn heute kennen, vor etwa 300 000 Jahren. In unserer Spezies entwickelten sich dann Elemente, die teilweise auch unsere Vorfahren bereits besessen hatten, wenngleich nur als Anlagen. Der aufrechte Gang wird zu einem ständigen Merkmal, und ein Gehirn, das größer ist als das des *Homo habilis*, bietet unserer Spezies die Möglichkeit, vor allem dank der immer komplexeren Sprache, vielfältigere soziale Interaktionen zu pflegen. Was im kognitiven Bereich erworben wurde, konnte nun durch Lehren und Lernen weitergegeben werden. Durch perfekte Beherrschung des Feuers, eine beispiellose Spezialisierung der Werkzeuge, die Herstellung von Kleidung und sogar die Schaffung geistiger Systeme, die es ermöglichten, sich ein mentales Bild von der Welt zu machen, verringerte *Homo sapiens* nach und nach die der lebendigen Welt innewohnende Unsicherheit. Er war zwar immer noch von dem Glück oder Unglück abhängig, das ihm die Natur zuwies, doch es gelang ihm langsam immer besser, sein Schicksal zu steuern.

Vor etwa 40 000 Jahren begann die Population des *Homo sapiens* beträchtlich zu wachsen.[9] Die fortschreitende Beherrschung hatte massive Auswirkungen auf unsere kollektive Geschichte: *Homo sapiens* vermochte den Erfordernissen des Überlebens, die seine gesamte Aufmerksamkeit in Anspruch nahmen, ein wenig für andere Dinge verfügbare Zeit abzutrotzen. Das galt insbesondere für die Zeit kurz nach 10 000 v. Chr., als die Menschheit in die Phase eintrat, die von Fachleuten als neolithische Revolution bezeichnet wird.[10] In dieser Zeit vergrößerte sich dank neuer klimatischer Bedingungen vor allem im Nahen Osten das Nahrungsangebot in Gestalt von Süßgräsern. Dieses natürliche Füllhorn veranlasste unsere Vorfahren, sesshaft zu werden. Aus dieser Zeit stammen die ersten Häuseransammlungen, die man als Dörfer bezeichnen kann. Spuren davon aus der Zeit um 9000 v. Chr. finden sich in Jericho oder auch in Mureybet (am linken Ufer des Euphrat im heutigen Syrien).

Die Anfänge der Landwirtschaft wären danach nur eine unerwartete Folge dieses Himmelsgeschenks. Denn die Menschen (zumindest jene, die wir als Vorfahren unserer westlichen Zivilisation kennen) fanden nun dank der Bindung an diese Nahrungsreserven nach und nach die nötige Zeit, um eine Tatsache zu verifizieren, die sie sicher schon länger kannten, aber noch nicht erprobt hatten: Wenn man ein Samenkorn einpflanzt, kann man mit einer Ernte rechnen. Diese Entdeckung hatte gewaltige Folgen, denn sie legte die Grundlagen für die Sesshaftwerdung unserer Vorfahren und veranlasste sie, ihre Hütten aus Tierhäuten gegen Bauten aus Lehm und Stein einzutauschen, die dem Wetter besser standzuhalten vermochten. Sie machte es auch möglich, Vorräte anzulegen und auf diese Weise überschüssige Nahrung zu horten, deren Verwendung rationalisiert werden musste. Der relative Reichtum, der mit einem Umzug der Menschen in Dörfer einherging, ermöglichte das rasche Wachstum der Bevölkerung.

Wie der britische Anthropologe Robin Dunbar gezeigt hat, sind wir aufgrund der Fähigkeiten unseres Gehirns nicht in der Lage, enge wechselseitige Beziehungen zu weit mehr als 150 Personen zu unterhalten. Andere Studien zur Zahl der Freunde, mit denen wir in sozialen Netzwerken (trotz Tausender von Kontakten) tatsächlich Beziehungen pflegen, haben bestätigt, dass es sich hier um eine anthropologische Konstante handelt.[11] Jenseits dieser Zahl sind Formen von Hierarchie und damit Autorität erforderlich, um den sozialen Zusammenhang zu sichern. So wurde *Homo sapiens* mit dem Phänomen der sozialen Teilung der Arbeit und Zuständigkeiten konfrontiert und wurde, vor nahezu 12 000 Jahren, Zeuge der Entstehung des Politischen. Hinzu kamen zahlreiche Innovationen, unter denen die Entwicklung der Handwerke des Feuers die Töpferei, Keramik und bald auch die Metallverarbeitung ermöglichten.

All diese Elemente, die nebeneinander bestanden und den Beginn der Rationalisierung der Welt markierten, hatten die nicht beabsichtigte, aber grundlegende Folge, dass sie Gehirnzeit freisetzten. Die freigesetzte Zeit bildete eine Art Kriegsschatz auf dem Gebiet der Aufmerksamkeit, aus dem die Menschheit in ihrer gesamten Geschichte ihre Ressourcen, ihre Innovationen, ihre Kunst und ganz allgemein ihre Erforschung der möglichen Welten schöpfte. Der Kulturschock, den das Neolithikum darstellte, ließ nach Ansicht des Prähistorikers Jacques Cauvin den *Homo sapiens* aus seiner Rolle als Jäger, der in seiner Subsistenz von den Zufällen der Welt abhing, heraustreten und ermöglichte es ihm, die für das Überleben nötigen Prozesse besser zu beherrschen. Man könnte sagen, er erhöhte die Produktivität seiner dem Überleben gewidmeten Zeit und erarbeitete einen Überschuss, der in freigesetzter Zeit bestand.

Trotz der teilweisen Befreiung von der Unsicherheit des Nomadenlebens und trotz der opportunistischen Ernährung hatte die Menschheit noch einen langen Weg vor sich, bis sie verhindern konnte, dass die Natur sie länger wie Ronsards Rose behandelte: wie eine Rabenmutter.

Es gab bekanntlich eine Zeit, da war die Welt von Zauberwesen, Geistern, Feen, Göttern und dergleichen erfüllt. Diese Fantasiegestalten ermöglichten es unseren Vorfahren, die beängstigende Welt, in der sie lebten, mit Sinn zu erfüllen. Sie boten ihnen sogar noch etwas mehr als das, nämlich die Möglichkeit, mit ihrer Umwelt zu *verhandeln*. Wenn alle Elemente der Natur, in deren Abhängigkeit die Menschen standen: das Meer, der Boden, Wind, Sturm usw., denkende Wesen waren, dann konnten sie deren Wohlwollen erlangen und zugleich die Katastrophen abwenden, die sie auszulösen vermochten. Dieses Verhandeln ähnelte natürlich meist einem Flehen. Es galt, die Gunst dieser psychischen Entitäten zu gewinnen, indem man ihnen Nahrung, das Leben und sogar die Willensfreiheit opferte, insofern ihre Gebote uns die Regeln vorgaben, nach denen wir unsere Ernährung, unser Familienleben und zuweilen noch die intimsten Details unseres Daseins gestalteten. Es ist vielleicht eine kränkende Banalität, aber die meisten magischen oder religiösen Rituale, von den grobschlächtigsten bis hin zu den elaboriertesten, bestehen in nichts anderem als einer weitreichenden Verhandlung, in der wir versuchen, das Wenige, das wir anzubieten haben, gegen die Wohltaten der Vorsehung einzutauschen.

Das erste Muster, das sich in unserem Verhältnis zur Welt durchsetzte, war also die Unterwerfung unter eine Vielzahl von Entitäten. Jede Geschichte des menschlichen Denkens ließe sich zurückführen auf eine Geschichte der ontologischen Entleerung der Welt. Nach und nach lernten wir, dass in diesem Stein, dieser Wolke oder diesem Fluss kein denkendes Wesen steckte und dass es keinen Sinn hatte, ihnen irgendetwas anzubieten, um etwas dafür zu erhalten.

Thales von Milet war einer der Ersten, der dieses Gebäude des animistischen Weltverständnisses erschütterte und damit einen langen Prozess einleitete, der durch die Entpersönlichung der im Aufbau der Welt wirkenden Kräfte gekennzeichnet ist. Aristoteles bezeichnete Thales als den «Urheber solcher Philosophie» (einer Philosophie der «Physiker» oder «Physiologen»).[12] Diese Denker waren der Auffassung, man müsse nach natürlichen Ursachen suchen statt – auf dem Umweg über die Mythen – nach übernatürlichen Erklärungen. Jean Brun schrieb dazu:

> Thales hat wahrscheinlich das Verdienst […], nicht zu fragen, was vor dem war, was ist, sondern danach zu suchen, woraus die Welt besteht.[13]

In dieser Bemerkung zeigt sich der wachsende Vorrang des *Wie* gegenüber dem *Warum*. Der Prozess wird mehrere Tausend Jahre in Anspruch nehmen, doch nach dem Übergang vom Animismus zum Polytheismus, vom Polytheismus zum Monotheismus und schließlich zu Religionen, in denen die Gestalt Gottes immer abstrakter wurde und in weitere Ferne rückte, kam es, wie Max Weber dies ausdrückte, zu einer «Entzauberung der Welt».

Technik und Wissenschaft entleerten die Natur von jeglicher ontologischen Substanz und sorgten für eine Mechanisierung des Verhältnisses zwischen dem Menschen und der äußeren Welt. Die Menschen versuchten, die Welt zu beherrschen und das Gewünschte von ihr zu erlangen, indem sie die geheimen, Ursache und Wirkung miteinander verknüpfenden Gesetze entdeckten und die Ursachen herbeiführten, um die betreffenden Wirkungen zu erhalten oder zu vermeiden. Dadurch gewannen sie an materieller Sicherheit, was sie an kognitiver Sicherheit verloren, denn die Welt wurde nun nur noch (wie unvollkommen auch immer) durch das *Wie* und nicht mehr durch das *Warum* erklärt.

In seiner Verhandlung mit dieser Natur ging der Mensch ganz langsam von einem Verhältnis der Selbstunterwerfung zu einem der Beherrschung über. Statt zu bitten, zwangen sie nun die Welt, die von ihnen gewollten Wirkungen hervorzubringen. Paradoxerweise haben Magie, Astrologie und zahlreiche andere Pseudowissenschaften an dieser Rationalisierung mitgewirkt, denn sie trugen zur Durchsetzung des Gedankens bei, dass die Welt von Mechanismen bestimmt wird, die sich zähmen lassen. Man bat die Natur nun nicht mehr, doch freundlicherweise unsere Wünsche zu erfüllen, sondern befahl ihr, sie zu verwirklichen, indem man Methoden einsetzte, von denen man annahm, dass sie geheimnisvolle Mechanismen in Gang setzten.

Über die Magie hat der Anthropologe James George Frazer alles Wesentliche gesagt. In seinem berühmten Buch *Der golden Zweig* betont er, dass die magischen Praktiken letztlich nur auf zwei Prinzipien beruhen.

Auf einem Gesetz der Ähnlichkeit, wonach Gleiches stets Gleiches hervorruft, das heißt, dass Wirkung und Ursache einander ähnlich sind. Und auf einem «Gesetz der Berührung», wonach zwei Dinge, die miteinander in Berührung gekommen sind, auch dann noch aufeinander einwirken, wenn diese Berührung längst Vergangenheit ist.[14] Ein Beispiel vermag diese beiden Merkmale der Magie zusammenzuführen: die Voodoopuppe. Die Puppe muss ein Abbild des Opfers sein (Gesetz der Ähnlichkeit), und ihre Wirksamkeit ist besonders groß, wenn sie mit etwas vom Opfer Stammenden – Haare, Nägel, Haut – verziert ist (Gesetz der Berührung). Die vom Magier imaginierten Kausalbeziehungen mögen zwar Scheingesetzlichkeiten sein, sie nehmen jedoch in gewisser Weise den für Ingenieure typischen Umgang mit der Natur vorweg, nämlich den Willen, auf Reales einzuwirken, ohne den Weg über vermittelnde Wesen zu gehen, mit denen man verhandeln müsste.

Was nun die Astrologie betrifft, so markieren die berühmten «Prophezeiungen» des Nostradamus, wie sie in den *Centurien* vorliegen, einen ähnlich emblematischen Augenblick in der Revolution der Vorstellungen. Denn mit seinen Prophezeiungen behauptet der Astrologe, dass die Geschichte der Menschen nicht durch den Willen eines oder mehrerer Götter bestimmt wird, sondern durch stellare Wirkmechanismen, deren Resultate man im Voraus berechnen könne. Das Schicksal des Menschen ist zwar immer noch heteronom, aber nun nicht mehr von Gründen, sondern von Ursachen abhängig. Wer diese Ursachen antizipiert und beherrscht, ist Herr seines Schicksals. Dasselbe könnte man auch von der Alchemie sagen, die bei ihrer Suche nach dem Stein der Weisen und der Transzendenz auf eine Technik zurückgreift und nicht auf die Religion.

Diese Vorstellungen von technischer Beherrschung – die man prometheisch nennen könnte – vermochten im Westen ihren Höhepunkt im 19. Jahrhundert nur deshalb zu erreichen, weil man all diese magischen Kausalbeziehungen über Bord warf, mit denen man letztlich nur wie ein Blinder nach dem Realen fischte. Eine wesentliche Rolle spielte dabei Galilei, denn er suchte für die Beschreibung der Natur nach einer Sprache, die mathematisch sein musste, wie er 1623 in seiner Abhandlung über die Kometen erklärte. Dennoch stellten die Magie und all diese pseudotechnologischen Herangehensweisen wichtige Etappen in dem Prozess dar, den der Soziologie Max Weber als «Rationalisierung der Welt» bezeichnete. In seinen Augen führte dieser lange Prozess letztlich zur Entzauberung der Welt. Das erklärte er folgendermaßen:

> Wer von uns auf der Straßenbahn fährt, hat – wenn er nicht Fachphysiker ist – keine Ahnung, wie sie das macht, sich in Bewegung zu setzen. Er braucht auch nichts davon zu wissen. Es genügt ihm, dass er auf das Verhalten des Straßenbahnwagens «rechnen» kann, er orientiert sein Verhalten daran; aber wie man eine Trambahn so herstellt, dass sie sich bewegt, davon weiß er nichts. Der Wilde weiß das von seinen Werkzeugen ungleich besser. [...] Die zunehmende Intellektualisierung und Rationalisierung bedeutet also *nicht* eine zunehmende allgemeine Kenntnis der Lebensbedingungen, unter denen man steht. Sondern sie bedeutet etwas anderes: das Wissen davon oder den Glauben daran: dass man, wenn man *nur wollte*, es jederzeit erfahren *könnte*, dass es also prinzipiell keine geheimnisvollen unberechenbaren Mächte gebe, die da hineinspielen, dass man vielmehr alle Dinge – im Prinzip – durch *Berechnen beherrschen* könne. Das aber bedeutet: die Entzauberung der Welt.[15]

Im Verlaufe der letzten drei Jahrhunderte legte die Menschheit alle Etappen zurück, die sie vom Schema der Selbstunterwerfung zu dem der Beherrschung führten. Es handelte sich gewissermaßen um Saturnalien auf historischer Ebene: Aus den Sklaven von einst wurden Herren.

Die Hoffnung, die Umwelt beherrschen zu können, wird heute oft als Problem oder gar als Verbrechen an der Natur empfunden. Man fragt sich, ob solche Herrschaft nicht durch ein vorsichtiges Verhalten ersetzt werden sollte,[16] und fordert uns dazu auf, vor den ungewollten Folgen noch der geringsten Aktivitäten auf der Hut zu sein. Es bleibt jedoch eine Tatsache, dass dieser Rationalisierungsprozess stattgefunden und uns dank unserer Beherrschung bestimmter wesentlicher Unsicherheiten zur Befreiung unserer Aufmerksamkeit von den zwingenden Erfordernissen des Überlebens befreit hat, sodass wir nun offener für die Betrachtung geistiger Objekte sind. Außerdem ist dieser Prozess noch nicht beendet.

Die nächste Etappe, die bereits begonnen hat, ist die der Externalisierung vieler unserer geistigen Routinen durch künstliche Intelligenz. So erschreckend sie erscheinen mag, führt sie doch unausweichlich zu einer wachsenden Befreiung unserer Gehirnzeit.

Der 11. Mai 1997

Die ontologische Entleerung der Welt – also die Ersetzung der denkenden Entitäten durch einfache Mechanismen in der Erklärung der Phänomene – war ein langsamer, aber für die Menschheit ausgesprochen traumatischer Prozess. Zweifellos gab es eine gewisse Begeisterung darüber, dass die Natur uns blind gehorchte, sofern wir die in ihr herrschenden Gesetze erkannt hatten, doch nach und nach zeichneten sich auch die Umrisse einer kalten und sinnentleerten Welt ab. Wenn man eine Handlung oder einen Gedanken durch einen Mechanismus simulieren kann, drängt sich dann nicht unausweichlich die Erkenntnis auf, dass alles nur ein trostloses Räderwerk und ein Prozess ohne jedes Fleisch und Blut sei?

Schon sehr früh bewiesen einige kluge Köpfe, dass man durch mechanische Kunstgriffe die Illusion der Präsenz oder sogar des Eingreifens der Götter erzeugen konnte. Einer dieser einfallsreichen Geister war ein gewisser Heron von Alexandria, über den wir ansonsten nur wenig wissen. Er lebte wahrscheinlich im 1. Jahrhundert unserer Zeitrechnung und verfasste mehrere Abhandlungen über Physik und Mathematik. Vor allem verdanken wir ihm ein nach ihm benanntes Verfahren zur Berechnung der Fläche eines Dreiecks. Bekannt ist er heute jedoch vor allem wegen seiner Abhandlung über Pneumatik und Hydraulik. Als ein früher Ingenieur ersann er Vorrichtungen, die auf hydraulischem Wege oder durch Dampf und komprimierte Luft in Bewegung versetzt wurden. So konnte er mit seinen Maschinen bei Gläubigen den Eindruck erwecken, dass sich eine Tempeltür durch den Willen der Götter öffnete, nachdem er zu ihren Ehren ein Becken mit Kohle angezündet hatte. In Wirklichkeit handelte es sich um eine rein mechanische Folge der von dem Feuer ausgelösten Luftverknappung. Das Feuer zog Luft an und sorgte damit für eine Bewegung der Tempeltür. So können denn von Menschen erdachte Vorrichtungen auf paradoxe Weise wie die von der Natur erzeugten Mechanismen den Eindruck erwecken, dass hinter ihnen eine Absicht und damit auch ein lebendes Wesen steckt. Hat sich der Eindruck des Wunderbaren verflüchtigt, bleibt ein bitterer Nachgeschmack zurück, ähnlich dem Gefühl, das uns überkommt, wenn das hinter einem Zaubertrick steckende Geheimnis enthüllt wird.

Man kann eine ähnliche Wirkung wie Heron von Alexandria indessen auch durch den Einsatz entgegengesetzter Mittel erreichen. In der Geschichte taten manche das, indem sie statt einer Maschine ein verstecktes Lebewesen einsetzten. Andere machten mit solchen Betrügereien sogar ein Vermögen. So etwa Wolfgang von Kempelen, der im 18. Jahrhundert die Bewunderung ganz Europas erlangte, indem er eine Vorrichtung ersann, die man für einen Automaten hielt, der Schach spielen konnte.[17] Dieser ungarische, dem Kaiserhof in Wien nahestehende Erfinder stellte seine angebliche Wundermaschine erstmals 1770 im Wiener Schloss Schönbrunn vor. Sie wurde «Schachtürke» oder «mechanischer Türke» genannt, weil die lebensgroße Menschengestalt, die diese künstliche Intelligenz verkörpern sollte, ein Gewand, einen Turban und einen schwarzen Bart trug, die an orientalische Magier denken ließen. Der Automat verblüffte die Menschen, denn er gewann nicht nur alle seine Schachpartien und insbesondere die gegen Johann Ludwig Graf von Cobenzl, sondern war auch in der Lage, die Täuschungsversuche seiner Gegner zu erkennen. Der Hof der österreichischen Kaiserin Maria Theresia staunte gewaltig, doch das war erst die erste Etappe einer triumphalen Tour, auf der dieser Schachtürke gegen den größten Schachspieler der Zeit, François-André Danican Philidor, oder gegen Benjamin Franklin und sogar Napoleon spielte. Wenn der mechanische Türke gegen einen erfahrenen Schachspieler antrat, verlor er die Partie, dennoch vermochte man niemals das Geheimnis dieses Automaten zu lüften, der damals zu Unvorstellbarem fähig war. War es Wolfgang von Kempelen dank seines Genies gelungen, die Funktionsweise des menschlichen Gehirns so genau zu simulieren, dass sein Automat imstande war, ein derart komplexes Spiel wie Schach zu spielen? In Wirklichkeit nicht. Es handelte sich nur um einen äußerst gelungenen Zaubertrick. Und wenn Gegner auf den Türken trafen, spielten sie lediglich gegen einen Menschen aus Fleisch und Blut, der in dem Apparat versteckt war.

Dieses Wunder wurde erst in unserer Zeit Wirklichkeit, und zwar ohne die Tricks der Zauberkünstler. Man könnte sogar sagen, das 20. Jahrhundert sei am 11. Mai 1997 mit der zugleich begeisternden und erschreckenden Nachricht zu Ende gegangen, dass der beste bekannte menschliche Schachspieler von einer künstlichen Intelligenz besiegt worden war.

Das ist keine Kleinigkeit, denn das Schachspiel bildete im Laufe des 20. Jahrhunderts das Musterbeispiel für Überlegungen auf dem Gebiet der künstlichen Intelligenz. Alexander Kronrod, Leiter des Laboratoriums für Informatik in Moskau, behauptete 1966 sogar, das Schachspiel besitze für die künstliche Intelligenz dieselbe Bedeutung wie die Taufliege für die Genetik.[18] Tatsächlich ist das Schachspiel ein Beispiel dafür, dass es durchaus keinen Widerspruch darstellt, wenn der menschliche Verstand als begrenzt gilt und dennoch in der Lage ist, sich mit sehr komplexen Problemen auseinanderzusetzen.[19] Schon für eine Folge von acht möglichen Zügen ergeben sich eine Million Milliarden Milliarden Möglichkeiten. Unnötig zu sagen, dass dies die Möglichkeiten unseres Gehirns weit überschreitet. Dennoch sind wir sehr wohl in der Lage, Schach zu spielen … Tatsächlich wurden Schachcomputer menschlichen Schachspielern erst gefährlich, als deren menschliche Entwickler sich von dem Gedanken verabschiedeten, bei der «Ausbildung» ihrer Computer die Funktionsweise des menschlichen Gehirns nachzuahmen.

Die Geschichte begann 1958, als Alex Bernstein, Michael Roberts, Timothy Arbuckle und Martin Belsky für den IBM 704 das erste Computerprogramm entwickelten, das in der Lage war, Schach zu spielen.[20] Dieses Programm und die anderen, die ihm in den 1960er Jahren folgten, konnten im Unterschied zum Schachtürken tatsächlich Schach spielen, wenngleich nur auf einem sehr niedrigen Niveau. Erst 1967 trat erstmals offiziell ein Schachprogramm gegen menschliche Spieler an, das Mac Hack Six, das unter Leitung Marvin Minskys, des großen Pioniers der künstlichen Intelligenz, entwickelt worden war.

In den 1970er Jahren nahm niemand diese neuen künstlichen Konkurrenten wirklich ernst. Sie erreichten nur selten das Niveau eines guten Schülers und verloren regelmäßig, wenn sie es mit einem sehr guten Schachspieler zu tun bekamen. Außerdem waren sie langsam und laut, vorhersehbar und ohne jede Kreativität. Dennoch kam es in diesen Jahren – für die damalige Zeit noch unsichtbar – zu einer kleinen Revolution. Nach und nach gab man die Idee auf, die Funktionsweise des menschlichen Gehirns nachzuäffen, und setzte stattdessen auf die rohe Kraft der Maschine: Die Beschleunigung der Rechengeschwindigkeit stand erst am Anfang. Diese Strategie trug mit der Zeit Früchte, und die Computer vermochten gegen ihre menschlichen Gegner zu punkten. Ende der 1970er Jahre begann man, die Frage zu stellen: Wo wird es hinführen, wenn Computer eines Tages im Schachspiel besser sein werden als Menschen? 1983 erreichte das Schachprogramm Belle 2200 Punkte auf der Skala der US-amerikanischen Schachvereinigung. Das entsprach dem «Meister». Und 1986 errang ein anderes Programm – HiTech – den Titel des «Großmeisters».

Das erste große Opfer dieser Schlacht war David Levy. Der britische Schachmeister, Nr. 500 der Weltrangliste, hatte großes Zutrauen in seine Fähigkeiten und investierte sogar einen hohen Geldbetrag in eine Wette, wonach es in den kommenden zehn Jahren keinem Computer gelingen werde, ihn zu besiegen. Das war 1968, und er gewann seine Wette. 1978 besiegte er problemlos ein Programm, das nur schlecht gegen einen Gegner gerüstet war, dessen Strategie darin bestand, keine Strategie zu haben. David Levy achtete bei seinen Spielzügen lediglich darauf, keine gravierenden Fehler zu machen, und wartete, bis der Computer bei der für dieses Spiel zentralen Eroberung des Feldes ins Hintertreffen geriet. 1984 errang David Levy mit 4:0 einen haushohen Sieg über das Schachprogramm Cray Blitz, das damals immerhin der Weltmeister unter den Schachprogrammen war. Wer hätte sich vorstellen können, dass er 1989 erstmals vernichtend geschlagen würde, und zwar von einem Programm mit Namen Deep Thought. Dieser Name war eine Hommage an die Wundermaschine, die sich der Science-Fiction-Autor Douglas Adams für sein Buch *Per Anhalter durch die Galaxis* ausgedacht hatte. In der realen Welt besaß Deep Thought nicht wie im Roman die Fähigkeit, die großen

Fragen des Universums zu beantworten, aber immerhin gelang es dem Programm, in der Geschichte des Wettkampfes zwischen Mensch und Maschine eine Wende herbeizuführen. Es kündigte bereits seinen furchterregenden Nachfolger an: Deep Blue.

Wir alle wissen, wie die Geschichte weiterging. Kasparow erklärte sich für eine beträchtliche Summe bereit, gegen den Computer anzutreten, aber auch, wie er behauptete, weil es ihm «um den Schutz der Menschheit» gehe.[21] Die erste Begegnung endete mit einem Sieg des Weltmeisters. Sie fand 1996 in Philadelphia statt. Aber das Unglaubliche geschah. In der ersten Partie gab Kasparow beim 37. Zug auf. Zum ersten Mal besiegte künstliche Intelligenz in einer Schachpartie einen Weltmeister. Nach einer Nacht des Selbstzweifels, in der Kasparow sich sagte, Deep Blue sehe «so tief, dass er wie Gott spielt», fing sich der Weltmeister und besiegte den Computer am Ende haushoch.

Diese erste Niederlage bereitete die Köpfe indessen darauf vor, was nun folgen sollte: die Niederlage des Menschen. Dazu kam es im Mai 1997 – seither ein wichtiges Datum in unserer kollektiven Geschichte. Die Revanche zwischen Kasparow und Deep Blue stieß auf weltweite Aufmerksamkeit. Sie fand in New York vor 500 Zuschauern statt und wurde von dem Sender CNN übertragen. Es war ein erbitterter Kampf, der mit der historischen Niederlage des Weltmeisters der Menschen gegen den Weltmeister der Maschinen endete. Die Niederlage war so schmerzhaft und inakzeptabel, dass Kasparow den Verdacht äußerte, sein großer Rivale, der vormalige Schachweltmeister Anatoly Karpow, habe hier seine Hand im Spiel gehabt.[22]

Warum hatten Kasparow und viele andere diese Niederlage nicht kommen gesehen, obwohl doch alles dafür sprach? Zweifellos weil unser Gehirn schlecht darauf vorbereitet war, die weitere Entwicklung der Computer vorauszusehen.

Der Blitzkrieg der Computer

Nehmen wir einmal an, man hätte den in den 1980er Jahren lebenden Menschen, also einigen der Leser, die dieses Buch in ihren Händen halten, die Frage gestellt: «Wann werden wir eine Technologie besitzen, die in der Lage ist, uns unverzüglich alle oder fast alle Fragen zu beantworten, die man nur stellen mag. Zum Beispiel: Was ist der Satz von Bayes? Wann beginnt die Vorführung des neuesten Films von Christopher Nolan im Kino meines Stadtteils? Mit wem ist Daisy Ridley verheiratet? Welches ist der schnellste Weg von New York nach Aspen?» Auf die Frage, wann all das möglich sein werde, hätten die meisten von uns geantwortet, solch ein Wunder werde vielleicht einmal Wirklichkeit werden, allerdings erst in einigen Jahrzehnten oder gar Jahrhunderten. Wir haben inzwischen den schwindelerregenden Aufstieg des Internets und der Suchmaschinen samt all der von ihnen gebotenen Möglichkeiten erlebt. Und wir haben uns schnell daran gewöhnt, aber die Wahrheit ist, dass sich niemand (außer denen, die an der Entwicklung dieses Netzwerks arbeiteten) hätte vorstellen können, wie bald Dienste dieser Art zur Verfügung stehen würden. Gewiss, die Franzosen kannten bereits den Onlinedienst Minitel, doch das dort verarbeitete Datenvolumen war nichts im Vergleich zu der gigantischen, Kraut und Rüben umfassenden und sich ständig weiterentwickelnden Bibliothek, die das Internet darstellt. Was wir damals nicht voraussehen konnten, war die Entwicklung gewaltiger Speicherkapazitäten wie auch von Suchmaschinen, die unsere Wünsche zu kennen scheinen und ohne größere Kosten genau die gesuchten Informationen liefern.

Aus denselben Gründen glaubten manche Schachmeister, dass sie niemals von einer Maschine besiegt werden könnten. Bei ihren ersten Begegnungen mit solchen Maschinen hatten sie so leichtes Spiel, dass sie den Beschleunigungsprozess, der längst im Gange war, gar nicht bemerkten. Als die Entwickler der Schachprogramme die Idee aufgaben, das menschliche Denken nachzuahmen, begriffen sie, dass die Erfolgsaussichten ihrer Schachcomputer in einem direkten Verhältnis zu deren Speicherkapazität standen. Dank der Vergrößerung der Speicherkapazitäten vermochten die Schachcomputer eine immer größere Zahl mögli-

Zunahme der bei jedem Zug vom Computer geprüften Kombinationsmöglichkeiten

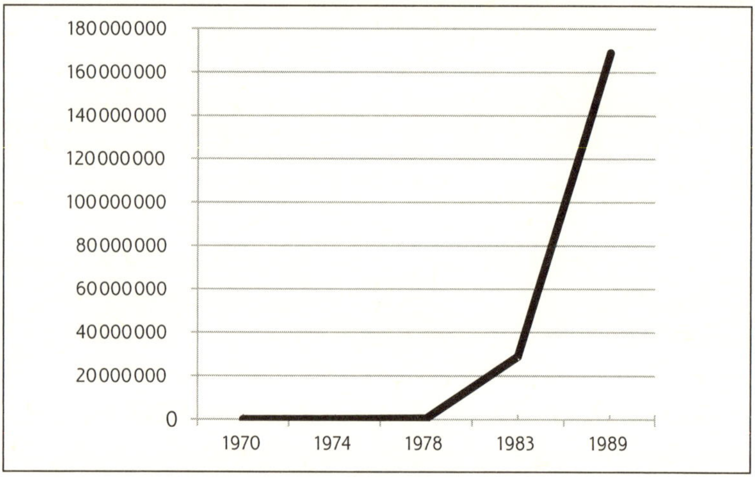

cher Züge zu untersuchen. Dabei handelt es sich um ein einfaches geometrisches Wachstum, wie das obige Schaubild zeigt.[23]

Die Leistungsstärke der Computer von 1989 war mit jener der Anfangszeit nicht mehr zu vergleichen. Die ersten Punkte des Schaubilds, die für die wenigen Tausend von künstlicher Intelligenz bei jedem Zug geprüften Möglichkeiten in den 1970er Jahren stehen, scheinen bei null zu liegen, denn ihr Wert wird vom rasanten Wachstum der Technologie geradezu erdrückt. Unser Gehirn ist nicht in der Lage, sich solch eine geometrische Progression vorzustellen. Das erklärt zweifellos auch, weshalb die Schachweltmeister die Niederlage nicht voraussahen, obwohl sie unausweichlich schien. In aller Regel antizipieren wir die Zukunft, indem wir eine gedachte gerade Linie von den Daten der Vergangenheit und Gegenwart in die Zukunft hinein verlängern. Diese mentale Heuristik wurde von den Psychologen Amos Tversky und Daniel Kahneman 1972 auch experimentell bestätigt. Sie baten Versuchspersonen, im Kopf folgende Rechnung auszuführen:

1 x 2 x 3 x 4 x 5 x 6 x 7 x 8

Falsche Abschätzungen

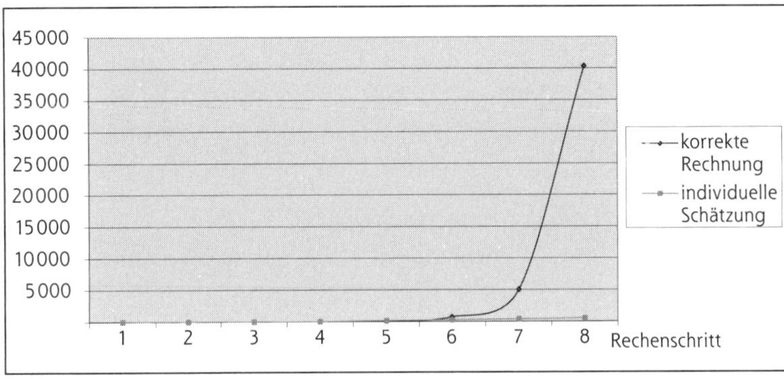

Die Rechnung ist nicht ganz einfach, und die beiden Psychologen unterbrachen die Probanden noch vor der vollständigen Bewältigung der Aufgabe mit der Frage: «Wie wird Ihres Erachtens das Endergebnis lauten?» Der Mittelwert der Schätzungen lag bei 512, während die korrekte Antwort 40320 lautet. Die Schätzungen fielen deshalb deutlich zu niedrig aus, weil die Probanden sie auf der Basis der (jeweils erreichten) Teilergebnisse abgaben und dabei eine Tangente an die bisher erkennbare Kurve anlegten, wie die obige Grafik verdeutlicht.

So wurde denn der 11. Mai 1997 – der Tag, an dem der beste menschliche Schachspieler gegen einen Schachcomputer verlor – zu einem historischen Augenblick. Das Schachspiel ist tatsächlich die Taufliege der künstlichen Intelligenz. Oder anders gesagt, es dient als Modell für unser Verständnis der Entwicklung dieser Technologie, die uns fasziniert und beunruhigt.

Diese Progression, die den Prozess der Rationalisierung der Welt fortführt und an der damit verbundenen Entleerung der Welt teilhat, war bereits im «Mooreschen Gesetz» formuliert worden. Dieses Scheingesetz hatte seinen Ursprung in einer Feststellung, die Gordon Moore, einer der Gründer des US-amerikanischen Halbleiterherstellers Intel, 1965 traf. Zehn Jahre später präzisierte er das «Gesetz» mit der These, dass die Zahl der Transistoren pro Flächeneinheit sich alle 18 Monate verdoppele. Diese Voraussage trat denn auch ein. Wegen des geometrischen Charakters der

Entwicklung dieser Technologie fällt es uns schwer, das Ausmaß ihres Wachstums mental vorauszusehen. Eines ist indessen gewiss: Sie setzt die anhaltende Externalisierung unserer körperlichen Fertigkeiten durch Maschinen fort, die mit der ersten industriellen Revolution begann.

Externalisierung

Wie wir bei Heron von Alexandria und seinen pneumatischen Vorrichtungen gesehen haben, können Maschinen unsere körperlichen Tätigkeiten nachahmen, sie also in gewisser Weise externalisieren. Doch erst zu Beginn des 18. Jahrhunderts begann diese Externalisierung ihre Wirkung zu entfalten und begünstigte die sogenannte industrielle Revolution. Nach den geschichtlichen Darstellungen dieser Zeit konstruierte Thomas Newcomen 1712 die erste echte Dampfmaschine,[24] aus der dann das Heer der mechanisierten Werkzeuge hervorgehen sollte, das damals England eroberte. Der englische Mechaniker kam auf die Idee, Dampfkraft an die Stelle der Wasserkraft zu setzen, mit der die Maschinen bis dahin angetrieben wurden, weshalb sie zuvor auch auf fließende Gewässer angewiesen waren. Seine Maschine sollte die Pumpen antreiben, mit denen man die Bergwerke von dem eindringenden Wasser freihielt, das deren Ausbeutung vielfach beeinträchtigte oder sogar verhinderte. Das Prinzip wurde von James Watt beträchtlich verbessert, dessen Ideen ab etwa 1775 eine industrielle Nutzung erfuhren.

Zu Beginn des 19. Jahrhunderts waren in Großbritannien insgesamt 490 Dampfmaschinen in Betrieb. Im Bereich der körperlichen Tätigkeiten sollten sich diese Maschinen bald schon als bemerkenswerte Konkurrenten erweisen, da sie die menschlichen Fähigkeiten hinsichtlich Stärke und Geschwindigkeit weit übertrafen. Es war bereits die zweite Phase der Externalisierung körperlicher Tätigkeiten des Menschen (die erste war beispielsweise der Rückgriff auf Tiere bei landwirtschaftlichen Arbeiten). Diese Phase war eines der Schlüsselelemente in der Steigerung der Arbeitsproduktivität und damit auch der zunehmenden Freistellung unserer verfügbaren Gehirnzeit.

Die unglaubliche Entwicklung der künstlichen Intelligenz führt diese Externalisierung fort, nur dass in diesem Fall nicht die körperlichen, sondern bestimmte kognitive Tätigkeiten betroffen sind. Aus dieser Perspektive ist Kasparows Niederlage gegen Deep Blue ein deutliches Sinnbild für die kognitive Externalisierung. Sie zeigte, dass eine Maschine bei bestimmten Aufgaben die geistigen Fähigkeiten des Menschen zu übertreffen vermochte. Sie reaktivierte aber auch alte Ängste, vor allem hinsichtlich der Ersetzung menschlicher Tätigkeit durch Roboter oder sogar die Befürchtung, dass eine künstliche Intelligenz sich einmal gegen die Menschheit wenden könnte. Spielfilme wie *Matrix* oder *2001: Odyssee im Weltraum* sind ein populärer Ausdruck solcher Ängste. Die Vorstellung, Skynet (die bösartige künstliche Intelligenz in den Filmen der *Terminator*-Serie) werde den Weltuntergang herbeiführen, ist zwar reine Science-Fiction, aber dennoch ein Symptom für die Ängste, die uns befallen, wenn wir an solche Maschinen denken. Yann Lecun, einer der weltweit führenden Experten auf diesem Gebiet, der 2018 den angesehenen Alan-Turing-Preis erhielt, erinnert allerdings daran, dass die künstliche Intelligenz im Augenblick nicht mehr Verstand besitze als eine Ratte. Sie benötige für ihren Lernprozess zahlreiche Beispiele und damit unendlich mehr Energie als das menschliche Gehirn, das an nur wenigen Beispielen lerne, Zustände der Welt vorauszusagen. Außerdem seien die stärksten Prozessoren noch um eine Größenordnung von 10^6 von der Rechenleistung eines menschlichen Gehirns entfernt, das 10^{16} Operationen pro Sekunde auszuführen vermag.[25]

Der Gedanke, bestimmte menschliche Tätigkeiten durch Roboter ausführen zu lassen, hat dagegen nichts von Science-Fiction, sondern ist vollkommen vorhersehbar. Wegen der geometrischen Zunahme der Leistungsfähigkeit künstlicher Intelligenz neigen wir immer noch dazu, von dieser Möglichkeit in der Zukunftsform zu sprechen, aber sie ist heute schon Realität. Nehmen wir zum Beispiel die Personalbeschaffung. Nur wenige wissen es vielleicht, aber seit den 2000er Jahren verwenden die meisten Unternehmen dabei ein automatisiertes Verfahren zur Prüfung von Lebensläufen, das den Namen Applicant Tracking System (ATS) trägt und je nach Stellenbeschreibung nach bestimmten Schlüsselworten sucht. Viele empfänden es nicht als gerecht, auf der ersten Stufe von einer Maschine ausgesucht zu werden. Haben sie damit Recht? Wenn man weiß, dass manche Personalabteilungen Astrologie oder Grafologie für die Beurteilung der Kandidaten einsetzen, wäre es da nicht besser, es mit einem strengen, aber gerechten Algorithmus zu tun zu haben? Zudem wird das ATS nur für eine erste Sortierung der Lebensläufe verwendet. Es folgen Einstellungsgespräche, die im Augenblick noch von Menschen geführt werden.

Auch hier befinden sich die Dinge allerdings bereits im Wandel. Eines der Schwergewichte der US-amerikanischen Wirtschaft, Unilever, führte 2018 einen Großversuch durch, bei dem die Vorauswahl der Bewerbungen auf der Basis künstlicher Intelligenz von der Plattform Pymetric vorgenommen wurde. Es folgte eine automatisierte Video-Befragung, die von dem Programm HireVue analysiert wurde. Die von dem Großunternehmen mitgeteilten Resultate des einjährigen Experiments sind äußerst interessant. Sie zeigen erstens, dass die Bearbeitungsdauer der Bewerbungen von vier Monaten auf vier Wochen sank. Sie zeigen zweitens, dass die Rate der Annahme von Bewerbungen von 62 auf 82 Prozent stieg, was beweist, dass dieses Verfahren dem Angebot auf dem Arbeitsmarkt eine bessere Möglichkeit bietet, der Nachfrage zu entsprechen. Und schließlich zeigen sie, dass die Maschine, da weniger mit Vorurteilen belastet, gewöhnlich eine größere Vielfalt in ihre Vorschläge bringt, als ein menschliches Gehirn dies täte. So stieg die Zahl der bei den Bewerbungen berücksichtigten Universitäten von 840 auf 2600, und ähnlich signifikant stieg auch die Zahl der nichtweißen Kandidaten.

Auf zahlreichen Gebieten könnte uns künstliche Intelligenz, sofern denn ihre Algorithmen auf universellen Werten basieren, von einigen unserer kulturellen Vorfestlegungen befreien und unseren Geist für das Mögliche öffnen. Der menschliche Geist ist bewundernswert, tappt aber auch leicht in Fallen, die eine Maschine vermeiden könnte. Er ist oft fehleranfällig, zum Beispiel bei der genauen Einschätzung bestimmter Situationen, in denen statistische Elemente oder Wahrscheinlichkeiten eine wichtige Rolle spielen. Das gilt insbesondere für Diagnosen, bei denen sie eine immer erfolgreichere kognitive Unterstützung zu bieten vermag.

In ganz ähnlicher Weise übertraf künstliche Intelligenz (LawGeex AI) 20 auf Handelsgeschäfte spezialisierte Anwälte. Es ging darum, in fünf Vertragsentwürfen Unregelmäßigkeiten aufzuspüren. Die Menschen benötigten für diese Aufgabe durchschnittlich 92 Minuten und erreichten eine Erfolgsquote von 85 Prozent, während die künstliche Intelligenz lediglich 26 Sekunden brauchte und eine Erfolgsquote von 94 Prozent erzielte.[26] Die Schätzungen der Ökonomen variieren, doch alle sind sich einig, dass ein Teil der heute bekannten beruflichen Tätigkeiten in naher Zukunft von Robotern übernommen werden. Radiologe, Hämatologe, Kundenbetreuer – das sind Beispiele für Berufe, die bald schon bedroht sein werden. Es ist nicht ausgeschlossen, dass zum Beispiel der Beruf des Übersetzers mittelfristig verschwinden wird, verdrängt von automatisierten Systemen, die billiger, schneller und eines Tages vielleicht sogar ebenso gut sind. Jeder hat die Verbesserung des Google-Übersetzungsprogramms im Laufe der Jahre selbst beobachten können, und Quantmetry, eine Beratungsfirma für Data Science, behauptet sogar, sie hätte mit künstlicher Intelligenz ein mehr als 500-seitiges Buch übersetzen lassen, das in dieser Form ohne Weiteres gedruckt werden könne.[27]

Ganz allgemein kann man davon ausgehen, dass jede menschliche Tätigkeit, die sich automatisieren lässt, auch automatisiert werden wird. Nach Schätzungen von Ökonomen stehen 47 Prozent der Arbeitsplätze in den USA in der Gefahr, in den nächsten zwei Jahrzehnten der Digitalisierung zum Opfer zu fallen. Nach anderen Schätzungen wird sich die Arbeitszeit Ende 2022 folgendermaßen verteilen: 58 Prozent für Menschen und 42 Prozent für Maschinen. Um 2025 wird dann die Arbeitszeit mit 52 Prozent mehrheitlich auf Maschinen entfallen.[28] Dabei werden nicht unbedingt einzelne Berufe, sondern eher bestimmte Tätigkeiten verschwinden, die von Menschen verrichtet werden. Welche sind das? Tätigkeiten, die große Ausdauer oder Präzision erfordern, Gedächtnis- und Speicherleistungen, die Verwaltung finanzieller Mittel, Wartungsarbeiten, Lesen, Rechnen, Qualitätskontrolle, Koordinierung, Monitoring usw.[29] Letztlich alle Arbeiten repetitiven Charakters, die sich mit einem Algorithmus erfassen lassen. Die Trennungslinie wird nicht mehr wie einst zwischen körperlichen und geistigen Tätigkeiten verlaufen, sondern zwischen Arbeiten, die regelmäßig eine Externalisierung zulassen, und solchen, die dies zumindest auf mittlere Sicht nicht erlauben.

Die Externalisierung und Automatisierung biologischer Aktivitäten ist, wie wir gesehen haben, kein neues Phänomen. Eine Zeit lang betrafen sie hauptsächlich körperliche Tätigkeiten, in denen die Maschine dank ihrer Geschwindigkeit und Ausdauer den Menschen leicht zu übertreffen vermag. Heute dagegen sind vor allem kognitive Leistungen von der Digitalisierung betroffen. Diese Aussicht ist beängstigend, weil sie uns auch jenseits des apokalyptischen Mythos einer Machtübernahme durch die Computer mit der bedrückenden Möglichkeit konfrontiert, dass wir vielleicht nur hochentwickelte Maschinen sind. Was bliebe von unserer Menschlichkeit, wenn sich zeigte, dass sich alles an uns in Algorithmen überführen ließe? Auf derart tiefgreifende metaphysische Fragen sollten wir allerdings keine überhasteten Antworten geben, denn hier können wir durchaus einen kühlen Kopf bewahren. Nach unserem heutigen Wissensstand ist diese Aussicht eher eine Fantasie als Realität.

Auch wenn künstliche Intelligenz immer mehr Spezialaufgaben zu bewältigen vermag, bleiben doch für jeden Vergleich mit der Funktionsweise unseres Gehirns zahlreiche hohe Hürden.[30] Die erste besteht in der Tatsache, dass die Erfolge der Maschinen um den Preis gewaltiger Rechenleistungen und Speicherkapazitäten erzielt werden, die im menschlichen Gehirn keinerlei Entsprechung finden. Die zweite Hürde liegt in dem Umstand, dass diese extrem spezialisierten Fähigkeiten kein kohärentes und autonomes Darstellungssystem bilden, wie es mit dem sogenannten gesunden Menschenverstand verbunden ist. Insbesondere, so betont man, sind sie nicht in der Lage und werden vielleicht auch niemals in der Lage sein, das Universum des Möglichen zu erkunden, solange dieses Universum nicht vollständig erfasst ist. Dennoch, so könnte man erwidern, sind manche Maschinen durchaus zu kreativen Leistungen fähig. Vermag nicht zum Beispiel das Omax-Programm musikalische Improvisationen zu komponieren? Nicht wirklich. Bei genauerer Betrachtung zeigt sich, dass diese künstliche Intelligenz allenfalls Musik «nach Art von» zu produzieren vermag. Manche KI-Programme können neue

Klavierstücke nach Art Johann Sebastian Bachs komponieren, doch dabei imitieren sie stets nur die statistischen Muster, die sie in ihren riesigen Datenbanken ausmachen. Das ist zwar nicht schlecht, und es ist sogar bewundernswert, aber mit den Fähigkeiten des menschlichen Gehirns lässt es sich nicht vergleichen.

Wir dürfen die Maschinen also nicht vermenschlichen, da wir sonst nicht wirklich verstehen, was da vor sich geht. Künstliche Intelligenz ist eine Prothese für die Menschheit – angesichts ihrer physischen und kognitiven Handikaps zwar eine wichtige Prothese, aber auch nicht viel mehr. Falls Maschinen aufgrund ihrer Rechengeschwindigkeit und der Fähigkeit, riesige Datenmengen zu verarbeiten, die Aufnahme der Errungenschaften menschlicher Kultur optimieren, bleibt es doch den Menschen vorbehalten, auf allen Gebieten, etwa der Wissenschaft oder der Kunst, ins Unbekannte vorzustoßen. Die von Robotern vorgestellte Geschichte gliche einem Kreis, die von Menschen ersonnene dagegen eher einer gleichförmigen oder unregelmäßigen Spirale.

Oder ein weiteres Beispiel: Zu den Eigenheiten unseres Gehirns gehört die Fähigkeit, auf einer objektiv-rationalen Grundlage zwischen zwei widersprüchlichen Alternativen zu wählen. (Soll ich heute meinen roten oder meinen blauen Pullover anziehen?) Diese Wahlentscheidung kann nicht von einem Algorithmus übernommen werden. Daher ist es keineswegs sicher, dass der Fortschritt der Maschinen uns unserer Menschlichkeit beraubt. Im Gegenteil, er wird uns zweifellos daran gewöhnen, unsere spezifisch menschlichen Fähigkeiten zu benutzen, indem er uns von allem befreit, was sich automatisieren lässt. Wenn wir optimistisch sein möchten, können wir deshalb fragen, ob die Invasion der Maschinen uns vielleicht nicht noch menschlicher macht? Der massive Einsatz dieser kognitiven Prothesen wird es der Menschheit ermöglichen, sich von den algorithmischen Arbeiten zu befreien, die sich nicht auf der Höhe der großartigen Fähigkeiten des menschlichen Gehirns befinden. Anders gesagt, wenn wir unseren Geist von allen Routinetätigkeiten entlasten und sie von Maschinen ausführen lassen, wird dadurch menschliche Gehirnzeit freigesetzt.

Diese Freisetzung ist zwar ein unbeabsichtigter Nebeneffekt dieses

Prozesses, sie passt aber bestens zu anderen Gegebenheiten, die in der Geschichte zu einer Vergrößerung unseres Aufmerksamkeitskapitals beitragen. Das zwingt uns, eine Antwort auf die quälende Frage zu geben: Wohin werden wir unsere Blicke wenden?

Ein Schatz von unschätzbarem Wert

Auf lange Sicht weist in der menschlichen Geschichte alles auf eine ständige Zunahme der verfügbaren Gehirnzeit hin. Die Beherrschung der großen menschlichen Unsicherheiten, die Steigerung der Arbeitsproduktivität, die Verringerung des auf Arbeit verwendeten Teils unseres Lebens durch entsprechende gesetzliche Regelungen, die spektakuläre Zunahme der Lebenserwartung, die Fortschritte in Medizin und Hygiene, die Externalisierung unserer körperlichen und dann auch unserer kognitiven Tätigkeiten sind nur einige der wesentlichen Faktoren, die zu dieser in der Tat beispiellosen und revolutionären Situation geführt haben.

Revolutionär, weil das Gehirn bekanntlich das komplexeste Werkzeug der Welt darstellt und seine zunehmende Verfügbarkeit alle Möglichkeiten eröffnet. Tatsächlich birgt die Gehirnzeit das Potenzial zu Meisterwerken und großen wissenschaftlichen Entdeckungen. Ihre Freisetzung eröffnet die Möglichkeit zu geistiger Betrachtung. Sie ist daher die notwendige Bedingung für menschlichen Fortschritt, wie man ihn in früheren Jahrhunderten verstand. Eine notwendige, nicht jedoch auch hinreichende Bedingung, denn der Schatz von unschätzbarem Wert, wie ich ihn nennen möchte, kann auf Tausende von Arten abgelenkt oder sogar geraubt werden. Doch bevor wir uns wegen dieses Diebstahls beunruhigen, wollen wir erst einmal den Wert des Schatzes ermessen. Versuchen wir es einmal für Frankreich.

Um den Umfang der verfügbaren Gehirnzeit zu bestimmen, müssen wir uns an die verfügbaren Daten halten, insbesondere die des Institut national de la statistique et des études économiques (Insee).[31] Fasst man die Daten für Männer und Frauen, Berufstätige und Nichtberufstätige zusammen, so zeigt sich, dass die physiologische Zeit (zu der Schlafen,

Körperpflege, Pflegetätigkeiten und Mahlzeiten gehören) den größten Teil unseres Lebens ausmacht, nämlich (vor allem wegen des Schlafes) 11 Stunden und 45 Minuten am Tag. Die verbleibende Zeit umfasst daher den Verkehr, die für Arbeit aufgewendete Zeit, häusliche Tätigkeiten und die verfügbare Gehirnzeit. Die freie tägliche Gehirnzeit interessiert uns hier am meisten. Sie beträgt etwa fünf Stunden. Die Untersuchungen des Insee zur Verwendung der Zeit lassen den Schluss zu, dass die für geistige Tätigkeit verfügbare Zeit von 1986 bis 2010 um 35 Minuten zugenommen hat. Diese Befreiung bestätigt eine grundlegende Entwicklung, die sich seit dem 19. Jahrhundert beschleunigt hat, denn gegenüber dem Jahr 1900 hat sich die freie Zeit unseres Geistes mehr als verfünffacht und gegenüber 1800 sogar verachtfacht.[32] Sie erreicht heute eine Länge von 17 Jahren, also fast ein Drittel unserer wach verbrachten Lebenszeit. Das ist ohne Beispiel in der Geschichte der Menschheit und überaus bedeutsam.

Versucht man, die Größe dieses Schatzes für die französische Bevölkerung in Jahren zu messen, muss man berücksichtigen, dass die durchschnittliche Lebenserwartung bei der Geburt in Frankreich 82,5 Jahre beträgt und das Land 67 Millionen Einwohner zählt. Die Zahl ist nur ein Näherungswert, aber sie wird uns bei unseren Überlegungen eine Hilfe sein. Danach besitzt Frankreich heute ein Kapital von 1,139 Milliarden Jahren verfügbarer Gehirnzeit.

Im Vergleich dazu besaß Frankreich um 1800 mit seinen (über die Lebenserwartung des Einzelnen bei der Geburt gerechneten) zwei Jahren verfügbarer Gehirnzeit und seinen 29 Millionen Einwohnern insgesamt 58 Millionen Jahre verfügbarer Gehirnzeit. Um 1900 lag diese Zahl bei 117 Millionen Jahren. Das nachfolgende Schaubild veranschaulicht diese Daten und bestätigt, dass die modernen Gesellschaften durch ein geometrisches Wachstum der verfügbaren Gehirnzeit gekennzeichnet sind.

Das heißt allerdings nicht, dass dieses Kapital immer weiter zunehmen wird. Wir dürfen vielmehr annehmen, dass dieser Schatz der Menschheit eines Tages einen Höchstwert erreichen wird. Und dieser Höchstwert wird hauptsächlich von drei Variablen abhängen: der Lebenserwartung bei der Geburt, der Größe der Weltbevölkerung und dem Umfang der

Entwicklung der verfügbaren Gehirnzeit in Jahren über die Zeit

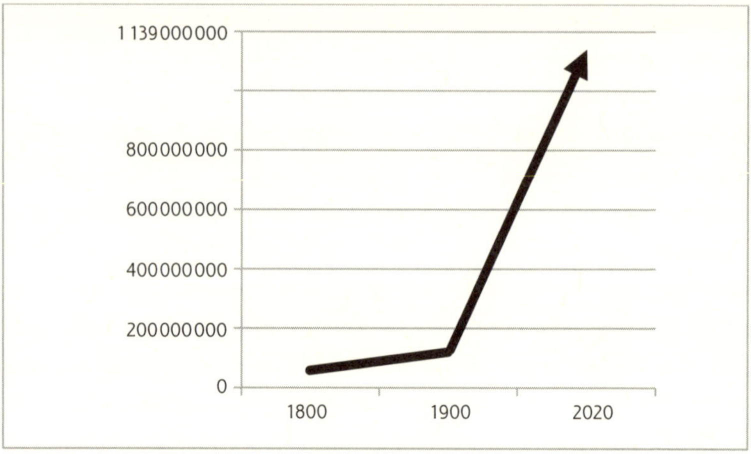

verfügbaren Gehirnzeit pro Menschenleben. Die genaue Größe dieses Höchstwerts lässt sich nur schwer abschätzen, doch er bildet, wie wir noch sehen werden, einen unüberschreitbaren politischen Horizont. Bei diesen Bemerkungen geht es weniger darum, die Größe dieses Kapitals seriös zu beziffern, als um den Versuch, einen greifbaren Eindruck davon zu vermitteln und so daran zu erinnern, dass seine Verwendung von größter Bedeutung für eine Spezies ist, die sich von allen anderen ganz wesentlich durch ihre kognitiven Fähigkeiten unterscheidet.

Dieses Kapital kann sich verringern, wenn eine der drei genannten Variablen sich entsprechend verändert. In der Menschheitsgeschichte lassen sich dafür leicht Beispiel anführen. Es wird in Echtzeit verbraucht, und jede Minute, die vergeht, stellt eine Verwendung dieser Gehirnzeit für gute oder schlechte Zwecke dar. Andererseits wird dieser Kapitalstock in gewisser Weise auch immer wieder durch die neuen Gehirne aufgefüllt, die sich entwickeln und bereit machen, von der Betrachtung geistiger Objekte in Anspruch genommen zu werden.

Die einzige Möglichkeit, dass diese Quelle versiegt, ist die zum Glück fiktionale Gefahr, die sich die Schriftstellerin Phyllis Dorothy James 1992 in ihrem Roman *Das Land der leeren Häuser* vorstellte. Dieser Roman, der 2021 spielt, beschreibt eine Welt, in der die Menschheit von vollständiger Unfruchtbarkeit befallen ist. Seit einem Vierteljahrhundert ist kein einziges Kind mehr geboren worden, sodass die jungen Menschen immer seltener werden und fast schon straflos tun können, was ihnen in den Sinn kommt. Das Thema der Unfruchtbarkeit, das in literarischen Dystopien geradezu obsessiv aufgegriffen wird (so auch in der beliebten Fernsehserie *The Handmaid's Tale*, die auf Margaret Atwoods Roman *Der Report der Magd* basiert), steht nicht auf der Tagesordnung, wohl dagegen der tendenzielle Rückgang der Geburtenrate, der eine signifikante Korrelation mit der wirtschaftlichen Entwicklung der Nationen aufweist. Dieser Rückgang ist insoweit erwünscht, als unser Planet, wie wir alle wissen, keine endlos wachsende Ausbeutung seiner Ressourcen verträgt und diese Ausbeutung in einem direkten Zusammenhang mit der wirtschaftlichen Entwicklung und der Größe der Weltbevölkerung steht. Dass beide Größen im Verhältnis kommunizierender Röhren zueinanderstehen, ist also für unser Überleben durchaus keine schlechte Nachricht, zeigt aber zugleich auch, dass es für diesen unschätzbar wertvollen Schatz wahrscheinlich einen Höchstwert gibt, dem wir uns asymptotisch annähern. Wie lässt sich dieses Kapital so umwandeln, dass die Menschheit daraus die Lösungen für ihre Probleme zu schöpfen vermag – wie sie es bisher getan hat?

Die Grundvoraussetzung besteht darin, junge Geister in die Lage zu versetzen, sich die Werkzeuge anzueignen, die ihre Vorfahren in der Vergangenheit dank der freigesetzten Gehirnzeit geschaffen haben. Um diesen Schatz zu kapitalisieren und fruchtbar werden zu lassen, gilt es, die Bedingungen seiner Weitergabe bestmöglich zu organisieren.

Bis hierher läuft doch alles gut

Am 10. Dezember 2019 teilte die französische Zeitschrift *Sociologie du travail* ihren «Autoren und Autorinnen» mit, ihr Lektorat werde in Zukunft darauf achten, dass die Artikel in einer inklusiven Sprache gehalten seien. Diese Art des Schreibens vermeidet es, dass die männliche Form Vorrang vor der weiblichen erhält, und ihre Verwendung zielt darauf, gegen die

Herrschaft der Männer über die Frauen zu kämpfen. Die Redakteure von *Sociologie du travail* weisen sogar ausdrücklich darauf hin, es gehe darum, «den gemischten oder nicht gemischten Charakter der sozialen Welt sichtbar zu machen». Vielleicht werden wir eines Tages alle gehalten sein, in dieser Weise zu schreiben, wenn wir nicht als Sexisten eingestuft werden wollen, doch bis dahin dürfte mancher sich von Sätzen wie dem folgenden eher abgestoßen fühlen: «*Les entrepreneurs·euses désirent que les nouveau·elle·x·s salarié·e·s soient travailleur·euse·s.*» [«Die Unternehmer*innen wollen, dass die neuen Arbeitnehmer*innen Arbeiter*innen sind.»] Tatsächlich bin ich mir nicht einmal sicher, ob ich die inklusive Sprache hier korrekt verwende, denn allein schon die Formulierung dieses Satzes hat mich einige Mühe gekostet. Was auch immer man von der inklusiven Sprache halten mag, sicher ist, dass sie den Sprachgebrauch kompliziert.

Es gab eine Zeit, da lagen die Prioritäten vollkommen anders. Statt sich für eine korrektere, aber komplexere Verwendung der Schrift einzusetzen, versuchte man, einfachere, also egalitärere Formen zu ersinnen. Allerdings ist das schon eine ganze Weile her. Heute wissen nur noch wenige, was wir Alkuin, einem großen angelsächsischen Gelehrten des 8. Jahrhunderts, verdanken. Er hatte beträchtlichen Einfluss auf Karl den Großen, dem er 781 in Parma begegnete. Karl regierte 44 Jahre lang und machte es sich zur Aufgabe, die geistige Bildung seiner Untertanen zu fördern. Alkuin trug auf vielfältige Weise dazu bei und setzte sich sehr für eine Vereinfachung der Schrift ein. Dazu gehörte in erster Linie die Einführung der karolingischen Minuskel und einiger einfacher Regeln wie die Trennung der Wörter durch Leerzeichen, die Verwendung gerundeter Buchstaben oder auch die Zeichensetzung. Diese Reformen ermöglichten eine Vereinheitlichung der regionalen Schreibweisen und erleichterten im ganzen Reich den Zugang zu Texten.

Doch der Leiter der Aachener Hofschule begnügte sich nicht damit. Er verfasste Abhandlungen über die *artes liberales* (die geistigen Disziplinen) und gab den Schulen eine Form, die den Vorstellungen Karls des Großen entsprach. Es wäre allerdings übertrieben, wenn man behauptete, Karl hätte «die Schule erfunden», wie es in manchen Liedern heißt, denn auch in Mesopotamien, bei den Griechen oder bei den Azteken gab es bereits Lehreinrichtungen. Er ist jedoch durchaus der Initiator der von den Historikern sogenannten karolingischen Renaissance. Denn dem kriegerischen Kaiser, der einen Teil seiner Macht durch Gewalt errang, lag es auch am Herzen, die Gelehrsamkeit zu schützen und zu fördern. Er übte sich in Astronomie oder Rhetorik und im Schreiben, doch nach Ansicht seines Biografen hatte er zu spät damit begonnen und erzielte nur mittelmäßige Resultate.[33] Er wollte ein Beispiel für die jungen Leute seines Reiches setzen. Mit seiner *Admonitio generalis* (Allgemeine Ermahnung) ordnete er 789 die Schaffung zweier pädagogischer Angebote in jeder größeren kirchlichen Einrichtung an. Das erste oder «innere» sollte den Geistlichen und den Mönchen vorbehalten bleiben, die dort Lesen, Grammatik, Predigen und die Feier der Liturgie erlernen konnten. Das zweite oder «äußere» sollte den Menschen kostenlos eine Grundbildung anbieten. Karls Wille zur Förderung des Geistes war religiös inspiriert. Das Ziel war eine als christlich verstandene Gesellschaft. Dennoch ist diese Initiative grundlegenden Charakters, weil darin der Gedanke zum Ausdruck kam, dass menschliche Gesellschaften zu einem Teil davon abhängen, wie die Gehirnzeit verwendet wird, vor allem bei der frühen Bildung des Geistes. Aus dieser Perspektive ist Karls Initiative bemerkenswert, versuchte sie doch, eine Gesellschaft nach augustinischem Vorbild entstehen zu lassen.

Dieser pädagogische Lichtblick war indessen nur von kurzer Dauer. Erst im 19. Jahrhundert werden die Daten zum Bildungswesen aussagekräftiger, und man beginnt zu erkennen, dass Bildung und Erziehung elementare Formen der Verwendung verfügbarer Gehirnzeit darstellen. Für die Zeit davor sind selbst Schätzungen schwierig. So kann man sich vom Alphabetisierungsgrad im Mittelalter allenfalls ein ungefähres Bild machen, indem man sich die Zahl der namentlich unterzeichneten Heiratsverträge ansieht.[34] Wir wissen auch, dass die durchschnittliche Dauer des Schulbesuchs in Frankreich vor 1834 deutlich unter sechs Jahren lag und das Loi Guizot die erste Welle einer beträchtlichen Ausweitung auslöste. Verlässliche Statistiken sind erst ab 1881 und nach der Verabschiedung des Loi Ferry verfügbar, mit dem in Frankreich die moderne Epo-

Entwicklung der Beschulungserwartung der Zweijährigen in Jahren von 1881 bis 2015 (alle Schulformen einbezogen)

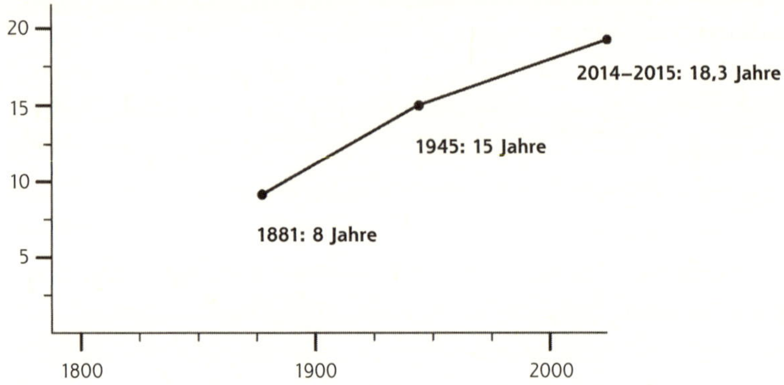

che der Bildung begann. Dank der gesammelten Daten wissen wir, dass die Beschulungserwartung der Zweijährigen (das heißt «die Zahl der Jahre, die ein zweijähriges Kind aufgrund der zu einem bestimmten Zeitpunkt bei einer bestimmten Altersgruppe beobachteten Beschulungsquote in der Schule zu verbringen erwarten darf»[35]) in den letzten 200 Jahren in Frankreich deutlich gestiegen ist – was sowohl auf die Steigerung der Arbeitsproduktivität als auch auf die gesetzlichen Regelungen zur Eindämmung und zum Verbot der Kinderarbeit zurückzuführen ist. Das Wort *école* (Schule) stammt übrigens vom griechischen *schholé* ab, das seinerseits «Unterbrechung der Arbeit» oder «Muße» bedeutete.

Das obige Schaubild fasst diese Daten zusammen[36] und zeigt, dass sich die Beschulungserwartung von 1881 bis heute mehr als verdoppelt hat, nämlich von damals 8 Jahren auf inzwischen über 18 Jahre. Das ist eine massive Zunahme, die das Gesicht unserer Gesellschaften in vielfältiger Weise verändert hat.

In der ersten Phase profitierten von dieser zunehmenden Beschulung vor allem Jungen, doch im Laufe des 20. Jahrhunderts beobachten wir insbesondere in den reichen Ländern einen Trend hin zur Gleichheit zwischen den Geschlechtern. Das gilt auch für die Länder des Nahen Ostens, Asiens und Subsahara-Afrika, in denen die Beschulungserwartung der Mädchen seit den 1970er Jahren deutlich ansteigt und sich derjenigen der Jungen annähert (doch niedriger bleibt).[37] Diese guten Nachrichten scheinen in Richtung der von Jean Perrin und Théophile Gautier geäußerten Hoffnungen zu weisen, wonach die freigesetzte Zeit zum Teil von Einrichtungen zur Bildung des Geistes aufgenommen wurde. Wir könnten versucht sein zu sagen: «Bis hierher läuft doch alles gut.» Und wir könnten hinzufügen: «Wir müssen Geduld haben, unsere Gesellschaften sind auf dem Weg in die Wissensdemokratie.»

Wir kennen indessen alle den Witz von dem Mann, der von einem Hochhaus stürzt und sich bei jedem Stockwerk, an dem er vorbeifällt, sagt: «Bis hierher läuft doch alles gut.» Zahlreiche makroökonomische und makrosoziologische Daten können uns optimistisch stimmen. Darunter befinden sich allerdings einige für die Zukunft bedeutsame und schon heute gut sichtbare Größen, die eine genauere Betrachtung verdienen und unsere Begeisterung ein wenig dämpfen könnten. Denn von allen Daten, die eine Auswertung der Veränderungen in der Verfügbarkeit unseres Geistes erlauben, verdient ein Umstand unsere besondere Aufmerksamkeit. Man könnte sagen, es sei nur ein Detail. Aber heißt es im Sprichwort nicht, der Teufel stecke im Detail?

Im Stehen schlafen

Die für die beiden letzten Jahrhunderte gesammelten und die aus neueren Erhebungen des Insee stammenden Daten zeigen eine gewaltige Freisetzung unseres verfügbaren Geistes. Sie lassen auch eine Tatsache erkennen, die zunächst vielleicht wenig bedeutsam erscheinen mag: Von 1986 bis 2010 verbrachten die Franzosen durchschnittlich 23 Minuten weniger pro Tag im Bett, nämlich 8 ½ Stunden, gegenüber 9 Stunden zu Beginn des 20. Jahrhunderts.[38] Dieser Trend verstärkt sich noch. Nach den Ergebnissen des 2019 erschienenen *Baromètre de santé publique France* schlafen erwachsene Franzosen an Wochentagen inzwischen nur noch 6 Stunden und 42 Minuten pro Nacht, also weniger als die für eine gute Erholung empfohlenen 7 Stunden. Nicht nur Frankreich ist davon betroffen, denn in den USA, die uns in diesen wie auch anderen Entwicklungen meist voraus sind, schlafen die Menschen im Schnitt nur 6 ½ Stunden pro Nacht, gegenüber 8 Stunden in der vorangegangenen Generation und 10 Stunden zu Beginn des 20. Jahrhunderts.

Ein derart komplexes und international verbreitetes Phänomen lässt sich nicht durch eine einzige Ursache erklären. Man verweist abwechselnd auf die Entwicklung der Nachtarbeit, die verlängerten Zeiten im Verkehr, die geringere Belastung durch körperliche Arbeit, die deshalb auch nur kürzere Ruhezeiten erfordere, sowie auf die ständige Beleuchtung, die das Leben in der Stadt kennzeichnet. Doch all diese Variablen vermögen eines nicht zu erklären: dass auch die Kinder weniger schlafen. Drei Forscher von den Universitäten in Tours und Orléans haben das Schlafverhalten von 778 Kindern zwischen fünf und zehn Jahren untersucht und gezeigt, dass sie gegenüber der Zeit vor 15 Jahren 15 bis 20 Minuten weniger schlafen.[39] Selbst Kinder niedrigen Alters sind also von der Ausdehnung der schlaflos verbrachten Zeit betroffen.

Das ist besorgniserregend, denn diese physiologische Zeit ist besonders unverzichtbar für den Aufbau ihres Gehirns. So muss ein fünfjähriges Kind 11 ½ Stunden schlafen, damit es sich physiologisch optimal entwickeln kann. Für das Leben des Kindes hat das noch gravierendere Auswirkungen, weil dieses Syndrom wenige Jahre später die Heranwachsenden noch heftiger trifft. Umfangreiche Studien US-amerikanischer Wissenschaftler an 360 000 Jugendlichen zwischen 13 und 18 Jahren haben ergeben, dass 40 Prozent von ihnen heute weniger als 7 Stunden pro Nacht schlafen, das sind 58 Prozent mehr als 1991 und 17 Prozent mehr als 2009.[40] Nun sind sich die Fachleute einig, dass man in diesem Alter 9 Stunden Schlaf braucht, vor allem wenn man die Chancen auf einen erfolgreichen Schulabschluss optimieren möchte. Diesen Rückgang der physiologischen Schlafzeiten beobachtet man seit zwei Jahrzehnten in zahlreichen Ländern. Als wichtigste Erklärung für die Zunahme der schlaflosen Zeit gelten dabei die Bildschirme. Ob nun in Gestalt des Fernsehgeräts, der Videospiele, der Computer, der Tablets oder vor allem der Smartphones, die Bildschirme halten die jungen Leute über ein vertretbares Maß hinaus wach.[41] Es fällt ihnen schwer, der Versuchung zu widerstehen, ständig ihre Nachrichten zu checken und zu überprüfen, dass nichts geschehen ist, während sie unklugerweise schliefen.

Nicht nur Jugendliche sind davon betroffen. Nach einer Studie aus dem Jahr 2016 gibt die Hälfte der jungen Erwachsenen zu, mindestens einmal pro Nacht auf ihr Handy zu schauen, um SMS oder E-Mails zu lesen.[42] Wir wissen außerdem, dass Menschen, die einen Computer oder ein Smartphone in ihrem Schlafzimmer haben, im Durchschnitt 47 Minuten weniger schlafen als die anderen. Dieses neuartige Phänomen bezeichnet man heute mit dem Ausdruck «Alarmschläfer». Das sind Menschen, die ständig in Alarmbereitschaft sind, weil sie das Gefühl haben, sie könnten etwas verpassen.

Deshalb ist es besonders beunruhigend, dass dieses nächtliche Wachsein die Jüngsten betrifft, denn der Schlaf bildet eine wichtige Grundlage für ihre Entwicklung und ihr Gleichgewicht. So wissen wir heute schon recht gut, dass Störungen des Schlafs auch zu Störungen des Lernvermögens[43] und ganz allgemein der Fähigkeiten und geistigen Möglichkeiten in unserem alltäglichen Leben führen.[44] Die allgegenwärtigen elektronischen, der Freizeitbeschäftigung dienenden Geräte – Fernseher, Tablet, Smartphone, Computer – erobern zunehmend und ähnlich wie Suchtmittel unsere verfügbare Gehirnzeit und vor allem die der Heranwachsenden.

Diese Altersgruppe ist nicht nur deshalb in der genannten Hinsicht besonders anfällig, weil diese Generation die digitale Welt von jeher kennt, sondern auch weil solche Geräte in diesem Alter wichtige Bestandteile der sozialen Identität darstellen. Wenn die Aufsicht der Eltern nachlässt, bietet die Intimität der Nacht die Gelegenheit, mit Freunden über die sozialen Netzwerke zu kommunizieren. Die Heranwachsenden teilen einander dort vielleicht nicht sonderlich viel mit, aber sich von diesen wichtigen Beziehungen fernzuhalten, wäre eine Form von Vereinzelung, für die sie einen hohen Preis an «Beliebtheit» zahlen müssten – ein Indikator, der bei manchen Jugendlichen offenbar zum obersten Wert aufgestiegen ist. Das ist nicht neu, doch lange Zeit war die Beliebtheit ein recht unscharfer Begriff, der sich nicht objektiv messen ließ. Jeder durfte glauben, er sei unersetzlich oder werde zumindest geschätzt. Inzwischen haben die Nomenklaturen dieser Teenagergemeinschaften teilweise eine Objektivierung erfahren, und zwar durch diverse in den sozialen Netzwerken gebräuchliche Maßzahlen: Likes, Teilen, Follower usw.

Die ständig neu gemischten Karten der sozialen Sichtbarkeit hängen auch von der ständigen Präsenz des Jugendlichen auf dem Markt der sozialen Verpflichtungen ab. In der Heimlichkeit der Nacht bilden sich zuweilen ähnliche Hierarchien heraus wie früher auf dem Schulhof. Die sozialen Verpflichtungen können leicht zu einer freiwillig akzeptierten Tyrannei werden, denn wer aus diesem Teufelsrad aussteigen will, bezahlt dafür einen hohen sozialen Preis. Es ist die Angst vor einer symbolischen Deklassierung, die dazu anhält, wach zu bleiben, und das gilt insbesondere für die Jugendlichen während des Aufbaus einer Identität. Die Angst, nicht dabei zu sein oder etwas falsch zu machen, dürfte niemandem fremd sein, denn der gesellige Charakter des Menschen gehört zu den Grundlagen unserer Spezies. Die moderne Technologie erlaubt es dieser Angst jedoch, sich auf beunruhigende Weise Ausdruck zu verschaffen.

So hat eine Untersuchung 2016 ergeben, dass wir im Durchschnitt mehr als 221 Mal am Tag auf unser Smartphone schauen, also alle sechs Minuten.[45] Mehr als die Hälfte aller Menschen gibt zudem an, dass es ihnen Angst mache, wenn sie kein Netz haben, und bei den 18–24-Jährigen empfinden 76 Prozent diese Angst. Ein deutscher Forscher und sein Team haben sogar gezeigt, dass es unter Versuchsbedingungen einer Mehrheit der Probanden leichter fiel, auf Nahrung oder sexuelle Beziehungen zu verzichten als auf eine Verbindung zum Internet und auf den Zugang zu sozialen Netzwerken.[46] Der Bereich dieser kognitiven sozialen Verpflichtungen hat sich ständig erweitert, sodass man schließlich für die Angst, etwas zu verpassen, einen Neologismus prägte: Fomo (*fear of missing out*): Wir checken ständig unsere Mails, unseren Facebook-Account, unser Smartphone, nur für den Fall, dass … Und die Realität zerfällt in eine Vielzahl von Mikroereignissen, die nicht nur bei Jugendlichen, sondern auch bei vielen Erwachsen eine Art Sucht hervorrufen.

In diesem Kontext ist Schlaf gleichzusetzen mit der Gefahr, etwas zu verpassen, und Schlaflosigkeit wird zu einem Symptom der Tyrannei des

Ereignisses. Der Verkürzung der gesamten Schlafdauer entspricht auch eine Zunahme der Verfügbarkeit unseres Geistes. Das ist zwar nur ein kleines Teilstück in dem langen Prozess der Freisetzung unserer Gehirnzeit, verweist jedoch auf ein Phänomen, das im Zentrum unserer heutigen Probleme steht. Denn diese Verfügbarkeit wird unaufhaltsam von den Bildschirmen aufgezehrt. Da wartet etwas auf uns, das in der Lage ist, uns am Schlafen zu hindern und uns wach zu halten, und das in Teilen einer Sucht gleichkommt.

Die leuchtenden Bildschirme ziehen uns indessen keineswegs nur in der Stille der Nacht an. Sie sind auf dem Wege, die stärksten Anziehungspunkte für unsere Aufmerksamkeit zu werden. Sie saugen einen Teil jener Gehirnzeit ab, zu deren Freisetzung die Menschheit Jahrtausende gebraucht hat.

Während du deinen Bildschirm beobachtest, beobachtet der Bildschirm dich

Die Kaugummiindustrie befindet sich in einer Krise. Seit mehreren Jahren befinden sich ihre Absätze buchstäblich im freien Fall, vor allem in Frankreich, das hinter den USA der zweitgrößte Konsument dieser Süßigkeit ist. Wie ist es dazu gekommen?

Um das zu verstehen, muss man wissen, dass Kaugummi nur selten auf der Einkaufsliste steht. Es handelt sich vielmehr um einen Impulskauf, den wir in letzter Minute tätigen, wenn wir an der Kasse Schlange stehen müssen. Die Kaugummihersteller nutzen diesen Umstand für ihre Verkaufsstrategie und stellen in der Nähe der Kassen Verkaufsständer auf, die zusammengenommen viele hundert Kilometer ergäben. Die Einrichtung automatischer Kassen ist für ihre Strategie nicht günstig, denn die Verkaufsständer sind dort kleiner, sodass die Kaugummimarken inzwischen gut 20 Kilometer Präsentationsfläche verloren haben. Das ist jedoch noch nicht alles. Unsere Kinder drängen uns nicht mehr so stark zum Kauf dieser Süßigkeiten (mit denen sie sich ruhigstellen lassen, während wir an der Kasse warten), und auch wir selbst kommen nicht mehr so oft auf diesen Gedanken, da unsere Aufmerksamkeit von anderen Dingen abgelenkt wird.

Weil Warten für Menschen einen unangenehmen Zustand darstellen kann, blickten wir bei dieser Gelegenheit bis vor Kurzem noch umher, sahen uns die Gesichter der übrigen in der Schlange Wartenden oder den Inhalt ihrer Einkaufswagen an – und warfen gelegentlich auch einen Blick auf die Süßigkeiten, die vor der Kasse aufgestellt waren und uns in Versuchung führen sollten. Heute sind unsere Blicke und die unserer Kinder fest auf das Smartphone oder Tablet gerichtet. So ist unsere Aufmerksamkeit abgelenkt von den Präsentationen, die Süßwarenhersteller für uns ersonnen haben. Das Warten – und somit unsere mentale Verfügbarkeit – machte den Raum vor der Kasse zu einem strategischen Ort, doch aus genau denselben Gründen ist er inzwischen kontraproduktiv. Der bescheidene Anreiz, den diese Süßwarenständer darstellen, vermag nicht mit dem unseres Smartphones zu konkurrieren.

Es ist ein ungleicher Kampf, denn die eigentliche Frage lautet: Was vermag denn auf diesem Gebiet überhaupt noch mit den Bildschirmen zu konkurrieren? Wie alle einschlägigen Untersuchungen in der ganzen Welt zeigen, sind sie inzwischen zu Aufmerksamkeitsmonstern geworden. Sie verschlingen mehr von unserer verfügbaren Gehirnzeit als irgendein anderes Objekt in unserem Universum. Schon 2010 erklärte das Insee, in Frankreich werde die Hälfte der verfügbaren Gehirnzeit (also der Zeit, die weder für physiologische Erfordernisse noch für Erwerbsarbeit, häusliche Arbeiten oder Verkehr verwendet wird) von den Bildschirmen in Anspruch genommen. Der Ausdruck «Bildschirm» verweist dabei gleichermaßen auf Fernseher, Computer oder Smartphones. Sieht man sich die Zahlen genauer an, wird deutlich, dass sich die Jüngeren seit 2010 vom Fernsehen ab- und dem Internet zuwenden. Bei den 15–24-Jährigen ist der Fernseher bereits weitgehend von den Computerbildschirmen verdrängt worden, und diese Entwicklung setzt sich auch heute weiter fort.

Am deutlichsten zeigt sich dieses Aufsaugen unserer Aufmerksamkeit bei den Jüngsten. Bei den 2–4-Jährigen ist der Anteil der von Bildschirmen absorbierten mentalen Verfügbarkeit um 30 Prozent gestiegen. Mit anderen Worten, gerade die Allerkleinsten sind vor allem in den USA im Schnitt drei Stunden täglich in diesen Aufmerksamkeitsfallen gefangen.[47] Die tägliche Bildschirmzeit erreicht mit 12 Jahren durchschnittlich 4 Stunden und 40 Minuten. Die Jugendlichen bleiben dort allerdings nicht stehen, mit 18 Jahren verbringen sie täglich im Schnitt 6 Stunden und 40 Minuten vor Bildschirmen. Um den gewaltigen Umfang dieser Vereinnahmung zu verdeutlichen, verweist Michel Desmurget darauf, dass diese Zeit bei den jungen Menschen an der Schwelle zum Erwachsenenalter auf ein Jahr bezogen 100 vollen Tagen oder 2,5 Schuljahren oder auch «der gesamten Zeit» entspricht, «die Schüler eines naturwissenschaftlichen Gymnasiums von der 6. Klasse bis zum Abitur mit Unterricht in Französisch, Mathematik, Biologie und Erdkunde verbringen».[48]

So formuliert, ist der Verbrauch unserer mentalen Verfügbarkeit durch Bildschirme sehr aussagekräftig, denn hier gilt das Gesetz der kommunizierenden Röhren. Was hier weggenommen wird, das wird dort nicht investiert. Man könnte sagen, auf den Bildschirmen geschähen doch aufregende Dinge, und junge Menschen könnten dort für geistige Bildung ebenso interessantes Material finden wie in einem Buch oder im Unterricht. Das trifft allerdings nicht zu, denn die Zeit verteilt sich dort folgendermaßen: 43 Prozent entfallen auf das Fernsehen, 22 Prozent auf Videospiele, 24 Prozent auf soziale Medien und 11 Prozent auf das Surfen im Internet. Das Lesen leidet ganz besonders unter dieser Konkurrenz in der Vereinnahmung unserer Aufmerksamkeit, denn wie aus den Zahlen für Frankreich hervorgeht, ist die dem Lesen (einschließlich der Lektüre von Online-Zeitungen) gewidmete Zeit seit 1986 um ein Drittel zurückgegangen.

Von besonderer Bedeutung für diese Verlagerung der Aufmerksamkeit ist das Smartphone. Zunächst einmal, weil die Zahl der weltweit verkauften Geräte in den letzten zehn Jahren gewaltig gestiegen ist und inzwischen 1,6 Milliarden Einheiten pro Jahr erreicht. Zudem, weil die Zeit, die wir im Durchschnitt auf dieses Gerät verwenden, ständig weiter ansteigt. Die Menschen verbringen heute 3,7 Stunden täglich an ihrem Telefon. Bei den Franzosen ist die Nutzung ein wenig besonnener (2,3 Stunden), hat aber gleichwohl innerhalb von zwei Jahren (2018 und

2019) um 27 Prozent zugenommen. Und schließlich, weil die geringe Größe dieser Geräte die Möglichkeit bietet, sie ständig bei sich zu tragen und pausenlos zu checken. Beim geringsten Leerlauf (im Verkehr, im Wartezimmer, auf der Straße) werfen wir einen Blick auf unsere Handys. Auch wenn wir uns mit Freunden unterhalten, mit anderen zusammen sind oder ganz allgemein während der Arbeit laden diese Geräte sich selbst an den Tisch unserer verfügbaren Gehirnzeit ein. Deshalb kommen manche bei der Berechnung der Besetzung unserer Gehirnzeit zu dem Ergebnis, dass diese wechselseitige Durchdringung zwischen unseren alltäglichen Aktivitäten und dem ständigen Checken der digitalen Welten zusammengerechnet auf Tage von 30 Stunden Länge und mehr hinausläuft. So glaubt Patino angesichts der gewaltigen Häufigkeit, mit der wir unseren Blick und unseren Geist den Bildschirmen zuwenden, dass sie zumindest in den USA schon bald die Hälfte unseres ganzen Lebens vereinnahmen werden.[49]

Das Eindringen der Bildschirme und Displays in unser alltägliches Leben ist offenkundig. Längst vergangen scheinen jene Zeiten, da öffentliche Verkehrsmittel Anlass zum Austausch von Blicken gaben, die schlichtes Einverständnis oder verliebte Zustimmung signalisierten. Heute fällt es schwerer, einem Blick zu begegnen, wenn wir unsere Mails checken oder eine Partie Candy Crush spielen. Allerdings lassen sich Liebesbeziehungen ebenso gut auf unseren Bildschirmen über Tinder und andere Dating-Apps anbahnen. So zeigt eine Untersuchung in den USA,[50] dass sich heterosexuelle Paare inzwischen vermehrt über Online-Anwendungen finden.[51] Das ist neu, denn bis 2013 lernten sich Paare hierzulande nach dem traditionellen Muster kennen: über Freunde, die Familie oder die Arbeit. Heute kommen jenseits des Atlantiks vier von zehn Paaren durch die digitale Welt zusammen. Im 20. Jahrhundert wurde ein Drittel der Liebesbeziehungen von der Familie vermittelt. Dieser Weg macht heute nur noch 7 Prozent der Fälle aus. Frankreich hat dieses Stadium noch nicht erreicht, aber ein Viertel der Franzosen sind bei Dating-Websites registriert, und diese Zahl hat sich in den letzten 12 Jahren verdoppelt.[52]

Als Universitätsprofessor habe ich erleben können, dass die Bildschirme auch in die Vorlesungssäle Einzug hielten. Das ging sehr rasch.

Zunächst begannen einige, bald jedoch fast alle, mit einem Laptop in die Vorlesungen zu kommen. Ich vermeide nun, die Stufen des Vorlesungssaals hinaufzusteigen, wie ich es früher getan habe, damit ich nicht sehe, dass die meisten Studenten auf Facebook sind. Ich ahne es zwar, ziehe es aber vor, diese unaufhörliche wechselseitige Durchdringung der digitalen Welt und meiner Vorlesung nicht zur Kenntnis zu nehmen.

Die Festung unserer mentalen Verfügbarkeit ist also durchlässig geworden, ja sie verflüchtigt sich allenthalben. Deshalb sind zum Beispiel die Werbeflächen auf den Bahnsteigen der Pariser Métro nicht mehr so attraktiv wie früher, denn unser Blick ist dort weniger verfügbar. Die Werbeflächen in den zu den Bahnsteigen führenden Gängen sind attraktiver geworden, weil sie dort eher unsere Aufmerksamkeit erregen, und so werden auch sie vermehrt durch Bildschirme mit bewegten Bildern ersetzt. Zumindest haben sie entsprechende Chancen, sofern wir uns nicht auch noch beim Gehen in unsere privaten Bildschirme vertiefen. Außerhalb der Gänge in den Métrostationen dürfte jeder bemerkt haben, dass die Mobilität der Fußgänger nicht nur durch Autos, Fahrräder, Roller und all die anderen Werkzeuge alternativer Mobilität behindert wird, sondern schlicht auch durch andere Fußgänger, die, in die Displays ihrer Smartphones vertieft, den Weg versperren wie treibende Körper, die nicht auf ihre Umgebung achten.

Diese «Smombies», wie man sie gelegentlich nennt (eine Zusammenziehung aus «Smartphone» und «Zombies»), bringen andere oft ebenso in Gefahr wie sich selbst. Eine Untersuchung der Unfälle von Fußgängern in den USA zeigt einen starken Anstieg der Zahl von Verletzten aufgrund mangelnder Aufmerksamkeit.[53] In den USA bekannten 2015 50 Prozent der Fußgänger, ihr Handy zu checken, während sie auf dem Bürgersteig unterwegs waren oder die Straße überquerten. Inzwischen ist diese Zahl auf 65 Prozent gestiegen. Wie stets bei Umfragen zu neuen Technologien nehmen junge Leute deutlich die Spitzenplätze ein, sind es doch 91 Prozent, die sich zu dieser gefährlichen Manie bekennen. Deshalb versucht man hier und da, den neuen Gefahren entgegenzutreten. So sind in Tel Aviv manche Kreuzungen mit Leuchtbändern versehen, die in den Boden eingelassen sind, damit die «Smombies» sie wahrnehmen. Ebenso in Seoul, wo man die Leuchtbänder allerdings zusätzlich an Radar- und Wärmebildkameras koppelt und bei der Annäherung eines Fahrzeugs an die Kreuzung blinken lässt. Auch eine Smarthone-App bietet an, Sie auf Gefahren aufmerksam zu machen, wenn Sie mit nach unten auf das Smartphone gerichtetem Blick durch die Stadt gehen – ein Gipfel der wechselseitigen Durchdringung beider Welten. Besonders beunruhigend ist das Problem, wenn Autofahrer während der Fahrt auf ihr Smartphone schauen, denn inzwischen spielt diese Ablenkung bei jedem zehnten tödlichen Autounfall eine Rolle, und solch ein Verhalten erhöht das Unfallrisiko um das 23-Fache.

Bildschirme und Displays sind also durch ihre Miniaturisierung keineswegs weniger problematisch geworden. Sie geben uns die Möglichkeit, all das zu verscheuchen, was unser Gehirn als eine Verlangsamung des Lebens, ein Warten, eine Routinesituation interpretieren kann, die nicht unserer ganzen Aufmerksamkeit würdig zu sein scheinen. Dann fühlen wir uns berechtigt, auf die Suche nach Informationen zu gehen: Hat mir jemand eine Nachricht oder eine Mail geschickt? Gibt es etwas Neues in den sozialen Netzwerken? Diese Ablenkung der Aufmerksamkeit schätzt man in den USA auf 28 Prozent des durchschnittlichen Arbeitstags, mit Kosten von jährlich 588 Milliarden Dollar.[54] Es gibt neben den finanziellen Kosten jedoch noch einen weiteren Grund zur Besorgnis: Was da wegen unseres Smartphones verschwindet, ohne dass man es genau messen könnte, das ist die Zeit des Wartens, der Langeweile und auch der Träumereien – und damit ein Teil unserer Kreativität.

In akademischen Kreisen habe ich oft die Ansicht gehört, Wissenschaftler fänden ihre besten Ideen in ihrer Jugendzeit und verbrächten dann ihr ganzes Leben damit, sie auszuschöpfen. Ich weiß nicht, ob sich das seriös messen lässt, denn da sie in ihrer beruflichen Laufbahn immer weniger Zeit finden, um über die Welt nachzudenken, sich ein wenig zu langweilen und intellektuelle Spaziergänge zu unternehmen, scheint es mir vernünftig, ihre nachlassende Kreativität nicht auf ihr Alter, sondern auf den Rückgang ihrer mentalen Verfügbarkeit zurückzuführen. Müssen wir nicht – über Wissenschaftlerinnen und Wissenschaftler hinaus – Angst haben, dass der unermesslich kostbare Schatz unserer freigesetzten

Gehirnzeit von den leuchtenden Rechtecken und den von ihnen vorgeschlagenen unproduktiven Betrachtungen geplündert wird? Aber wenn wir den Bildschirmen und denen, die sie ökonomisch ausbeuten, die Schuld geben, vernachlässigen wir dann nicht einen entscheidenden Teil in der Gleichung dessen, was da gerade mit uns geschieht? Erinnern wir uns an Jean Perrins Satz, den ich zu Beginn dieses Kapitels zitiert habe:

> Wenn wir heute zu diesem kleinen notwendigen Opfer bereit sind, werden die von der Wissenschaft befreiten Menschen schon bald, vielleicht in wenigen Jahrzehnten, froh und gesund leben und sich bis an die Grenzen der Möglichkeiten ihres Gehirns entwickeln …

Die Grenzen unseres Gehirns – ein Ausdruck, den wir ernst nehmen sollten, und zwar nicht nur, weil Bildschirme uns stärker anziehen als andere Unterhaltungsquellen, sondern auch weil unser Gehirn im Verlaufe der Evolution die Fähigkeit zu einer massiven Verarbeitung visueller Informationen entwickelt hat. So befasst sich die Hälfte des menschlichen Großhirns mit der Analyse der visuellen Welt.[55] Die Grenzen unseres Gehirns eröffnen die Möglichkeit, den Wert dieses für die Menschheit so kostbaren Schatzes zu ermessen, aber auch die Gefahr eines schlechten Gebrauchs abzuschätzen. Werden wir uns wie gute Geschäftsführer für sichere Investitionen entscheiden oder dieses Aufmerksamkeitskapital im Spielkasino der Aufmerksamkeit verspielen?

Wer den Bildschirmen die Schuld gibt, jagt eindeutig Schimären nach, denn sie sind lediglich die Vermittler zwischen dem hypermodernen Charakter des kognitiven Marktes und den sehr alten Funktionsweisen unseres Gehirns. Hier bietet sich ein Blick auf ein, wie es scheinen mag, Schlachtfeld, auf dem über einen Teil unseres kollektiven Schicksals entschieden wird – aber nach welcher Logik?

II

So viele verfügbare Gehirne

Ein globaler «Cocktailparty-Effekt»

Wir alle haben wahrscheinlich schon einmal an einer Cocktailparty teilgenommen, anlässlich eines Geburtstags oder der Verabschiedung eines Kollegen in den Ruhestand oder auch einer Hochzeit. Selbst wenn der Raum über eine gute Akustik verfügt, sind solche Zusammenkünfte doch von einem ständigen Lärm und Stimmengewirr gekennzeichnet. Dennoch sind wir in der Lage, ein verständliches Gespräch zu führen, denn trotz des Stimmengewirrs gelingt es uns, die Worte unseres Gesprächspartners herauszufiltern und zu verstehen – ein Merkmal des menschlichen Gehirns, das Maschinen bislang noch nicht nachzuahmen vermögen. Unser Gehirn trennt automatisch die Spreu vom Weizen. Dabei haben wir den Eindruck, gänzlich in unser Gespräch vertieft zu sein. Wenn dann allerdings in ein paar Metern Entfernung eine uns unbekannte Person unseren Vornamen nennt, hebt sich diese Stimme plötzlich klar aus dem Stimmengewirr hervor. Irgendetwas in unserem Gehirn sagt uns, dass da eine Information in dieser wirren Ansammlung von Phonemen bewusst verarbeitet zu werden verdient.

Der sogenannte «Cocktailparty-Effekt» wurde erstmals 1953 von Colin Cherry, Kognitionswissenschaftler am Imperial College in London, untersucht. Zur experimentellen Überprüfung des Effekts ersann er eine Versuchsanordnung, bei der die Probanden über Kopfhörer gleichzeitig zwei unterschiedliche Nachrichten erhielten. Wie Cherry zeigte, waren die Versuchspersonen auf Anforderung in der Lage, ihre Aufmerksamkeit auf lediglich eine dieser Botschaften zu konzentrieren. Sie hatten anschließend den Eindruck, von der anderen Botschaft nichts behalten, ja sie nicht einmal gehört zu haben, waren in Wirklichkeit aber sehr wohl in der Lage, zum Beispiel die Frage zu beantworten, ob sie von einem Mann oder einer Frau gesprochen worden war.

Cherrys Arbeiten[1] führten zu einer äußerst fruchtbaren Erforschung der Aufmerksamkeitsphänomene und unserer Fähigkeit, Informationsfilter einzusetzen. Wir können willentlich eine Quelle aus einer geräuschvollen Umgebung hervorholen und bevorzugt die aus dieser Quelle stammenden Informationen verarbeiten. Der Rest gilt dann bewusst oder unbewusst als Rauschen. Dennoch verwandeln, wie bereits angemerkt, manche Elemente dieses Rauschen in ein *Ereignis*, das heißt in ein bedeutsames Ereignis, und zwar unabhängig vom Willen. Mit anderen Worten, sie drängen sich der bewussten Verarbeitung auf, ohne dass wir dies entscheiden. Und das ist keine Nebensächlichkeit, denn die bewusste Verarbeitung einer Information ist für unser Gehirn mit einigen Kosten verbunden.

Die meisten Informationen verarbeiten wir unbewusst. In diesem Fall werden lediglich einige hintere Hirnregionen aktiviert, aber sobald Informationen Eingang in unseren Bewusstseinsraum erhalten, sind weitere kortikale Areale beteiligt.[2] Vor allem der vordere cinguläre Cortex wird bei der bewussten Verarbeitung aktiviert, und das kostet einige Energie. Der Gedanke einer «mentalen Energie» hat nichts Metaphorisches. Er muss im Zusammenhang mit dem Verbrauch von Glukose gesehen werden, auf das unser Gehirn versessen ist. Kein anderes menschliches Organ verbraucht so viel davon wie das Gehirn. Auf diesem Gebiet ist unser Gehirn wie auf vielen anderen ein Geizhals. Es möchte oft mit minimalem Einsatz ein Maximum erreichen. Wie der auf die Aufmerksamkeitsforschung spezialisierte Neurowissenschaftler Jean-Philippe Lachaux erklärt, legt das Ausführungssystem im präfrontalen Cortex fest, welche Informationen berücksichtigt werden sollen, indem es die Verbindungen zu den Sinneskortizes steuert. Das führt dazu, dass manche Neuronengruppen empfindlicher werden und bestimmte Informationen effizienter aus der Umgebung extrahieren können. Unsere Fähigkeit, ein Signal zu isolieren und als Ereignis einzustufen, ist deshalb unnachahmlich auch für die raffiniertesten künstlichen Intelligenzen.

Diese Fähigkeit ermöglicht es unserer Spezies, sparsam mit mentaler Energie umzugehen, aber sie vermag uns auch Streiche zu spielen. Wenn wir unsere Aufmerksamkeit auf bestimmte Ereignisse fokussieren und die aus dem Umfeld stammenden Informationen als «Rauschen» einstufen, machen wir uns partiell blind. Die bekannteste Illustration dieses Vorgangs geht zurück auf Christopher Chabris und Daniel Simons. Die beiden Psychologen der Harvard University führten ein Experiment durch, das als «Der unsichtbare Gorilla» in aller Welt Berühmtheit erlangte, sodass selbst *Newsweek* und *The New Yorker* darüber berichteten. Die mysteriös klingende Bezeichnung meint eine geniale Versuchsanordnung, die zeigen sollte, dass unser visuelles System selbst deutlich erkennbare Ereignisse übersehen kann, falls wir uns dabei allzu sehr auf eine bestimmte Aufgabe konzentrieren.

Die beiden Psychologen nutzten einen partiellen Leerstand in ihrem Fakultätsgebäude, um eine scheinbar banale Szene zu filmen: Die jeweils drei Mitglieder zweier Mannschaften, die eine dunkel gekleidet, die andere mit weißen T-Shirts, warfen einander einen Basketball zu. Die beiden Psychologen baten die Probanden, sich das Video anzusehen und dabei die Pässe zwischen den Personen mit weißem T-Shirt zu zählen. Die korrekte Antwort lautete: 35 Pässe, doch das hatte keinerlei Bedeutung. In Wirklichkeit ging es um das Auftauchen einer seltsamen Gestalt, einer Studentin in einem Gorillakostüm, die sich für ein paar Augenblicke unter die Spieler mischte, dabei der Kamera das Gesicht zuwendete und sich auf die Brust schlug. Das Unwahrscheinlichste ist indessen (und das war das eigentliche Ziel des Versuchs), dass die Hälfte der Teilnehmer den Gorilla nicht sah. Als man sie fragte, ob sie in dem Video etwas Seltsames beobachtet hätten, antworteten sie mit nein. Da sie sich ganz auf die ihnen zugewiesene Aufgabe konzentriert hatten, waren sie blind für dieses überraschende – neun Sekunden dauernde – Auftauchen eines Gorillas mitten in diesem Experiment.

Nicht weniger interessant sind die Ergebnisse, zu denen der Psychologieprofessor Daniel Levin und die Psychologieprofessorin Bonnie Angelone 2008 gelangten, als sie herausfinden wollten, was ihre Studenten über dieses Experiment dachten. Sie beschrieben ihnen detailliert die Versuchsanordnung und fragten sie, ob sie meinten, dass sie als Versuchspersonen den Gorilla gesehen hätten. Obwohl die Studenten in der Lehrveranstaltung ausführlich über das Problem der partiellen Blindheit unserer Aufmerksamkeit informiert worden waren, meinten 90 Prozent von ihnen, *sie* hätten den Gorilla gesehen. Wir sind also übertrieben optimistisch hinsichtlich unserer Fähigkeit, solchen Phänomenen des Aufmerksamkeitstunnels zu widerstehen. Es gehört nun einmal zu unserer mentalen Verfassung, dass wir in gewissen Situationen blind gegenüber dem Offensichtlichen sind und nicht einmal etwas von dieser Blindheit bemerken.

Falls Sie noch Zweifel haben, sollten Sie sich vielleicht selbst einmal der amüsanten Erfahrung aussetzen, die Ihnen das frei im Netz verfügbare Video *Test Your Awareness: Whodunnit?* bietet. Es handelt sich um eine einminütige Filmszene mit einem polizeilichen Verhör im Stil von Agatha Christie. Im zweiten, ebenso kurzen Teil des Videos sehen Sie die Szene noch einmal, diesmal jedoch von einer anderen Kamera gefilmt. Diese neue Perspektive zeigt, dass während der Aufnahme 21 bedeutsame Details der Szene verändert wurden. Aber selbst wenn wir das wissen, ist es unwahrscheinlich, dass wir irgendetwas oder sonderlich viel davon bemerken. Das ist ein weiteres Beispiel für unsere Blindheit gegenüber Veränderungen, wenn unsere Aufmerksamkeit von einer bestimmten Aufgabe absorbiert wird (eine Krimigeschichte ist eine gute Gelegenheit, um einen Aufmerksamkeitstunnel zu schaffen).

Das alles ist lustig, aber wie wir beim Cocktailparty-Effekt gesehen haben, kann diese Sturheit der Aufmerksamkeit auch auf Abwege führen. Genau wie solche Aufmerksamkeitstunnel uns ein wenig von uns selbst wegnehmen, so erregen gewisse Phänomene unsere Aufmerksamkeit in einer Weise, die es uns schwer macht, Herr im eigenen Hause zu bleiben. Für unser Gehirn ist es unwiderstehlich, jemandem, der von uns spricht, Aufmerksamkeit zu schenken. Die Nennung unseres Vornamens in einem Stimmengewirr sorgt für einen «Pop-out-Effekt», wie manche Forscher dies in Anlehnung an die Aufmerksamkeit nennen, die das Knallen eines Sektkorkens auslöst.[3] Gewisse Informationen lösen ganz unwiderstehlich eine bewusste Verarbeitung durch unser Gehirn aus.

Die neurowissenschaftlichen Forschungen zur Aufmerksamkeit haben die Umrisse der Objekte, die unsere verfügbare Gehirnzeit für sich beanspruchen, noch nicht erschöpfend bestimmt, liefern uns jedoch zahlreiche Anhaltspunkte. So zeigen sie, dass alle Informationen, die einen Teil unserer Identität betreffen, gute Chancen haben, unsere Aufmerksamkeit auf sich zu ziehen (unser Vorname ist da ein besonders symbolträchtiges Beispiel). Dasselbe gilt für Informationen, die eine Gefahr oder Warnung signalisieren. So kann es kaum überraschen, dass die Farbe Rot unter allen anderen hervorzustechen scheint. Auch Ausdrücke mit einem großen sozialen Sichtbarkeitskapital wie der Name einer berühmten Stadt ziehen unseren Geist an.[4] Man könnte noch hinzufügen, dass ein Wort wie «Sex» und zahlreiche andere Ausdrücke aus dem Wortfeld der Sexualität uns ebenfalls nicht gleichgültig lassen.[5]

Ein Beispiel aus meinen Erfahrungen als Hochschullehrer bietet dazu eine amüsante Illustration. In einer Vorlesung für Studenten des dritten Studienjahres Soziologie führte ich den oben genannten Begriff des Cocktailparty-Effekts ein. Wie immer, wenn ich rede, sind manche Studenten ganz in ihre Smartphones vertieft. An diesem Tag schien eine Studentin, die sich wohl ganz bewusst in die oberste Reihe des Hörsaals gesetzt hatte, nicht das Mindeste von dem aufzunehmen, was ich da erzählte. Dann kam der Moment, als ich den Pop-out-Effekt beschrieb, den manche Worte auslösen, und in diesem Kontext sprach ich auch das Wort «Sex» aus. Augenblicklich hob die Studentin ein wenig perplex ihren Blick von ihrem Handy, als hätte sie da etwas Wichtiges verpasst. Ohne sich dessen bewusst zu sein, verlieh sie dem von mir Beschriebenen eine Verkörperung: eine äußerst überzeugende *Mise en abyme*.

Der Cocktailparty-Effekt erweist sich als ein gutes Beispiel für den Einsatz, um den es beim kostbarsten Schatz der Welt geht. Die Anziehungskraft, die Bildschirme und Displays auf unsere mentale Verfügbarkeit ausüben, darf uns indessen nicht vergessen lassen, dass diese Werkzeuge nur Mittler zwischen uns und dem kognitiven Markt darstellen.

Sie eröffnen uns einen leichteren und flexibleren Zugang zu einem inzwischen riesigen Angebot. Wie wir heute wissen, brechen wir unter der Last der Informationen schier zusammen, sodass die Gehirnzeit zu etwas weitaus Rarerem geworden ist als die Informationen, die sie befriedigen könnten. Das Kräfteverhältnis hat sich umgekehrt – und zwar in einem Maße, dass der kognitive Markt einem permanenten Stimmengewirr gleichkommt, als befänden wir alle uns auf einer globalen Cocktailparty. Der französische Philosoph Bernard Stiegler gibt uns diesen nützlichen Hinweis:

> Im 18. Jahrhundert redeten die Menschen sehr wenig, und sie hatten sehr wenige äußere Anreize. Nur unter vergleichsweise außergewöhnlichen Bedingungen war es ihnen möglich, Musik zu hören und Malereien anzuschauen. Neuere Arbeiten von Historikern haben zu einer Nuancierung dieses Bildes geführt: Selbst im Ancien Régime fanden die Menschen äußere Anreize im Gottesdienst, auf Festen oder durch Geschichtenerzähler. Außerdem waren zahlreiche Bilder in Form von Stichen im Umlauf. Das ändert allerdings nichts an der Tatsache, dass die Menschen auf dem Lande, wo die Mehrheit der Bevölkerung lebte, einen Großteil der Zeit in der Stille verbrachte.[6]

Dagegen produzierten wir Anfang der 2000er Jahre, also zu Beginn der massiven Deregulierung des Informationsmarktes, weltweit mehr Informationen als seit der Erfindung des Buchdrucks durch Gutenberg. Und in den beiden ersten Jahrzehnten des 21. Jahrhunderts hat sich dieser Anstieg noch schwindelerregend verstärkt. Seit 2013 verdoppelt sich die verfügbare Informationsmenge alle zwei Jahre. Das ist geradezu unvorstellbar, zumal es unserem Gehirn, wie wir gesehen haben, sehr schwerfällt, geometrische Progressionen zu erfassen.[7] Jede Sekunde werden weltweit 29 000 Gigabyte Informationen publiziert, das sind 900 Milliarden Gigabyte im Jahr. 2017 wurden pro Sekunde 253 000 Nachrichten verschickt und auf Google 60 000 Suchanfragen gestartet; auf Snapchat wurden im selben Jahr pro Minute 527 760 Fotos geteilt und bei Twitter insgesamt 456 000 Tweets abgesetzt.[8] Und noch eine frappierende Zahl:

90 Prozent der weltweit verfügbaren Informationen wurden in den letzten beiden Jahren verfasst.

Angesichts einer derartigen Informationskakophonie, die uns, ob wir das nun wollen oder nicht, in die Situation einer globalen Cocktailparty versetzt, fragt sich, was dort unsere Aufmerksamkeit erregen wird. Welche Aussagen werden unsere kostbare verfügbare Gehirnzeit auf sich ziehen? Welche kognitiven Produkte werden auf diesem metastasierenden Informationsmarkt einen Konkurrenzvorteil genießen?

Die Brust bedecken …

Beate Uhse-Köstlin war eine außergewöhnliche Frau. Sie erwarb Ende der 1930er Jahren als eine der ersten Frauen den Flugschein, arbeitete gelegentlich als Stuntfrau und wurde später eine erfolgreiche Geschäftsfrau, deren Unternehmen 1999 an die Börse ging. Man erzählt sich sogar, als Kind habe sie es dem mythischen Ikarus gleichtun wollen und sich künstliche Flügel hergestellt, um sich damit vom Dach ihres Elternhauses zu stürzen. Sie verliebte sich in ihren Fluglehrer, weigerte sich jedoch eine Weile, ihn zu heiraten, weil sie nicht auf das Fliegen verzichten wollte. In ihrer Familie erkannte man ihre Talente schon sehr früh, und sie erhielt eine eher liberale Erziehung, insbesondere auch in Fragen der Sexualität. Nach dem Krieg stand sie als Kriegerwitwe nahezu mittellos da, zumal das Fliegen den Deutschen eine Zeitlang verboten war. Sie erkannt sehr bald, dass in diesem trostlosen Nachkriegsdeutschland viele Frauen und Männer kaum etwas über natürliche oder künstliche Methoden der Empfängnisverhütung wussten und ihre Sexualität nicht auszuleben verstanden. Da sie sah, dass die potenzielle Nachfrage nach Dienstleistungen auf diesem Gebiet zwar riesig sein mochte, Angebote jedoch gänzlich fehlten oder nur schwer zugänglich waren, gründete sie ein kleines Versandhaus für den Vertrieb von Aufklärungsbüchern und Verhütungsmitteln.

Damit wollte und konnte Beate Uhse sich indessen nicht begnügen. Sie prägte auch den Zeitgeist, indem sie den ersten Sexshop der Geschichte eröffnete. Das war 1962, mitten im Weihnachtsgeschäft im norddeutschen Flensburg. Sie war klug genug, ihrem Geschäft einen Namen zu geben, der auf die Sitten der Zeit Rücksicht nahm: «Fachgeschäft für Ehehygiene». Auch den Zeitpunkt in der Weihnachtszeit wählte sie nicht zufällig. Ihr Anwalt hatte dazu geraten, weil die Menschen es in dieser Zeit nicht wagen würden, ihr Geschäft anzugreifen. Und wenn erst ein paar Wochen vergangen seien, werde die Empörung sich legen. Das funktionierte nur teilweise, denn trotz allem wurden zahlreiche Klagen gegen ein Unternehmen eingereicht, das in dieser Zeit als ein moralischer Skandal erschien. Ab den 1970er Jahren entstanden solche Sexshops auch in Frankreich und anderswo, auch wenn man sie in anderen Ländern (wie in einigen Bundesstaaten der USA) aus moralischen Gründen verbot.

Diese kleine Geschichte ist deshalb aufschlussreich, weil unter all den Dingen, die im Informationswirrwarr der heutigen Welt unsere Aufmerksamkeit zu erregen vermögen, die Sexualität eine sehr gute Anwärterin darstellt. Das ist auch keineswegs erstaunlich. Bei allen Lebewesen und insbesondere den Säugetieren spielt die Sexualität eine zentrale Rolle für ihren Fortbestand. Der Gedanke, dass diese Erfordernisse einschließlich des Aspekts ihrer mentalen Anziehungskraft in allen Formen sozialen Lebens auf die eine oder andere Weise hervortreten, ist fundamental und zugleich banal. Interessanter ist da schon die Tatsache, dass man in den sozialen Welten fast stets und überall versucht hat, diesen Umstand zu verbergen. Die Schwierigkeiten, mit denen Beate Uhse zu kämpfen hatte, sind zweifellos zeitbedingt, aber sie sind dennoch aufschlussreich, weil sie nur einen Steinwurf von unserer heutigen Geschichte entfernt sind. Die Tatsache, dass ihr die Aufnahme in den Flensburger Tennisclub einst verwehrt wurde, erweist sich indessen letztlich als eine vernachlässigbare Niederlage, wenn man bedenkt, dass sie 1999 Ehrenbürgerin dieser Stadt wurde.

Vor der Liberalisierung der Sitten, zu deren Galionsfiguren Beate Uhse gehörte, war die Sexualität in der Geschichte der Menschheit stets engstens eingeschnürt. Der Ausdruck von Begehren vor allem seitens der Frau wurde verspottet oder bestraft, gelegentlich mit dem Tod. Die Religionen versuchten oft, die Fleischeslust zu regulieren oder abzutöten, doch kein Gebot, selbst wenn «der Finger Gottes» es geschrieben hatte, vermochte dem Geist der gewöhnlichen Sterblichen jemals die Leidenschaft für die Sexualität zu nehmen. Das Bedürfnis nach Sexualität war stets gewaltig, auch wenn es im Verlaufe der Jahrhunderte nicht so leicht auf ein befriedigendes Angebot traf – weshalb denn auch Beate Uhses Vorgehen so innovativ war.

Die Ehe ist eine der Institutionen, die dazu dienen, das Bedürfnis nach Sexualität durch eine ganze Reihe von Normen und Gesetzen zu regulierten, die Verstöße gegen den Ehevertrag ahnden. Die Liberalisierung der Sitten hat indessen gezeigt, wie wenig diese institutionellen Zügel in der Lage sind, den Sturm unserer Libido im Zaum zu halten. Lange Zeit vermochte das sexuelle Begehren seinen Ausdruck nur im Rahmen der Ehe, in ehebrecherischen Beziehungen oder auch in der Prostitution zu finden. Unter der Hand zirkulierten Heftchen mit erotischen oder pornografischen Bildern, später auch Fotografien. Doch erst nach einer gewissen Befreiung der Sitten und insbesondere nach dem Aufkommen von Sexshops und Pornofilmen in den Kinos erreichte das Angebot eine größere Sichtbarkeit. Der soziale Ausdruck dieses Bedürfnisses blieb indessen weiterhin problematisch. Niemand wird gerne beim Betreten eines Sexshops oder eines Pornokinos gesehen. Manche gehen zweifellos leichter damit um als andere, doch in aller Regel ist der Ausdruck des eigenen Begehrens mit symbolischen Kosten verbunden, die vor einem öffentlichen Bekunden dieses Bedürfnisses zurückscheuen lassen.

Deshalb sorgte das Erscheinen des Fernsehsenders Canal+ in Frankreich für eine vollkommen neue Situation. Er war der erste, der Pornofilme sendete. Das Spiel war allerdings noch nicht gewonnen, denn der Präsident des Senders, André Rousselet, war gegen das Senden von Pornografie, während der Sendeleiter Alain de Greef dafür war und der Sender mit Anlaufschwierigkeiten zu kämpfen hatte. Am Ende konnte de Greef seinen Chef überzeugen, indem er ihm einen Brief zeigte, den er bekommen hatte und in dem ein 72-jähriger Mann ihm darlegte, dass er nicht in Pornokinos gegen könne.[9] Das Weitere ist bekannt. Die Entscheidung, jeden ersten Samstag im Monat um Mitternacht einen als pornografisch eingestuften Film zu zeigen, war einer der Gründe für den Erfolg des verschlüsselten Senders. Es war ein unerwarteter Glücksfall, eröffnete es den Zuschauern doch die Möglichkeit, ein verschämtes Bedürfnis zu befriedigen, ohne den sozialen Preis dafür zahlen zu müssen, auch wenn diese Möglichkeit keine Rücksicht auf die spezifischen Vorlieben der Zuschauer oder auf deren Zeitplan nahm. Die Videotheken übernahmen zweifellos ebenfalls einen Teil dieser Aufgabe. Sie boten Erzeugnisse an, die es möglich machten, dieses Bedürfnis bei sich zu Hause zu befriedigen. Beim Ausleihen der Videokassetten musste man allerdings immer noch mit einer gewissen sozialen Schmach bezahlen. Viele legten solche verrufenen Filme zwischen zwei sozial akzeptablere Actionfilme.

Dem, was wir heute aus dem Internet kennen, kam noch am nächsten, was man mit dem Minitel machen konnte. Dieses kleine, in den 1980er Jahren aufgekommene Gerät war eine Zeitlang der ganze technologische Stolz Frankreichs. In gewisser Weise nahm es tatsächlich das Internet vorweg, indem es über das Telefonnetz einen Zugang zu zahlreichen praktischen Dienstleistungen und Informationsdiensten eröffnete. Das Angebot an Dienstleistungen explodierte 1985 buchstäblich. In diesem Jahr stieg deren Zahl von 145 auf 2000 und erreichte Ende der 1990er Jahre schließlich 25 000. Man fand dort Spiele, Stellenangebote, Dienstleistungen für Unternehmen und Kleinanzeigen. Wer dieses Gerät kannte, erinnert sich zweifellos auch an den massiven Missbrauch der ihm zugewiesenen Funktionen. So beklagten denn auch zahlreiche Kommentatoren die «unmoralische Nutzung» mancher Kommunikationsdienste.[10] Im Klartext: Viele benutzten das Minitelsystem, um nach Sex in der einen oder anderen Form zu suchen. Das konnten sie dort in aller Sicherheit tun, oft anonym und ohne die sozialen Kosten des Ausdrucks ihrer sexuellen Wünsche zu tragen. France Télécom legte zwar stets einen schamhaften Schleier über diese Realität, doch nach Schätzungen stand das sogenannte «rosa Minitel» für mindestens die Hälfte des von dieser technologischen Glanzleistung Frankreichs generierten Datenverkehrs und der zugehörigen Einnahmen.[11]

Das Minitelsystem wurde am 30. Juni 2012 endgültig abgestellt. Das letzten Pornokino in Paris, Le Beverly, schloss 2019. Die Videotheken sind fast überall in der Welt praktisch verschwunden. Der Pornofilm auf Canal+ findet kaum noch Zuschauer. Das *Journal du hard*, das in seinen besten Zeiten eine Million Fernsehzuschauer erreichte, interessiert inzwischen gerade noch ein Zehntel davon. Die Beate Uhse AG beantragte 2017 die Einleitung des Insolvenzverfahrens. Nicht dass die Nachfrage nach erotischen Bildern gesunken wäre – im Gegenteil. Aber sie hat ein neues Werkzeug der Vermittlung zwischen Nachfrage und Angebot gefunden, die perfekte Waffe, nämlich das Internet.

Man hätte leicht vorhersagen können, dass zahlreiche Menschen diese neue Technologie nutzen würden, um sich Pornofilme anzuschauen. Aber konnte man sich das wahre Ausmaß dieser Nachfrage tatsächlich vorstellen? Aus der Distanz von 20 Jahren können wir heute sagen: Solche Filme sind die im Internet am häufigsten konsumierten. Zehntausende von Websites verbreiten diese Art Filme in gigantischen Mengen. Mehr als ein Drittel der jeden Tag weltweit angeschauten Videos sind pornografische Erzeugnisse.[12] Sie generieren Einnahmen von nahezu 100 Milliarden Dollar. Die Menschheit schaut sich alljährlich 136 Milliarden Pornofilme an.

Die Website Pornhub, der Weltmarktführer auf diesem Gebiet, liefert dazu eindrucksvolle statistische Angaben.[13] 2019 schlug man dort mit weltweit 42 Milliarden Besuchen oder 115 Millionen pro Tag sämtliche Rekorde, während im selben Zeitraum insgesamt 6,83 Millionen Videos ins Netz gestellt wurden. Ein einzelner Mensch bräuchte 169 Jahre, um sie alle anzusehen. Noch eindrucksvoller ist die Tatsache, dass die pro Minute angeschauten Videos einer Gesamtdauer von 10 498 Stunden entsprechen. Das heißt, jedes Jahr werden weltweit 629 880 Jahre verfügbarer Gehirnzeit auf das Betrachten pornografischer Filme verwendet.

Die Daten lassen erahnen, in welchem Ausmaß unsere mentale Verfügbarkeit von gewissen Angeboten auf dem kognitiven Markt in Anspruch genommen wird. Die außergewöhnliche Phase mentaler Verfügbarkeit, zu der uns die Lockdowns und Shutdowns während der Covid-19-Pandemie zwangen, war übrigens von einem Anstieg des auf Pornoseiten entfallenden Anteils am Internetdatenverkehr gekennzeichnet. So berichtet der Weltmarktführer für den Beginn der Shutdowns von einer Steigerung des Datenverkehrs um 40 Prozent, und spezialisierte Websites verzeichneten einen Anstieg des Angebots an erotischen Amateurfotos und -videos um 20 bis 30 Prozent.

Diese Feststellungen enthalten keinerlei moralische Verurteilung. Sie sollen nur verdeutlichen, welche enthüllende Kraft den Marktmechanismen innewohnt. Diese Enthüllung macht auch vor den religiösesten Ländern nicht halt, die von sich behaupten, von diesen soziobiologischen Zwängen in geringerem Maße betroffen zu sein als die anderen. Wie eine Auswertung der Suchanfragen bei Google zeigt, gehören zum Beispiel die muslimischen Länder zu den größten Konsumenten von Pornografie: Pakistan, Ägypten, Iran, Marokko, Saudi-Arabien …[14]

Über die Bedeutung dieser Zahlen kann man allerdings streiten, denn die Suche nach pornografischen Inhalten läuft natürlich nicht ausschließlich über Google. Zudem befindet sich nach der Statistik von Pornhub keines dieser Länder auf den ersten 20 Plätzen. Auch da ist indessen Vorsicht angebracht, denn auf diesem Gebiet gibt es ausgeprägte regionale Besonderheiten. In den arabischen Ländern sind Websites wie xnss.com und xvideos.com weitaus beliebter als Pornhub. Internationale Vergleiche haben daher ihre Grenzen. Das ändert allerdings nichts an dem einfachen Gedanken, dass Menschen sich für Sex interessieren, ganz gleich in welchem kulturellen Kontext sie leben. Wenn man ihnen (zumindest scheinbar) sichere Bedingungen bietet, um Pornofilme zu konsumieren, tun sie dies auch. Je höher die sozialen Kosten des Ausdrucks unserer Wünsche sind, desto eher erfolgt dieser Ausdruck im Schutz der Logik des Marktes. Deshalb ist es so aufregend, das Leben des kognitiven Marktes zu beobachten.

Das Internet ist heute das stärkste Instrument zur Erleichterung des Ausgleichs zwischen Angebot und Nachfrage und erlaubt es, den Zeitplan seiner Wünsche an die freie Verfügbarkeit pornografischer Angebote anzupassen. Es bietet eine gewisse Diskretion und reagiert in Sekunden, sobald sich ein Wunsch manifestiert (beim Samstagsabendfilm auf Canal+ war das nicht so). Es ermöglicht die Eingrenzung auf spezifische Themen und eine zeitliche Abstimmung des Konsums mit dem Gebrauch, den wir davon machen möchten. In dieser Hinsicht sind die Statistiken von Pornhub sehr aufschlussreich. In Russland ist man (mit 7 Minuten und 48 Sekunden) schneller befriedigt als auf den Philippinen (mit 13 Minuten und 50 Sekunden), doch im Durchschnitt dauert ein Besuch genau 10 Minuten.

Wie es scheint, ist das Bild der globalen Cocktailparty durchaus zutreffend. In diesem Informationswirrwarr fällt es der Sexualität in jeglicher Gestalt leicht, unsere Aufmerksamkeitszeit auf sich zu ziehen, was auch alle Tartuffes der Welt dazu sagen mögen.

Angst im Leib

Auf der vor dem australischen Festland im Indischen Ozean gelegenen Känguru-Insel lebt eine von Gott gesegnete Wallaby-Art. Seit gut einem Jahrhundert braucht dieses Tier dort keinerlei Angriffe durch Beutegreifer zu fürchten. Die kleinen Wallabys haben also noch niemals von irgendeinem Lebewesen gehört, dass darauf aus wäre, sie zu fressen. Konfrontiert man sie jedoch mit einem Tier, für das sie in einem anderen ökologischen Umfeld eine Beute wären, zum Beispiel mit einem Fuchs (und selbst noch einem ausgestopften), erstarren die Wallabys der Känguru-Insel, beenden ihre Nahrungssuche und werden äußerst wachsam. Sie spüren die Gefahr. Konfrontiert man sie dagegen mit einem Tier, das sie zwar auch noch niemals gesehen haben, das ihnen aber nicht gefährlich werden könnte, zum Beispiel mit einem Hasen, lässt sie das kalt. Es ist also nicht das Neuartige, das sie ängstigt, sondern ein Wissen um die Gefahr, das tief in ihrem biologischen Sein verborgen liegt.[15]

Findet sich diese tiefe Verankerung der Angst in der Natur der Lebewesen auch beim Menschen? Das glaubt jedenfalls der Neurowissenschaftler Michael S. Gazzaniga, der in seinem Buch *Die Ich-Illusion* folgende Anekdote erzählt:

> Als Kind verbrachte ich viel Zeit in Südkalifornien, wo meine Eltern ein Stück Land besaßen – draußen in der Steppe, mit ihren ausgedörrten

> Sträuchern und Grasbüscheln, umgeben von violetten Bergen, Kreosotbüschen, Kojoten und Klapperschlangen. Ich bin heute noch am Leben, weil mich meine unbewussten, von der Evolution geschärften Prozesse gerettet haben. […] Ich wich instinktiv vor vielen Klapperschlangen zurück, aber auch vor Gras, das bloß vom Wind bewegt wurde. Das heißt also, ich sprang zurück, bevor ich mir bewusst wurde, dass es nur der Wind war und keine Klapperschlange im Gras.[16]

Aus Angst verwendete der kleine Michael Gazzaniga also viel Kraft darauf, möglichen Gefahren aus dem Weg zu gehen, oft ohne berechtigten Anlass, aber gelegentlich auch zu seinem Besten. Der Reflex, das kleinste Zeichen als Hinweis auf eine Gefahr zu deuten, war sehr nützlich. In einer gefährlichen Umwelt kann es überlebenswichtig sein, Risiken mit geringer Wahrscheinlichkeit intuitiv zu überschätzen.

Wie sich zeigt, gründet unsere Fähigkeit, Wahrscheinlichkeiten zu beurteilen, nicht immer auf Vernunft – das gilt vor allem für kleine Wahrscheinlichkeiten. Dazu gibt es zahlreiche Untersuchungen, angefangen bei denen von Preston und Baratta[17] oder Griffith[18], die zu dem Schluss gelangen, dass geringe Wahrscheinlichkeiten generell überschätzt werden. Zur Überprüfung dieser Hypothese analysierte Griffith den Ausgang von 1386 Pferderennen. Insgesamt spiegelten die Wetten recht gut die Siegeschancen der beteiligten Pferde wider, mit Ausnahme der ganz kleinen Wahrscheinlichkeiten. Diese ersten Resultate wurden später vor allem von Prelec bestätigt und verfeinert.[19] Wahrscheinlichkeiten in der Größenordnung von 1 zu 10 000 und kleiner werden danach vom gewöhnlichen Verstand um das 10- bis 15-Fache zu hoch eingeschätzt. Die Menschen neigen also intuitiv dazu, geringe Wahrscheinlichkeiten zu überschätzen, und zwar besonders dann, wenn sich diese Wahrscheinlichkeiten auf Risiken oder Gefahren beziehen.

Warum ist der menschliche Verstand in dieser Weise geeicht? Das ist eine komplexe Frage, die mehrere Hypothesen zulässt.[20] Die Anhänger der Evolutionspsychologie vertreten in dieser Hinsicht einen ungehemmten Innatismus[21] und behaupten, die Funktionsweise unseres Geistes sei eine Folge der natürlichen Selektion. Was uns heute als bedauerlicher Irrtum erscheint, besaß danach einst für unsere vorgeschichtlichen Ahnen durchaus eine Funktion. Unsere fernen Vorfahren mussten sich sehr schnell entscheiden und ihrer Umwelt eine Bedeutung verleihen … Kurz gesagt, sie konnten sich nicht den Luxus abgewogener Urteile erlauben, die objektiv zwar zutreffen mochten, aber viel Zeit und geistige Energie kosteten. All jene, denen die biologische Fähigkeit abging, die formale Logik beiseitezuschieben, wurden schlichtweg von der natürlichen Selektion eliminiert. Diese kognitiven Verzerrungen seien zur biologischen Norm der Spezies Mensch geworden, weil sie früher einmal einen Selektionsvorteil darstellten. Solange diese Überbleibsel aus der Vergangenheit keine Hindernisse für die Fortpflanzung und Erhaltung der Spezies bildeten, gebe es auch keinen Grund, dass sie wieder verschwänden. Die Mechanismen der Natur bewahrten in uns Dinge, die nicht immer wirklich nützlich seien. Ein bekanntes Beispiel dafür sei der Blinddarm.

Weiter merkwürdige Neigungen unseres Geistes stärken diese Theorie, nach der die Angst in unsere Natur eingepflanzt ist. So zeigte der Psychoakustiker John Neuhoff 1998 in der namhaften Zeitschrift *Nature*, dass wir den Abstand zu einem Projektil oder einem Körper, die sich uns nähern, systematisch unterschätzen. Dieser mentale Reflex sei aus der Sicht des Überlebens vorteilhaft. Wie sollte man diesen unbewussten, aber ständig gegenwärtigen Hang der Spezies Mensch anders erklären als durch die Feststellung, dass wir bei einer unverzerrten Einschätzung weniger Zeit und damit auch geringere Chancen zur Flucht hätten? Umgekehrt überschätzen wir die Entfernung in anderen Fällen ganz beträchtlich. Das gilt zum Beispiel für die Höhen- oder Tiefenillusion. Wie mehrere Studien gezeigt haben, erscheint uns ein Gebäude höher, wenn wir es nicht von unten betrachten, sondern von oben hinabschauen. Man darf annehmen, dass diese nahezu universell verbreitete Disposition, die auch das Gefühl von Angst erklärt, sobald wir uns in die Höhe begeben, gewissermaßen der Warnung vor einem Sturz dient.[22]

In mehreren Studien hat man übrigens auch gezeigt, dass uns unter Gesichtern, die verschiedene Emotionen zum Ausdruck bringen, als erste solche mit zornigem Gesichtsausdruck auffallen.[23] Und wenn man uns

Bilder mit einem Durcheinander aus zahlreichen Tieren vorlegt, sehen wir meist als erste Schlangen und Spinnen. Diese Informationen stechen für unserer Gehirn hervor, weil sie potenzielle Gefahren signalisieren. Deshalb lösen sie im Sinnescortex stärkere Reaktionen aus als andere Reize, obwohl die Probanden wissen, dass ihnen im Versuchslabor überhaupt keine Gefahren drohen. Das ist zweifellos auch der Grund, weshalb die Farbe Rot, wie bereits angemerkt, bei uns einen Pop-out-Effekt auslöst: Von allen Farben wird sie als erste wahrgenommen. Die Farbe Rot wird übrigens fast überall in der Welt als Hinweis auf Gefahr oder Dringlichkeit eingesetzt.[24]

Die Spezies Mensch ist daher durch eine «optimistische Paranoia» charakterisiert, wie die Psychologen Martie Haselton und Daniel Nettle (2006) dies nennen. Der Ausdruck verweist auf die Tatsache, dass die natürliche Selektion Individuen begünstigte, die empfindlicher als die anderen auf Alarmzeichen reagierten, ob diese nun begründet waren oder nicht. Die Kosten einer unnötigen Beängstigung in einer feindseligen Umwelt – etwa wenn man das Rauschen des Windes für eine Gefahr hält – sind eher gering, während Kühnheit – zum Beispiel wenn man das Geräusch eines nahenden Raubtiers für das des Windes hält – den Tod bringen kann. Mit anderen Worten, wir sind die Nachkommen der Ängstlichen. Aus der Perspektive unserer Spezies ist also die tiefe Verankerung der Angst in unserer Natur durchaus nicht irrational.

Was wir gemeinhin *Geschichte* nennen, also die letzten 10 000 Jahre und insbesondere die letzten Jahrhunderte, die unsere Gesellschaften nachhaltig geprägt haben, bildet nur einen Bruchteil des langen Weges, den *Homo* zurückgelegt hat und der vor etwa 2,7 Millionen Jahren begann. Es ist daher keineswegs erstaunlich, dass es in der recht unterschiedslos als *Vorgeschichte* bezeichneten Zeit zu evolutionären Ereignissen kam, deren Erben wir heute noch sind und die einen Teil unseres alltäglichen Lebens bestimmen. Dennoch haben sich die Verhältnisse – insbesondere auf dem Gebiet der Information – seit den Zeiten, da unsere Vorfahren in einer feindseligen Umwelt kämpfen mussten, derart stark verändert, dass Dinge, die damals von Nutzen sein mochten, inzwischen sehr hinderlich oder sogar gefährlich für uns geworden sind. In einer Gesellschaft, die in großen Mengen Information erzeugt, ist der Hang, Gefahren zu überschätzen, kontraproduktiv.

In der kognitiven Kakophonie, in der wir leben, hat die Angst das Zeug, unsere Aufmerksamkeit über ein vernünftiges Maß hinaus auf sich zu ziehen. Bis vor Kurzem und sofern keine außergewöhnlichen Umstände eintraten, war diese natürliche Disposition zur Angst eine Privatsache. Die Deregulierung des kognitiven Marktes ermöglicht jedoch eine Zusammenführung dieser individuellen Neigung zur Überschätzung der Risiken und Gefahren. Ganz wie wir Lust auf Zucker haben und dieser Versuchung oft nicht leicht zu widerstehen vermögen, so ziehen uns Informationen, die uns vor angeblichen Gefahren warnen, unwiderstehlich an. Nun werden diese Informationen ganz wie der Zucker in der heutigen Welt in industriellem Maßstab erzeugt. Das ist kein Zufall, denn auf diesem Markt hängt der Erfolg eines Produkts von seiner Fähigkeit ab, Aufmerksamkeit zu erregen. Der damit einhergehende Konkurrenzdruck steigert die Geschwindigkeit der Verbreitung unsortierter Informationen, die zuvor einer Regulierung unterlagen. Diese Situation begünstigt alle kognitiven Erzeugnisse, die unsere mentalen Invarianten ansprechen. Deshalb genießen die Angstprodukte einen Konkurrenzvorteil, und zwar unabhängig davon, ob die Angst berechtigt ist oder nicht. Das ist einer der Gründe, weshalb unser öffentlicher Raum seit einigen Jahren von nicht immer fundierten Warnungen vor Gesundheits- und/oder Umweltgefahren jeglicher Art überschwemmt wird.

Selbst die harmlosesten und alltäglichsten Lebensmittel wie etwa Milch sind zum Objekt kollektiver Ängste geworden. Man wirft ihnen vor, sie erhöhten das Risiko von Krebs oder Herz-Kreislauf-Erkrankungen oder lösten neurodegenerative Krankheiten aus. All diese Behauptungen sind vollkommen falsch und letztlich auch gefährlich für die Gesundheit. So zeigt eine Studie des Crédoc (Centre de recherche pour l'étude et l'observation des conditions de vie), dass der Anteil der unter 5-jährigen Kinder, deren Ernährung nicht den Kalziumbedarf deckt, innerhalb weniger Jahre von 4 auf 20 Prozent angestiegen ist.[25] Bei Kindern zwischen sechs und zehn Jahren bleibt fast die Hälfte unterhalb der empfohlenen Menge. Das könnte in vielerlei Hinsicht schädlich sein, denn Milchprodukte bieten einige nur schwer zu ersetzenden Nahrungsbestandteile, die wichtig für den Knochenaufbau, die Reizübertragung der Nerven oder auch die Blutgerinnung sind. Trotzdem verbreiten sich solche falschen Behauptungen schneller als die Gegendarstellungen der Wissenschaften, die Monate brauchen, um sich durchzusetzen. Ähnliches gilt auch für andere Themen wie Gluten; den Stromzähler Linky; den Einsatz von Statinen, deren Einnahme immerhin die Häufigkeit von Herz-Kreislauf-Erkrankungen verringert;[26] oder für die Mobilfunkantennen, die nach Ansicht einiger Leute unserer Gesundheit schaden können, obwohl alle wissenschaftlichen Daten dagegen sprechen. Und was soll man von der Affäre um die Kontaminierung des Trinkwassers durch Tritium halten?

Im Juli 2019 gab die Acro (Association pour le contrôle de la radioactivité dans l'Ouest) eine aufsehenerregende Presseerklärung heraus, wonach das Trinkwasser für 6,4 Millionen Franzosen radioaktiv verseucht sei. Man kann sich leicht vorstellen, welche Ängste solch eine Erklärung auszulösen vermöchte, wenn sie nicht von kompetenten Experten sorgfältig geprüft worden wäre, bevor die Medien sie verbreiteten. Aber genau das geschah. Zahlreiche Medien griffen die Nachricht auf und sorgten für eine weite Verbreitung, bevor noch echte Fachleute sich zu dieser Frage äußern konnten. Dabei wussten die Verantwortlichen bei der Acro sehr wohl, dass die gemessenen Werte deutlich unterhalb der von der Weltgesundheitsorganisation (WHO) festgelegten Grenzwerte für eine Gefährdung der Gesundheit lagen. Das hinderte sie jedoch nicht, diese unbegründete Befürchtung an die Öffentlichkeit zu tragen. In ihren Augen diente das Tritium als ein «Alarmzeichen», das die Bevölkerung für die unserer Trinkwasserversorgung drohenden Gefahren sensibilisieren sollte. Der Zweck heiligte hier also die Mittel. Die Warnung traf das Land allerdings zu einem besonders ungünstigen Zeitpunkt, da Frankreich damals gerade unter einer Hitzewelle stöhnte. Plötzlich hatten viele Franzosen Angst, Wasser aus der Wasserleitung zu trinken. Das galt insbesondere für die Île-de-France, wo die sozialen Netzwerke, wie heute üblich, als Resonanzboden für diese Ängste dienten. Die ärztlichen Notdienste wurden an einem Wochenende von hunderten Anrufen besorgter Eltern von Kleinkindern überschwemmt.

Eine auf WhatsApp und Messenger verbreitete Nachricht einer mysteriösen Krankenschwester aus dem Pariser Hôpital Bichat (die allerdings nie identifiziert werden konnte) wirkte als Brandbeschleuniger und ging auf diesen Messengerdiensten viral. In der Nachricht wurde behauptet, die Pariser Präfektur hätte das Personal des Krankenhauses dringend davor gewarnt, das kontaminierte Wasser zu trinken. All das war falsch, besetzte aber die Aufmerksamkeit unseres Gehirns, das wie einst die französische Salonnière Julie de Lespinasse leicht alles glaubt, was ihm Angst macht. Die von der Acro herausgegebene Warnung beruhte auf längst bekannten und vom französischen Gesundheitsministerium veröffentlichten Daten. Sie hatten also nichts Revolutionäres. Oft genügt eine kleine Inszenierung, um auf dem kognitiven Markt grundlos einen Sturm auszulösen. Die Daten verwiesen für die Jahre 2016 und 2017 auf eine radioaktive Belastung des Trinkwassers in Höhe von 31 Becquerel pro Liter – ein Becquerel ist die Maßeinheit der Aktivität einer bestimmten Menge eines radioaktiven Stoffes und gibt an, wie viele Atome darin pro Sekunde zerfallen. Die Acro, die hier Alarm schlug, wusste sehr genau, dass keiner der gemessen Werte den Grenzwert von 100 Becquerel pro Liter überstieg. Der Durchschnitt lag sogar bei 9 Becquerel pro Liter und damit deutlich unterhalb des von der WHO festgelegten Grenzwerts von 10 000 Becquerel pro Liter. All das hinderte indessen manche Medien nicht, die Warnung weiterzugeben und damit eine vollkommen unbegründete Panik auszulösen.

Ständige Warnungen dieser Art erzeugen einen *Angststau*, denn ihre Richtigstellung braucht Zeit, vor allem wenn es sich um Fragen der Gesundheit handelt. Die Zeit der Wissenschaft ist nicht derart überhastet wie die des Informationsmarktes. Anders gesagt, Argumente für Angst lassen sich sehr viel leichter produzieren und schneller verbreiten als solche, die an das für das demokratische Leben so unverzichtbare Vertrauen anknüpfen. Und falls Richtigstellungen erfolgen, erhalten sie in den Medien nur selten den Platz, den man dort zuvor der Beunruhigung gewährte, auf die sie letztlich reagieren. So entsteht am Ende ein Eindruck, der Angstargumente und Misstrauen begünstigt. Man vergisst den riesigen Friedhof der unbegründeten Ängste und behält nur jene wenigen im Gedächtnis, die ihr Ziel tatsächlich trafen.

In manchen Jahren wird die Angst in einigen Ländern sogar zum wichtigsten Thema der Medien. Nach Beobachtungen der Agentur Influence Communication, die das Funktionieren der nordamerikanischen Medien mit quantitativen Methoden untersucht, war 2016 das Jahr der Angst. Insgesamt 40 Prozent der analysierten Inhalte betrafen dieses Gefühl.[27] Der Präsident dieser Agentur, Jean-François Dumas, schrieb dazu:

> Die Angst ist für sämtliche Medienökosysteme zu einem sehr wichtigen Vehikel für Interesse geworden [...], man braucht sie nicht zu erklären, sondern kann sie auslösen, und das ist ein universelles, kulturübergreifendes Phänomen. Das Problem liegt darin, dass die traditionellen Medien dabei sind, wie die sozialen Medien zu agieren. In den traditionellen Medien macht sich eine Kultur nach Art der sozialen Medien breit.

In einem früheren Buch, *La Démocratie des crédules* [Die Demokratie der Leichtgläubigen], habe ich auf die Gefahren und Gründe dieser Kontaminierung der herkömmlichen Medien durch die sozialen Netzwerke hingewiesen. Die Mechanismen, die dort am Werk sind, lassen sich leicht erkennen: Jede Person oder Institution, die im Kontext einer kognitiven Kakophonie Informationen verbreiten möchte, ist darauf angewiesen, einen Teil unserer mentalen Verfügbarkeit für sich zu gewinnen. Auf einem deregulierten Markt hängt der Erfolg dieses Unterfangens von bestimmten anthropologischen Imperativen unserer Aufmerksamkeit ab – in diesem Fall der Angst.

Man könnte einwenden, Vorsicht sei besser als Nachsicht, und es sei klüger, selbst eingebildete Gefahren zu überschätzen, als unvorbereitet von einer echten Gefahr überrascht zu werden. Das ist eine prähistorische Logik. Diese biologisch in uns verankerte Logik hatte einst ihren evolutionären Nutzen, doch unter den neuartigen Bedingungen des kognitiven Marktes führt sie zu Kollateralschäden. Das größte Risiko, das wir eingehen, wenn wir überall Gefahren sehen, ist, dass wir unsere Mittel für den Kampf gegen unbegründete Gefahren einsetzen oder die Hierarchie dieser Gefahren unzureichend bestimmen. Welches Risiko ist das höchste? Welche Gefahr verdient Priorität beim Einsatz unserer Ressourcen? Mehrere Studien zeigen, dass in der Wahrnehmung von Gefahren negative Informationen größeres Gewicht haben als positive.[28] Dieses Ungleichgewicht vermag zu erklären, warum manche grundlosen Warnungen selbst dann Spuren im Gedächtnis hinterlassen, wenn sie sich als falsch erwiesen haben. Es bleibt ein Eindruck, der Angst begünstigt. Und dieser Eindruck verhindert, dass wir unsere Ressourcen rational im Blick auf Gefahren einsetzen, von denen einige ja durchaus real sind. Eine von den Ökonomen Philip Brown und Jessica Mintry (2008) durchgeführte Studie hat gezeigt, dass die nach Katastrophen gesammelten Spenden ganz direkt von der medialen Aufmerksamkeit für diese Ereignisse abhängen: 18 Prozent mehr Spenden pro 700 zusätzlicher Wörter in der Presse und 13 Prozent mehr pro Minute Sendezeit im Fernsehen. Die Spendeneinnahmen eignen sich gut als Instrument zur Verdeutlichung dieses Ungleichgewichts in unserer Wahrnehmung von Gefahren.

Die ganz konkreten Auswirkungen dieses Ungleichgewichts lassen sich an folgendem Beispiel erkennen. Die meisten werden sich noch an die *Ice Bucket Challenge* erinnern. Dabei handelte es sich um eine der vielen im Internet so beliebten Herausforderungen. In diesem Fall ging es darum, Spenden für den Kampf gegen eine schreckliche Krankheit zu sammeln: die Amyotrophe Lateralsklerose (ALS), nach einem berühmten Baseballspieler, der daran starb, auch Lou-Gehrig-Syndrom genannt. Die *Ice Bucket Challenge* bestand darin, sich einen Eimer mit eiskaltem Wasser über den Kopf zu schütten und ein Video dieser Glanztat in den sozialen Medien zu verbreiten. Zahlreiche Prominente, von Bill Gates bis Justin Biber, nahmen diese Herausforderung an und trugen so dazu bei, 23 Millionen Dollar Spendengelder zu sammeln. Das ist eindrucksvoll, aber ist es auch vernünftig? Diese fürchterliche Krankheit, für die es immer noch keine Therapie gibt, verdient ganz gewiss unser Interesse, aber sollten die durch unsere Großzügigkeit gesammelten Spenden nicht in einem Verhältnis zur tatsächlichen gesundheitlichen Bedeutung einer Krankheit stehen? Wenn es letztlich darum geht, Menschenleben zu retten, wäre es da nicht folgerichtig und moralisch geboten, unsere Spenden eher an der offiziellen Statistik der am weitesten verbreiteten Krankheiten auszurichten als an den emotionalen Effekten dieser oder jener Kampagne? So sterben hundert Mal mehr Menschen an Herz-Kreislauf-Erkrankungen als an ALS, doch die Spenden für diesen Bereich sind nur doppelt so hoch. An der chronisch obstruktiven Lungenerkrankung sterben drei Mal so viele Menschen wie an Brustkrebs, aber das Spendenaufkommen erreicht hier das 37-Fache.

Die auf Ängste ausgerichtete Aufbereitung der Welt in den Medien erzeugt Kanäle, durch die unsere Geldmittel fließen, ohne dabei stets den Boden zu bewässern, der das am nötigsten hätte. Noch genauer lässt sich diese Realität durch Daten über den Umgang der Medien mit den Anteilen bestimmter Krankheiten an der Gesamtsterblichkeit erfassen. In den USA entfallen 30 Prozent der Sterbefälle auf Herzkrankheiten, aber nur 2 Prozent der Zeitschriftenartikel befassen sich mit den Risiken dieser Erkrankungen. Umgekehrt machen Selbstmorde in den USA nur etwas weniger als 2 Prozent der Todesfälle aus, erhalten jedoch 12 Prozent des Raumes, den die Presse den Gefahren für unser Leben widmet. Liegt die Schuld hier bei den Medien? Dieser Schluss wäre etwas übereilt. Eine parallele Studie, diesmal über die Suchanfragen im Internet, kommt zu dem Ergebnis, dass sich hinsichtlich der Aufmerksamkeit für solche Themen im Internet dieselbe Asymmetrie zeigt wie in der Presse.[29] Unsere Zeitungslektüre hat natürlich auch Einfluss auf die Dinge, die wir im Internet suchen, aber die umgekehrte Richtung ist gleichfalls denkbar. Aus Gründen ihres wirtschaftlichen Überlebens greifen die konventionellen Medien gerne Themen auf, nach denen eine große Nachfrage besteht. Diese wechselseitige Anpassung zwischen Angebot und Nachfrage hat es in der Geschichte der Medien immer schon gegeben. Das Internet bietet jedoch die umfassendsten Möglichkeiten für solch eine Anpassung.

Da diese Anpassung inmitten eines Tohuwabohus aus Informationen erfolgt, führt sie zu einer Kartografie unserer Ängste, die nicht mit dem rationalen Raum der realen Risiken übereinstimmt. Und schlimmer noch, sie veranlasst viele von uns zu widersprüchlichen und zuweilen kontraproduktiven Forderungen. So verlangen viele Vereinigungen, die sich sehr zu Recht mit der Klimafrage beschäftigen, zugleich auch den Verzicht auf die Kernenergie. Die Debatte ist nicht einfach, aber man sollte sich daran erinnern, dass die Kernenergie – die zweifellos nicht frei von Risiken ist – zu den Energiequellen mit dem geringsten Ausstoß schädlicher Treibhausgase gehört. Der jüngste Bericht des Weltklimarats (IPCC)[30] – auf den sich die genannten Vereinigungen dennoch ständig beziehen – vergisst das nicht, denn in den vier dort vorgestellten Szenarien zur Begrenzung der Klimaerwärmung ist stets auch die Rede von einer Erhöhung des Anteils der Kernenergie in dem jeweiligen Energiemix. Nach heutigem Kenntnisstand ist es durchaus möglich, gegen die Kernenergie zu sein, und es ist möglich, hier und jetzt gegen die Erderwärmung zu kämpfen, aber es ist nicht wirklich konsequent, beides zugleich zu tun. Solche Inkonsequenz schadet der Rationalität des ökologischen Kampfes ganz beträchtlich, der dennoch größte Bedeutung besitzt.

Ein weiteres Beispiel: Es erscheint nicht vernünftig, eine Dezentralisierung der Energieversorgung anzustreben und zugleich gesundheitliche Bedenken gegen intelligente Stromzähler wie Linky in Frankreich zu schüren (die nach dem Stand der Wissenschaft vollkommen widerlegt sind). Diese übertriebenen Ängste sorgen dafür, dass der globale Zusammenhang der Probleme aus dem Blickfeld gerät. Sie konzentrieren unsere Aufmerksamkeit auf eine Befürchtung und dann auf eine andere, wobei unbemerkt bleibt, dass beide gelegentlich nach Art kommunizierender Röhren miteinander verbunden sind. Das führt zu einer geistigen Disposition, die sehr weit verbreitet ist und als «Zerlegungsverzerrung» bezeichnet wird.[31]

Wenn wir es mit einem komplexen Problem zu tun haben, können wir versucht sein, es in einfachere Elemente zu zerlegen. Das leistet uns oft gute Dienste, doch aufgrund der Segmentierung gerät dabei die Interdependenz zwischen den Elementen der von uns einzuschätzenden Situation aus dem Blick. Um dieses Phänomen zu verdeutlichen, habe ich einmal Probanden gebeten, mir zu sagen, welche Fußballmannschaft ihres Erachtens mit welcher Wahrscheinlichkeit die nächste Meisterschaft in der ersten französischen Liga gewinnen werde. Genannt wurden Paris Saint-Germain, Olympique Marseille, Olympique Lyonnais und einige andere. Ich legte diese Frage mehreren Hundert Probanden vor, und bei 82 Prozent von ihnen zeigte sich folgendes Bild. Sie wiesen zum Beispiel

Paris Saint-Germain eine Wahrscheinlichkeit von 80 Prozent für den Gewinn der Meisterschaft zu, zugleich aber auch Olympique Marseille oder einer anderen Mannschaft eine Wahrscheinlichkeit von 50 Prozent für diesen Ausgang. Da sie die Sache Fall für Fall entschieden, bemerkten sie nicht, dass die Wahrscheinlichkeiten miteinander verbunden sind. Wenn sie zum Beispiel Paris Saint-Germain eine Wahrscheinlichkeit von 80 Prozent für dem Gewinn der Meisterschaft attestierten, blieben für alle übrigen Mannschaften zusammen nur noch 20 Prozent übrig. Da sie der Zerlegungsverzerrung erlagen, verstießen sie unwissentlich gegen eine solide mathematische Regel.

Angesichts der kognitiven Kakophonie droht uns noch eine weitere Gefahr: die einer Lähmung des Handelns. Die Regale im Supermarkt der Ängste sind so gut gefüllt, dass sie möglicherweise unsere Aufmerksamkeit permanent in Beschlag nehmen, zugleich aber auch unsere Handlungsfähigkeit lähmen. Das lässt sich leicht durch ein Experiment illustrieren, das der bekannte deutsche Psychologe Gerd Gigerenzer (2007) erwähnt. In einem Feinkostgeschäft wurden zwei Probierstände aufgebaut. Auf dem einen befanden sich 24 Sorten exotischer Konfitüren, auf dem zweiten nur sechs. Welcher Stand lockte mehr Kunden an? Der Versuch zeigte, dass der üppiger ausgestattete Stand mehr Aufmerksamkeit erregte (60 Prozent der Kunden blieben dort stehen, bei dem anderen dagegen nur 40 Prozent). An dem Stand mit 24 Sorten kauften jedoch nur 3 Prozent der Kunden ein oder mehrere Gläser, während diese Zahl bei dem nur sechs Sorten präsentierenden Stand auf 30 Prozent stieg. Die größere Auswahl erregte zwar größere Aufmerksamkeit, begünstigte jedoch nicht unbedingt auch die Kaufentscheidung.

Um eine Entscheidung zu treffen, benötigt das menschliche Gehirn eine Reihenfolge der Prioritäten. Die permanente Inszenierung von Risiken trägt jedoch nicht zur Herstellung einer rationalen Hierarchie bei. Wir werden ständig durch die Inszenierung von Gefahren herausgefordert und glauben zu Recht oder zu Unrecht, in einer vergifteten Umwelt zu leben. Diese Überflutung mit Ängsten fördert allerdings kaum unsere Fähigkeit, auf echte Bedrohungen zu reagieren. Denn es gibt durchaus reale Gefahren, wie uns die Covid-19-Krise so bedrückend und weltweit in Erinnerung gerufen hat und wie dies auch andere Gefahren tun sollten, zum Beispiel die schwindende Wirksamkeit der Antibiotika oder – etwas ferner – die Möglichkeit, dass ein größerer Himmelskörper mit der Erde zusammenstößt oder – wieder etwas näher – das Problem der Endlichkeit unserer Rohstoffe und der Klimawandel. Und dennoch erscheinen wir seltsam apathisch angesichts von Risiken, die uns durchaus bewusst sind.

Die Angst hat sich also offenbar eines Teils des kostbaren Schatzes bemächtigt, den unsere mentale Verfügbarkeit darstellt. Sie erfasst unsere Gefühlswelt und taucht unseren Geist in ein Meer partieller und täuschender Daten, die uns zu ständigen Hypochondern machen und uns die Zukunft zuweilen als einzige Aussicht aus der Perspektive der Schrecken und Ängste eines drohenden Weltuntergangs sehen lassen.

Diese Angst kann sich gesellschaftlich in vielfältiger Weise äußern, insbesondere auch in der Forderung nach einer autoritäreren Politik, wie es der Psychologie Jeff Greenberg (1990) und sein Team an der University of Arizona gezeigt haben: Wenn man die Aufmerksamkeit der Menschen auf Risiken und die schlichte Tatsache ihrer eigenen Sterblichkeit lenkt, stärkt man allein damit schon tendenziell ihr Interesse an autoritären Vorstellungen. Es ist verständlich, dass Menschen, die ihre Lage als unsicher empfinden, weil sie in einer vergifteten oder im Niedergang befindlichen Welt zu leben glauben oder einfach das Gefühl haben, ihre Autonomie und Souveränität zu verlieren, die Forderung erheben, die Kontrolle über ihre Umwelt zurückzugewinnen.

Sind das die Gründe, aus denen ein nicht zu vernachlässigender Anteil der in Demokratien lebenden Menschen bereit ist, auf einen Teil ihrer Freiheit zu verzichten und für ein autoritäres Regime zu stimmen? Eine Umfrage des französischen Meinungsforschungsinstituts Ifop hat kürzlich ergeben, dass sich in Frankreich 41 Prozent der Befragten für die Schaffung einer autoritären Macht aussprechen, selbst wenn das weniger demokratische Kontrolle bedeutete.

Der Kampf der Zusammenstöße

Élie Yaffa, besser bekannt unter dem Namen Booba, ist ein französischer Rapper, der seit der Jahrtausendwende große kommerzielle Erfolge feiert. Man kann sagen, dass er eine der Galionsfiguren des französischen und internationalen Rap darstellt. Er hält sich seit gut zwei Jahrzehnten an der Spitze eines Musikgenres, in dem es nicht leicht ist, ganz vorne zu bleiben. Ob man ihn nun liebt oder hasst (denn gleichgültig lässt er kaum jemanden), wird man sagen können, dass er einer der wichtigsten französischen Sänger zu Beginn des 21. Jahrhunderts ist. Da ist es ganz normal, dass seine Fans und die Öffentlichkeit im Internet nach Informationen über ihn suchen. So gelten ihm bei Google mehr Suchanfragen als einem Sänger wie Johnny Halliday (wenn man einmal von der Spitze kurz nach seinem Tod im Dezember 2017 absieht). Eine Frage hat mich interessiert: Welche der zahlreichen Episoden in Boobas Karriere hat auf dem Markt der Aufmerksamkeit den größten Wert? Etwa das Erscheinen seines mit Dreifach-Platin ausgezeichneten Albums *Trône* oder eine seiner mit acht diamantenen Schallplatten ausgezeichneten Singles? Nicht wirklich. Der Teil seines Werkes, der unsere Zeitgenossen bei Weitem am stärksten interessiert hat, ist die Massenschlägerei, in die er am 1. August 2018 auf dem Flughafen Orly verwickelt war. Sein Gegner war ein anderer Rapper, der einmal sogar sein Freund gewesen war: Kaaris.

Dieser Zwischenfall, so kindisch und bedeutungslos er erscheinen mag, erregte große Aufmerksamkeit, und alle Leser dieser Zeilen dürften sich noch daran erinnern. Den beiden Kontrahenten, die der Staatsanwalt am Strafgericht Créteil als «Kleinbürger des Zusammenstoßes» bezeichnete, brachte der Vorfalls 18 Monate auf Bewährung und eine Geldstrafe von 50 000 Euro ein. Der Zusammenstoß auf dem Flughafen hat beispielhaften Charakter. Auch wenn wir immer wieder unsere Verachtung für diese Angelegenheit zum Ausdruck brachten, fiel es uns doch schwer, sie nicht zu kommentieren und nicht nach Informationen darüber zu suchen.

Oder ein weiteres Beispiel: Als Manuel Valls während der innerparteilichen Vorwahlen der Linken 2017 geohrfeigt wurde, entwickelte sich

Google-Suchanfragen nach dem Stichwort «Booba» in allen Ländern

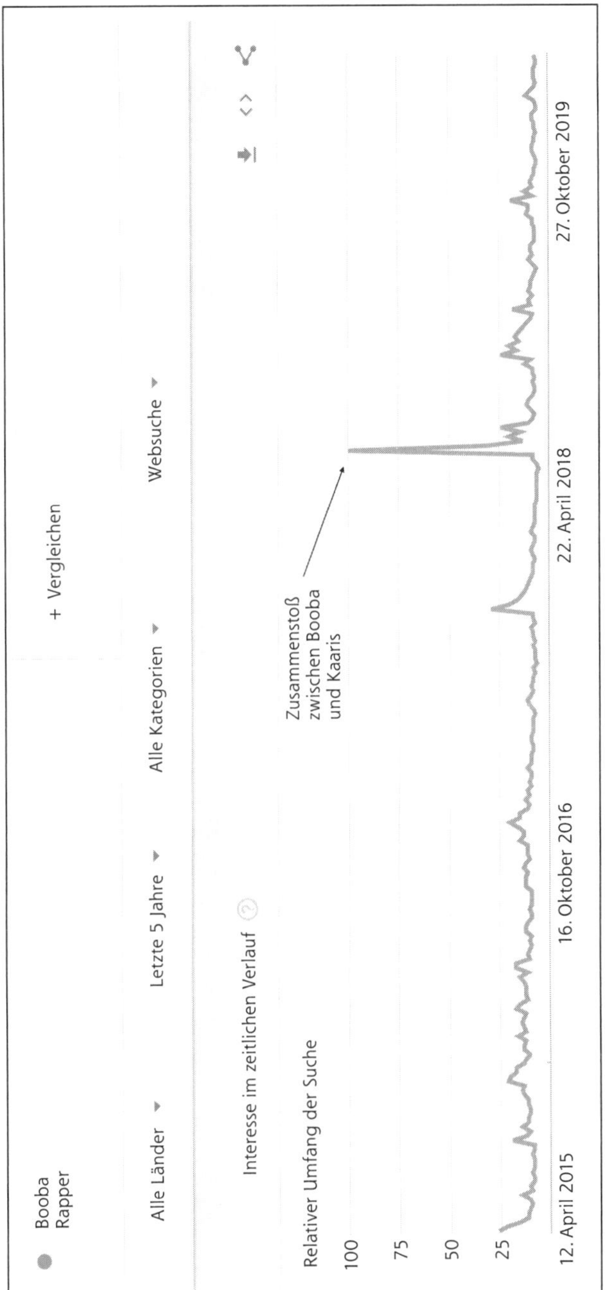

dieser Vorfall zu einer medialen Endlosschleife, auch wenn dieses Ereignis keine entscheidende politische Bedeutung hatte, die auf den Online-Videoplattformen zu Millionen von Zugriffen führte. Dasselbe könnte man auch von unzähligen Mikroereignissen sagen, die entfernt oder auch im engeren Sinn als Ausdruck von Konflikten erscheinen. Obwohl wir es gerne bestreiten, interessieren uns solche Zwischenfälle doch sehr. Irgendetwas in uns lenkt unsere mentale Verfügbarkeit auf sie.

Von allen Ereignissen in der Laufbahn des Manuel Valls – der immerhin Premierminister Frankreichs war – sorgte diese Ohrfeige für die meisten Suchanfragen im Internet, wie das nachfolgende Schaubild zeigt. Muss daran erinnert werden, dass er auch zur Zeit der fürchterlichen Anschläge auf *Charlie Hebdo* und der vom 13. November Regierungschef war? Und von allen historischen Ereignissen, mit denen dieser Politiker umgehen musste, soll ausgerechnet diese Ohrfeige am ehesten unsere Aufmerksamkeit verdienen?

Dieselbe betrübliche Feststellung könnte man auch für den französischen Philosophen Alain Finkielkraut treffen. Er hat zahlreiche Bücher geschrieben, wurde in die Académie française gewählt und moderiert seit mehreren Jahrzehnten eine wöchentliche Radiosendung von France Culture ... Man kann sagen, er sei einer der auf der französischen Bühne sichtbarsten Intellektuellen. Wie das nachfolgende Schaubild zeigt, sind die zwei Elemente seiner Biografie, die noch die größte Aufmerksamkeit auf sich gezogen haben, seine Vertreibung von der Demonstration Nuit debout und die verbalen Angriffe seitens der Gelbwestenbewegung – also eher zwei Konfliktsituationen als sein Beitrag zum intellektuellen Leben.

Wir könnten uns nun über diese Sachlage entrüsten und uns ein paar Gedanken über die Mittelmäßigkeit der Massen erlauben, doch damit verfehlten wir den entscheidenden Punkt dieser Information: Solche Konflikte, in welcher Form auch immer, interessieren uns, und zwar in einem anthropologischen Sinne, das heißt, sie enthüllen eine Konstante der menschlichen Natur. Wie wir noch sehen werden, verleitet ein moralisches Urteil über diese Dinge so manchen Kommentator zu einer Fehleinschätzung, die nicht folgenlos bleibt. Es fällt uns schwer, der kognitiven Anziehungskraft von Konfliktsituationen zu widerstehen. Sind wir

Google-Suchanfragen in Frankreich nach dem Stichwort «Manuel Valls»

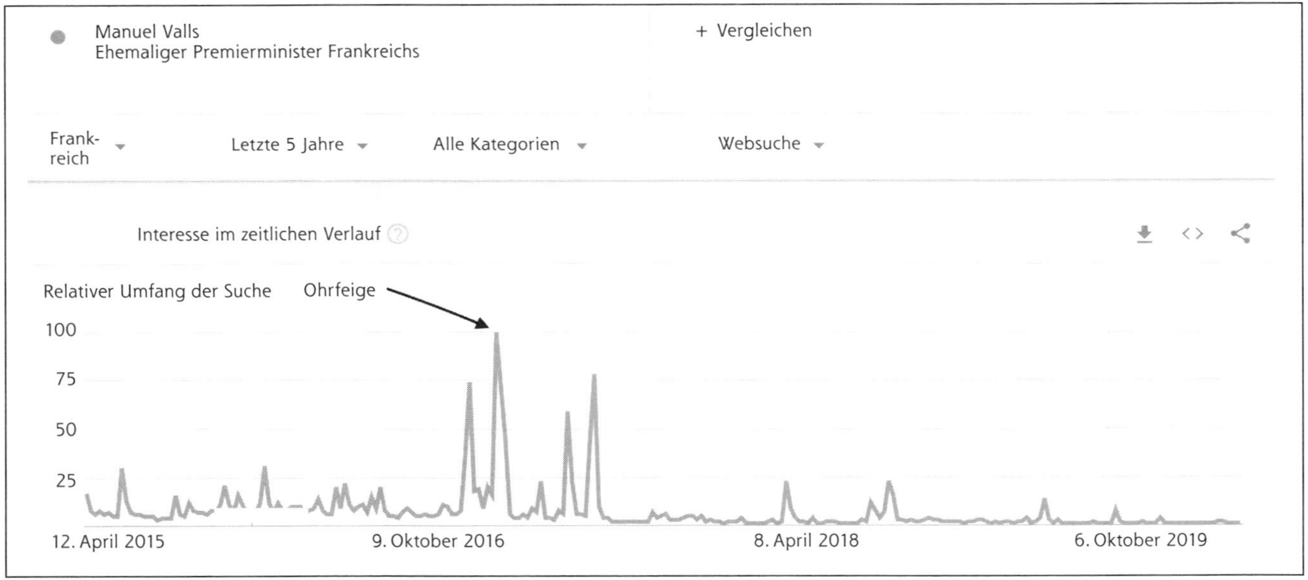

Google-Suchanfragen in Frankreich nach dem Stichwort «Alain Finkielkraut»

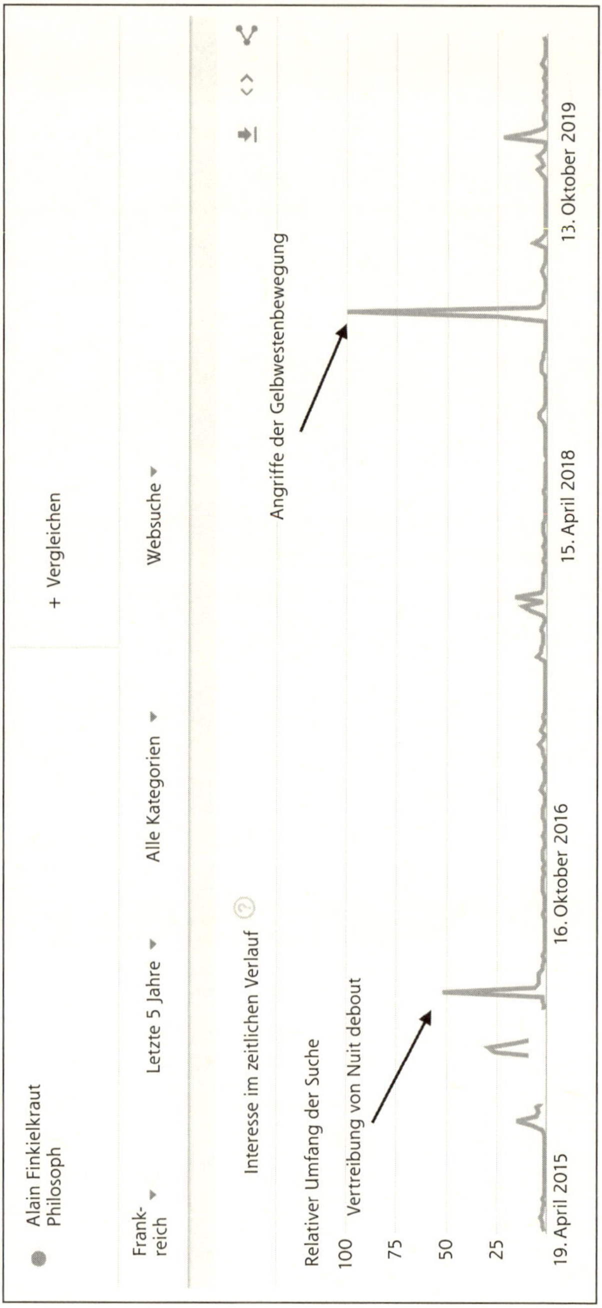

zum Beispiel zu Hause und hören laute Stimmen auf der Straße, sind wir versucht, einen Blick aus dem Fenster zu werfen. Irgendetwas in unserem Gehirn rückt diese Information in den Vordergrund unseres Bewusstseins. Dasselbe Interesse zeigt sich auch beim Cocktailparty-Effekt. Falls es bei einem Abend unter Freunden zu einem Streit kommt, verstummen sogleich alle Anwesenden und versuchen zu hören, was da vor sich geht.

Konfliktsituationen besitzen solche Anziehungskraft, weil sie als Gefahr empfunden werden. Da die Menschen zutiefst soziale Wesen sind, fühlen sie sich selbst dann auf undurchsichtige Weise mitbetroffen, wenn der Konflikt sie nicht unmittelbar betrifft. Soziale Koalitionen und Zugehörigkeiten sind tief in unserer Natur verwurzelt.[32] Diese Idee vertritt Hector Garcia (2019), Professor am Department für Psychiatrie der University of Texas. In seinen Augen sind Stammeskonflikte zwar seit dem Ende der Jäger- und Sammlergesellschaften zu einer vernachlässigbaren Gefahr geworden, aber dennoch sind wir weiterhin mental darauf eingestellt, jederzeit mit Gefahren dieser Art zu rechnen.

Auch heute kann natürlich ein zorniges Gesicht immer noch Gefahr signalisieren, und mehrere Studien haben unsere Fähigkeit gezeigt, solche Emotionen rasch zu erkennen.[33] Untersucht man, welche Tiere für uns Menschen die tödlichste Bedrohung darstellen, zeigt sich, dass unser bester Freund, der Hund, jährlich im Durchschnitt für 13 000 Tote verantwortlich ist – weit mehr als der Skorpion, der 3500, oder der Löwe, der nur 100 Menschen im Jahr tötet. Ein bestimmtes Tier ist indessen am allergefährlichsten für den Menschen, und das ist der Mensch selbst, der jährlich 546 000 seiner Artgenossen tötet.[34] So kann es denn kaum erstaunen, dass ein anderer *Homo sapiens*, der Anzeichen von Zorn zeigt, unsere Aufmerksamkeit erregt.

Ebenso wie Sex und Angst ist daher der Zorn eine gute emotionale Grundlage, die einem kognitiven Erzeugnis eine gewisse Viralität sichert. Genau das zeigen auch Forscher der Beihang-Universität in Beijing. Sie untersuchten akribisch 70 Millionen Textnachrichten anhand der verwendeten Emoticons (Zeichen zum Ausdruck von Stimmungen und Gefühlen) und gelangten zu folgendem Ergebnis: Zorn breitet sich in sozialen Netzwerken schneller aus als andere Emotionen und ist sogar ansteckend, denn er veranlasst Leser zorniger Nachrichten, ihrerseits solche Nachrichten zu verschicken.[35] Die Autoren dieser Studie, die sich auf Weibo (das chinesische Twitter) bezieht, schreiben dazu:

> Wir denken, der Zorn spielt eine nicht länger zu ignorierende Rolle bei der massiven Verbreitung schlechter Nachrichten, dem auffälligsten Merkmal des chinesischen Internets.

Molly Crockett, Psychologin an der Yale University, die eine Studie zu diesem Thema in der namhaften Wissenschaftszeitschrift *Nature* veröffentlicht hat, gelangt zu ganz ähnlichen Ergebnissen.[36] Wie ihre Arbeit zeigt, vermögen die sozialen Netzwerke den Ausdruck von Zorn und moralischer Empörung zu schüren, indem sie die auslösenden Reize verstärken.

Um sich ein Bild vom Ausmaß dieser Empörung zu machen, hat der auf Twitter aktive Internetnutzer Ernst Burgler die Themen gezählt, über die sich die Franzosen 2019 empört haben. Er zählte insgesamt 182 Vorfälle, die von dem mit Blattgold überzogenen Steak des Fußballers Franck Ribéry bis hin zur Flucht des Renault-Vorstandschefs Carlos Ghosn reichten. Das heißt, im Jahr 2019 haben wir uns jeden zweiten Tag kollektiv empört.

Diese Situation ist eine perfekte Illustration dessen, was Laurent de Sutter (2019) in einem Essay mit dem vielsagenden Titel *Indignation totale* [Totale Empörung] beschreibt. Er hat Recht, wenn er sagt, unsere «Sucht nach Skandalen» sei eine beunruhigende Quelle für den Diebstahl an unserer mentalen Verfügbarkeit. In den sozialen Netzwerken – die zu unserem digitalen Lebensraum geworden sind – können wir alle beobachten, dass sich einstige Freunde aufgrund der unablässigen Skandale endgültig zerstreiten, und zwar wegen dieser kurzlebigen Empörung, deren Kartografie nicht den üblichen politischen Vorlieben entspricht.

Unsere Fähigkeit zur Empörung kann uns außerdem zu Opfern von Manipulationen jeglicher – auch rein kommerzieller – Art machen. Kurz vor dem Beginn der Fußballweltmeisterschaft 2014 behauptete das Online-Wettbüro Paddy Power, es habe im Amazonas-Regenwald zahlreiche Bäume schlagen lassen, damit eine anfeuernde Botschaft an die englische Nationalmannschaft vom Himmel aus sichtbar sei – und fügte zum Beleg ein gefälschtes Foto bei. Wie zu erwarten, löste die Nachricht empörte Reaktionen aus. Wie könne man zu derart kindischen Werbeaktionen greifen, wo doch der Regenwald gerade in Zeiten der Erderwärmung die Lunge des Planeten sei? Die Firma beobachtete gelassen die wachsende Empörung in den sozialen Netzwerken und schürte die moralische Entrüstung sogar noch, indem sie tweetete: «Wir haben gar nicht so viele Bäume fällen lassen.» Als der Zorn seinen Höhepunkt erreichte, gab die Firma bekannt, dass dieses Foto nur eine Montage darstellte, und enthüllte so den künstlichen Charakter der ganzen Affäre. Und um die Dinge auf die Spitze zu treiben, schrieb sie in einer gemeinsam mit Greenpeace herausgegebenen Erklärung: «Alle haben sich durch diese Sache verrückt machen lassen, aber in Wirklichkeit werden alle 90 Minuten Wälder gerodet, die der Fläche von 122 Fußballfeldern entsprechen, und niemand regt sich darüber auf.» Diese gesteuerte kollektive Empörung verschaffte der Wettfirma eine unerwartete Aufmerksamkeit, und das unmittelbar vor dem Beginn des größten sportlichen Ereignisses der Welt.

Man könnte zahlreiche weitere Beispiele dieser Art anführen, etwa die Ankündigung der französischen Kaubonbonmarke Carambar, in Zukunft nicht mehr die beliebten Witze auf die Verpackung zu drucken, was bei den Käufern ein großes nostalgisches Bedauern auslöste und von der Presse genüsslich aufgegriffen wurde. Wie sich zeigte, war diese Ankündigung gleichfalls nur ein Witz, den die Marke selbst initiiert hatte. Und was soll man von einem Online-Versand halten, der Kinderkleidung mit sexualisierten Aufdrucken wie «Ich bin ein Pornostar» anbot? Die Verantwortlichen ließen lediglich mitteilen, es handle sich um einen Computerfehler. Eine unwahrscheinliche Erklärung? Das spielt keine Rolle, denn dank der Empörung hatte die Seite weltweite Bekanntheit erlangt. Genau auf diese Weise lässt sich unsere mentale Verfügbarkeit mit unserer eigenen und freien Zustimmung stehlen.

Wie mehrere Studien gezeigt haben, stellt diese konfliktgeladene Atmosphäre für unsere Mitbürger offensichtlich eine Last dar. Eine von ihnen fand heraus, dass 53 Prozent der Franzosen nach eigenen Angaben in den sozialen Medien bereits einmal mit solchen Hassausbrüchen konfrontiert waren.[37] Die Europäische Kommission hat ihrerseits Studien zu diesem Thema in Auftrag gegeben[38] und dabei festgestellt, dass in den 28 Mitgliedsstaaten der Union drei Viertel der Befragten angaben, im Internet Zeuge von Hassreden, Drohungen oder Beleidigungen geworden zu sein. Die Hälfte derer, die sich eigentlich an solch einem Online-Austausch beteiligen wollten, verzichtete wegen des gewalttätigen Charakters der Debatten darauf.

Die französische Soziologin Catherine Blaya (2019) hat eine Studie zu demselben Thema durchgeführt. Darin versuchte sie mithilfe eines Fragebogens die Erfahrung der Jüngsten zu rekonstruieren, die das Internet im Allgemeinen und die sozialen Medien im Besonderen sehr intensiv nutzen. Sie befragte 2000 Jugendliche zwischen 11 und 20 Jahren und fand heraus, dass mehr als 40 Prozent von ihnen bereits Hassinhalten begegnet waren. Festzuhalten ist auch, dass nach ihren Befunden Geschlecht und soziale Herkunft keinen statistischen Hinweis auf die Wahrscheinlichkeit geben, selbst zum Produzenten von Hassinhalten zu werden. Allerdings seien die Urheber solcher Beschimpfungen zu einem Gutteil selbst Opfer von Hass gewesen. Daraus schöpften sie die Legitimation für ihr hasserfülltes Handeln. Da sie inmitten allgemeiner Gleichgültigkeit Opfer von Hass geworden seien, sähen sie keinen Grund, nicht selbst davon Gebrauch zu machen.

Dass die sozialen Netzwerke dieses von Streit geprägte Klima begünstigen, ist nicht verwunderlich. Im gewöhnlichen Leben zwingt oft die räumliche Nähe, von Beleidigungen und Beschimpfungen abzusehen. Sie sind zwar nicht ausgeschlossen, wohl aber seltener, denn damit liefe man Gefahr, unverzüglich den Preis für solche Aggressivität zahlen zu müssen. Die sozialen Netzwerke bieten diese Friedensgarantie nicht. Der Austausch im Internet verleitet zu einer «digitalen Enthemmung», wie der Professor John Suler (2004) dies genannt hat. Unter den sechs Faktoren, die diese Enthemmung begünstigen, spielt der Schutz, den die Anonymität manchen Internetnutzern bietet, eine wesentliche Rolle.

Die Anonymität gehört zur ursprünglichen Ideologie des World Wide Web, das sich als ein Emanzipationsprojekt virtueller Gemeinschaften verstand, wie Howard Rheingold, einer der Gurus des damals noch im Aufbau befindlichen Internets, schon in den 1980er Jahren betonte. Diese Gemeinschaften böten jedem die Möglichkeit, «ein anderer» zu sein und sich so den Einschränkungen und Zwängen seiner geografischen Identität zu entziehen. Niemand dachte daran, dass manche Leute die Anonymität unter dem Schutz eines virtuellen Avatars dazu nutzen würden, den dunkelsten Seiten ihrer Persönlichkeit freien Lauf zu lassen.

Allerdings hatte die Anthropologie in einem anderen Bereich längst die Gefahren aufgezeigt, die in der Anonymität und der Verdeckung der eigenen Identität steckten. John Watson, ein Anthropologe an der Harvard University, kam 1973 auf die Idee, 23 Stämme hinsichtlich der Frage miteinander zu vergleichen, ob Kriegsbemalungen oder Masken Einfluss auf die Einstellung der Krieger gegenüber Gefangenen besäßen. Die Antwort, zu der Watson gelangte, war eindeutig: Stämme, deren Krieger ihre äußere Erscheinung durch Masken, Bemalungen oder sonstige Hilfsmittel veränderten und dadurch ihre Identität verbargen, neigten in 80 Prozent der Fälle eher dazu, die Gefangenen zu töten, zu verstümmeln oder zu foltern. Die von Watson sogenannte «Entindividualisierung» schien die dunkelsten Triebe des Menschen ans Licht treten zu lassen. Vielleicht erleichtert die Verwendung einer Ersatzidentität die Aufhebung unserer Hemmungen gegenüber physischer oder verbaler Gewalt, indem sie uns der Verantwortung für die Folgen unserer Taten enthebt. Hier geht es also um mehr als den bloßen Schutz, den die Anonymität gewährt. Und was für die reale Welt gilt, das gilt auch für die virtuelle. Wir dürfen uns also nicht wundern, wenn der Krieger der Foren und sozialen Netzwerke unter der Maske des Avatars sein Gift häufiger verspritzt, als die Vernunft dies erforderte.

Wie sich zeigt, ist solch eine Verschleierung der Identität keine Seltenheit. Eine in den USA durchgeführte Befragung hat ergeben, dass ein Viertel der Internetnutzer in Foren und sozialen Netzwerken eine falsche Identität verwendet.[39] Besonders ausgeprägt ist diese Praxis bei den Jüngeren; in der Altersgruppe 18–29 Jahre erreicht sie einen Anteil von

40 Prozent. Wie nicht anders zu erwarten, besteht bei anonym verfassten Kommentaren die größere Wahrscheinlichkeit, dass sie Beleidigungen enthalten und ein unzivilisiertes Verhalten an den Tag legen. Das zeigt insbesondere eine schöne Studie von Arthur Santana (2014), Professor für Kommunikationswissenschaft an der University of Houston. Er analysierte Hunderte von Kommentaren, die auf den Websites von so unterschiedlichen Zeitungen wie dem *Houston Chronicle*, dem *Wall Street Journal* oder *USA Today* abgegeben wurden, und fand heraus, dass die Anonymität einen Teil des unzivilisierten Charakters dieser Kommentare vorherzusagen erlaubte. Während 29 Prozent der von Internetnutzern mit unverschleierter Identität verfassten Kommentare als ungehobelt und beleidigend eingestuft werden konnten, fielen 53 Prozent der anonymen Kommentare in diese Gruppe.

Wegen dieses von Streit geprägten Klimas verzichten inzwischen zahlreiche Zeitungen auf die Möglichkeit, Online-Artikel zu kommentieren. So gab der Chefredakteur von *Popular Science* schon 2013 bekannt, dass man die Kommentarfunktion deaktivieren werde, weil die Beiträge der Leser und insbesondere die anonymen geeignet seien, der Debattenkultur und damit der Integrität der Wissenschaft zu schaden, da sie Spott und Aggression in den Vordergrund rückten. Selbst wenn diese hasserfüllten Beiträge nur von einer Minderheit stammen, vermögen sie die Wahrnehmung der Artikel durch die Leser und die daraus zu ziehenden Schlüsse zu beeinflussen.[40] Deshalb haben zahleiche Websites die Möglichkeit einer Kommentierung von Online-Artikeln abgeschafft, darunter *Reuters*, *Bloomberg*, *The Verge*, *CNN*, *The Chicago Sun-Times* und *Vice Motherboard*. Dasselbe tun Hunderte von YouTube-Kanälen und sämtliche digitalen Medien, falls das von einem Artikel behandelte Thema sensibel erscheint. Wir entfernen uns also ganz beträchtlich von der Utopie eines Raumes für rationalen Meinungsaustausch, den die Erfinder des Internets und die vielen begeisterten Autoren sich vorstellten, die einst die Hoffnung hegten, diese Technologie werde die Demokratie popularisieren.[41]

All diese Vorsichtsmaßnahmen haben indessen nicht verhindert, dass der deregulierte Markt der Informationen zu einem Ort unablässiger

Empörung geworden ist. Diese Sachlage ist das Ergebnis zweier Prozesse. Der erste hängt mit dem Cocktailparty-Effekt zusammen und beruht auf der Tatsache, dass unsere verfügbare Gehirnzeit sich leicht von Konfliktthemen vereinnahmen lässt. Der zweite gründet in der Tatsache, dass die Bedingungen unserer wechselseitigen Verbindungen in den sozialen Medien wie auch die unablässigen Aktivitäten von Gruppen, die eine Ideologie der Sensibilität verbreiten, uns anfälliger für Empörung und Entrüstung gemacht haben. Fügt man dem noch hinzu, dass wir uns, wie Untersuchungen zeigen, anderen im Durchschnitt nicht nur moralisch überlegen fühlen,[42] sondern auch wünschen, dass andere dies erkennen,[43] sind alle Voraussetzungen dafür gegeben, dass wir mit den besten Absichten der Welt einen Wettlauf in moralischer Reinheit veranstalten und uns wechselseitig einengen.

Die Leute, die sich öffentlich mit Skandalen befassten, waren bis vor gar nicht allzu langer Zeit Redakteure, Hochschullehrerinnen oder andere, die als berechtigt galten, auf dem öffentlichen Informationsmarkt das Wort zu ergreifen. Das hinderte sie zwar nicht, auch dummes Zeug zu schreiben, aber zumindest nahmen sie sich im Durchschnitt die Zeit, die Komplexität einer Sache darzulegen, ohne deshalb deren skandalösen Charakter kleinzureden. Heute, da die Empörung größtenteils (hinsichtlich der ausgetauschten Datenmenge) über die sozialen Netzwerke verbreitet wird, wird die moralische Komplexität der Probleme meist bis ins Extrem simplifiziert. Bei einem Skandal, der ein Kunstwerk betrifft, stellt man zum Beispiel die Freiheit des Ausdrucks radikal dem manifesten Verstoß gegen eine moralische Regel gegenüber. Genau diese Simplifizierung spielt den Wutmechanismen in die Hände.

Die Empörung sei das Feuer und die sozialen Netzwerke seien das Benzin, schrieb Molly Crockett (2017). Noch der geringste Vorfall, so banal er auch sein mag, wird zu einer prinzipiellen moralischen Frage aufgebauscht, zu der jedermann Position zu beziehen habe. All diese Ereignisse geben dem Einzelnen Gelegenheit, seine moralische Unnachgiebigkeit und die Schönheit seiner Seele zu demonstrieren. Da ständig etwas geschieht, das unsere Missbilligung verdient und uns aufgrund der gegenwärtigen Verhältnisse in den sozialen Medien vor Augen geführt wird, befinden wir uns in einem Zustand pausenloser Wut und haben das Gefühl, in einer schrecklichen Welt zu leben. Schon bald werden wir Narrative finden müssen, die diese Wut und dieses Unbehagen zu erklären vermögen – wir werden darauf zurückkommen.

Unbehaglich ist die Situation gleich in mehrfacher Hinsicht, denn die permanente Empörung kann jeden von uns treffen. Wie schon oft angemerkt wurde, birgt die digitale Gesellschaft mit ihren Transparenzeffekten eine totalitäre Gefahr ganz neuer Art: die Überwachung aller durch alle. In dieser Situation ist grundsätzlich niemand mehr unschuldig. Man könnte von einer Herrschaft des Hyperkonsequentialismus sprechen.

Diesen Gedanken illustriert in großartiger Weise die Serie *The Good Place*, die im Stil einer Burleske die Abenteuer einiger Verstorbener schildert, die nach ihrem Tod nicht wissen, ob sie im Himmel oder in der Hölle gelandet sind. Die Helden dieser Serie stehen vor einem echten Rätsel: Seit mehreren Jahren schon ist niemand mehr im Paradies angekommen. Warum? Die Antwort, zu der sie gelangen, ist tiefgründiger, als sie erscheinen mag. Da die Welt so komplex geworden ist, zeitigt noch die geringste und selbst gut gemeinte Handlung unvorhersehbare und negative Wirkungen. So ist denn niemand mehr unschuldig und verdient deshalb auch keinen Platz im Paradies.

Dieser faszinierende Gedanke ist eine ideale Einführung in die Idee des Hyperkonsequentialismus. Es sei daran erinnert, dass der Konsequentialismus eine ethische Theorie darstellt, die in Teilen auf den Utilitarismus eines Jeremy Bentham oder John Stuart Mill zurückgeht und die Auffassung vertritt, dass der moralische Wert einer Handlung an deren Folgen zu messen sei. Die Philosophin Elizabeth Anscombe (1958), die den Ausdruck «Konsequentialismus» einführte, beklagte, dass diese Doktrin dem Einzelnen selbst dann die moralische Verantwortung zuweist, wenn die Folgen ihres Handels gar nicht beabsichtigt waren. Was hätte sie wohl über die erstaunliche Ausweitung gedacht, die der Hyperkonsequentialismus mit sich bringt? Die Welt ist in ein derart komplexes Netz aus Kausalitäten verstrickt, dass jeder – und erst recht jemand, der von der als Macht bezeichneten sozialen Asymmetrie profitiert – für einen Teil der daraus resultierenden Übel verantwortlich gemacht werden kann. Jedes Drama, jeder tödliche Unfall ist in einen derart großen Komplex partieller Ursachen eingebunden, dass der moralische Eifer auf ein ganzes Heer von Verantwortlichen zu zeigen vermag. Diese Ethik könnte marginal erscheinen, hätten wir uns nicht längst an sie gewöhnt, zum Beispiel durch ein ökologisches Denken, das auf die moralische Verantwortung selbst für unser geringfügigstes Tun verweist. Weil die Welt aufgrund ihrer Komplexität nicht vorhersehbar ist, fordert uns ein Philosoph wie Hans Jonas – gefolgt von James Lovelock und vielen anderen, die die Grundlagen für die heutige ökologische Bewegung gelegt haben – dazu auf, im Sinne des von ihm sogenannten *Prinzips Verantwortung* stets vom Schlimmsten auszugehen. Auf diese Weise erhält jede unserer Handlungen, so geringfügig sie auch sein mag, moralische Bedeutung. Eine lässige Einstellung, und schon landen wir vor dem Tribunal unseres CO_2-Fußabdrucks; ein zu lange geöffneter Wasserhahn, eine nicht sorgfältig genug vorgenommene Mülltrennung, der Besitz mehrerer Paar Sneaker – oder allein schon die Tatsache, dass man Kinder in die Welt setzt …

Auf einem ganz anderen Gebiet, aber durch dasselbe ethische Prisma betrachtet, sind die antirassistischen *Absichten* des russischen Malers Viktor Arnautoff, der 1936 mehrere Fresken für die George Washington High School in San Francisco schuf, von keinerlei Belang mehr. Worauf es in ethischer Hinsicht heute ankommt, ist der Umstand, dass diese Gemälde, die die an schwarzen Sklaven oder der indigenen Bevölkerung verübte Gewalt zeigen und anprangern, heute, mehr als 80 Jahre nach ihrer Schöpfung, *in der Konsequenz* möglicherweise die Nachfahren dieser unterdrückten Bevölkerungsgruppen verletzen. Aus diesem Grunde beschloss man, das 1500 Quadratmeter große Kunstwerk zu zerstören.

Der Hyperkonsequentialismus unterzieht uns ständig einer Prüfung. Seit es die sozialen Netzwerke gibt, kann es nicht nur den Akteuren in den öffentlichen Debatten, sondern jedem von uns passieren, aufgrund einer unglücklichen Formulierung, eines vielleicht nicht von sonderlich gutem Geschmack zeugenden Witzes oder schlicht eines Unwillen erregenden Ausdrucks beschuldigt zu werden, die Welt finsterer gemacht zu haben. Die Gefahr einer Exkommunizierung ist umso größer, als die Verfechter des Hyperkonsequentialismus ihre Empörung herausschreien, während die vernünftigen Leute schweigen, weil sie nicht hineingezogen werden wollen. Die Menschen, die da in den Dreck gezogen werden, laufen übrigens Gefahr, sich selbst zu radikalisieren. Denn die einzigen Hände, die nach ihnen ausgestreckt werden, sind die von Extremisten jeglicher Couleur, die gewissermaßen darauf verzichtet haben, über moralische Normen nachzudenken. Niemand vermag jemals den moralischen Anforderungen des Hyperkonsequentialismus gerecht zu werden, denn der Anspruch, wir müssten auch Konsequenzen bedenken, die jenseits unserer bewussten Wachsamkeit liegen, ist schlichtweg unmenschlich. Darum gelingt es auch den Verfechtern dieser neuen Ethik nicht immer, den gewaltigen Ansprüchen des Hyperkonsequentialismus zu genügen, weshalb sie denn untereinander alle erdenklichen sinnlosen Streitereien anzetteln.

Das Klima moralischer Einschüchterung veranlasst manche zu kollektiven Bußübungen, wie wir sie aus früheren Zeiten kennen, so etwa auf dem Campus des Evergreen State College, dessen Dozenten, wie Videoaufnahmen zeigen, das Studienjahr begannen, indem sie sich von ihrer eigenen sozialen Stellung und den Privilegien lossagten, die sie genossen, weil sie weiß, heterosexuell oder auch cisgender waren.

Trotz allem kommen manche dabei besser weg als andere, nämlich all jene, die in irgendeiner Weise den Status von Opfern beanspruchen können. Ihnen wird gleichsam eine paradiesische Unschuld zugeschrieben, den anderen dagegen eine von Geburt an bestehende Schuld. Der Hyperkonsequentialismus greift hier die alte Idee der Erbsünde auf. Doch statt uns in einer gemeinsamen Tragödie zu vereinen, spaltet er uns, indem er der Schuld wesenhaften Charakter verleiht.

Der strenge Blick der Empörung führt zu einem weiteren Phänomen, das nicht zu einer Verbesserung unseres Austauschs beiträgt: zu einer Epidemie der Empfindlichkeit. Da der Status des Opfers die Möglichkeit bietet, dem heftigsten Teil der allgemeinen Empörung zu entkommen und sie möglicherweise auf andere zu lenken, ist er zu einer beneidenswerten Stellung geworden.[44] Der Opferstatus lädt allerdings auch dazu ein, neue Arten der Empfindlichkeit an den Tag zu legen. Vielerorts und vor allem an gewissen Universitäten findet man Menschen, die verlangen, vor verletzenden Botschaften geschützt zu werden. So entstanden die berüchtigten Triggerwarnungen. Ursprünglich wurden die Triggerwarnungen und *Safe spaces* an US-amerikanischen Universitäten für Frauen konzipiert, die Opfer einer Vergewaltigung geworden waren und die vermeiden wollten, dass sie – auch unbeabsichtigt – an ihre traumatischen Erfahrungen erinnert werden. Solch ein Verhalten ist verständlich, auch wenn mehrere Psychologen gezeigt haben, dass es wirkungslos ist. Diesen Gedanken weitete man auch auf andere «Opfer» aus, etwa durch den Hinweis, dass eine Lehrveranstaltung für manche Studenten verstörende Elemente enthalten könne. Das ist zwar zweifellos nur ein Minderheitenphänomen, war jedoch hinreichend beunruhigend, um die Vereinigung der US-amerikanischen Universitätsprofessoren zu veranlassen, sich in einem Bericht besorgt darüber zu zeigen.[45]

Schockieren sollte eigentlich kein Selbstzweck sein, aber sich vor verstörenden Themen schützen zu wollen, wäre geradezu die Negation dessen, worum es bei der Weitergabe von Wissen geht. So mag die Evolutionstheorie manche gläubigen Menschen schockieren, aber Wissen und Erkenntnis haben einige Rechte, die der Glaube nicht für sich beanspruchen kann. Solche Warnungen könnten junge Leute veranlassen, sich nicht dem Widerspruch auszusetzen, den die Vermittlung von Wissen zuweilen darstellt.

Tragen derartige Räume «intellektueller Sicherheit» denn nun zu einer Beruhigung der Debatten bei? Nichts ist weniger sicher als das, denn solche Empfindlichkeitsepidemien, die den Willen zum Ausdruck bringen, nicht mit Widerspruch konfrontiert zu werden, arten oft in Zensur aus. So werden denn in den USA, in Frankreich und anderswo zahlreiche Tagungen oder auch Kunstausstellungen durch Selbstzensur, Drohungen oder Gewalt verhindert.[46]

Dieses Paradoxon, wonach Opfer oder Menschen, die sich als solche empfinden, selbst zu Gewalt greifen, ist nur allzu offensichtlich. Tatsächlich ist ihr Diskurs oft sehr stereotyp und vorhersehbar. Er beginnt generell mit dem Gedanken, dass man ihnen symbolische Gewalt angetan habe und dass man, selbst wenn man das verurteile, durchaus Verständnis dafür haben müsse, wenn einige als Reaktion darauf auf andere Formen von Gewalt zurückgriffen. Die Rhetorik des Hyperkonsequentialismus spielt hier mit der Mehrdeutigkeit des Ausdrucks «Gewalt» und unterstellt eine grundsätzliche Gleichheit zwischen symbolischer und physischer Gewalt, die sich nicht im Wesen, sondern lediglich graduell voneinander unterschieden. Diese ideologische Verwirrung stützt und verstärkt die konfliktgeladene Atmosphäre.

Insgesamt könnte man sagen, dass die Schwelle, ab der jemand wegen einer Verletzung moralischer Regeln Gefahr läuft, zum Objekt wütender Angriffe zu werden, deutlich niedriger geworden ist. Wie die Autoren einer bemerkenswerten in *Science* publizierten Versuchsreihe darlegen, können manche sozialen Probleme unlösbar erscheinen, weil die Verringerung ihrer Häufigkeit die Menschen veranlasst, ihre Definition des betreffenden Phänomens zu erweitern. In einem dieser Experimente bat man die Probanden, bedrohlich wirkenden Gesichter von solchen mit einem anderen Gesichtsausdruck zu unterscheiden. Im Laufe des Experiments verringerte man den Anteil der bedrohlich wirkenden Gesichter. Die Versuchspersonen veränderten daraufhin unmerklich ihre Einschätzung und hielten nun vermehrt neutrale Gesichter für bedrohlich. Zu ähnlichen Ergebnissen gelangten die Autoren der Studie bei ethischen Überlegungen. Die Probanden wurden mit einem während des Versuchs stetig verringerten Anteil unmoralischer Forderungen konfrontiert und begannen nun vermehrt, vollkommen harmlose Aussagen als Verstöße gegen ethische Regeln zu werten. Dieses Phänomen bezeichnen die Autoren als «häufigkeitsinduzierte Veränderung des Begriffs». Am erstaunlichsten ist dabei noch, dass sich dieses Phänomen selbst dann beobachten lässt, wenn die Probanden darüber informiert wurden und so die Möglichkeit hatten, diesem Drang zu widerstehen.

Objektiv ist die Gewalt im Laufe der Geschichte, wie Steven Pinker (2011) gezeigt hat, deutlich zurückgegangen. Dennoch sehen wir überall und selbst noch in befriedeten Bereichen überall Gewalt, weil wir unsere Vorstellung davon für uns selbst unbemerkt verändert haben. Nach einer ähnlichen Logik wird die Welt schon bald zu einem Ort permanenter Aggression, wodurch wir uns für berechtigt halten, dagegen zu protestieren und zu kämpfen – möglicherweise auch mit Gewalt.

Die übertriebene Empfindlichkeit des kognitiven Markts gegenüber Konflikten führt zu opportunistischen Einstellungen, bei manchen Akteuren zu einem Hang, Kulturkämpfe aufzuführen, um sich bemerkbar zu machen. Das gilt ganz offensichtlich für die Rap-Kultur, in der Zusammenstöße geradezu ein Muss für jeden darstellen, der dort eine legitime Stellung erringen oder festigen möchte, aber wir finden diese Neigung auch in vielen anderen Bereichen. Ob in Talkshows oder im Reality-TV, man sucht den (notfalls auch künstlich herbeigeführten) Zusammenstoß, denn er eignet sich bestens zur Bindung unserer mentalen Verfügbarkeit. Sendungen mit so harmlosen Intentionen wie *Das perfekte Dinner* oder *4 Hochzeiten und eine Traumreise* sind nur deshalb interessant, weil sie Formen von Konkurrenz inszenieren, die oft in Konflikte zwischen Personen ausarten. Die Zappingspots von Fernsehsendern in aller Welt konzentrieren sich übrigens meist auf solche Szenen, in denen Kandidaten verbal oder sogar physisch aneinandergeraten. Für die Produzenten solcher Sendungen sind Zusammenstöße gleichbedeutend mit einer vollkommen vorhersehbaren Form von Unvorhergesehenem, die einen der Hauptanziehungspunkte für unsere Aufmerksamkeit darstellt.

Inzwischen beleidigen sich auch Intellektuelle gegenseitig gerne in einem Tweet, während sie einander früher eher ignorierten oder allenfalls einmal im Jahr in einem Leitartikel angriffen. Dieser bittersüße Meinungsaustausch ist eine Facette eines seltsamen Phänomens, nämlich der Rückkehr des Duells, und das nicht nur bei Sängern, die gerne Gangster spielen. Es handelt sich hier nicht nur um einen Austausch von Schimpfnamen oder Beleidigungen, sondern sehr wohl um körperliche Auseinandersetzungen. Wer ein wenig in den Niederungen von YouTube sucht, wird dort leicht auf eine ganze Reihe von Leuten stoßen, die sich einer zweifelhaften Mikroberühmtheit erfreuen und einander ständig provozieren. Sie fordern sich wechselseitig aus ganz trivialen Gründen heraus, die letztlich nur der Absicht dienen, ein imaginiertes Territorium zu verteidigen, nämlich ihre Sichtbarkeit im Netz.

So richtig verrückt wird es, wenn die Betroffenen am Ende im realen Leben nacheinander suchen – ohne sich indessen kaum jemals zu finden.

Unzählige kleine Videos werden – gerne auch mit Selfiestick – gedreht, in denen jemand seinen Gegner auffordert, sich nicht länger zu verstecken, während der genau dasselbe tut, nur an einem anderen Ort. Für die Amateure war eines der Meisterwerke dieses Genres die Herausforderung Boobas – wieder einmal – durch den thailändischen Boxweltmeister im Schwergewicht Patrice Quarteron. Der streifte durch das Boulogne der Kindheit des Rappers, während Booba seinen Gegner in dessen Appartement in Miami suchte. Bislang ist es den beiden nicht gelungen, einander zu begegnen.

Dieser Kampf der Zusammenstöße ist also in erster Linie ein Kampf verpasster Begegnungen. Lange ereignislose Zeiten, die den beiden Protagonisten allerdings die Möglichkeit bieten, ihre eigene Geschichte zu erzählen. Die von solchen verhinderten Kämpfern erzählten Geschichten ergeben niemals ein kohärentes Bild des Streits. Jeder der beiden behält sich selbst die schöne Rolle vor und zwingt die Zuschauer ins postfaktische Zeitalter. Man denke etwa an den Zusammenstoß, der unter der Bezeichnung «Clash des gitans» [Zusammenstoß der (hier sogenannten) ‹Zigeuner›] Berühmtheit erlangte – und den Millionen von Menschen verfolgten. Es ist vollkommen unmöglich, dem Ganzen einen Sinn abzugewinnen, denn jedes Video präsentierte eine andere Version der Fakten, sodass sich eine für unsere Rationalität grausame Polyphonie ergab. Ähnliche Szenarien finden sich allenthalben. Zum Beispiel am äußersten Rand der extremen Rechten, wo bekannte Akteure wie Alain Soral von jungen Außenseitern wie den YouTubern Le Raptor oder Papacito herausgefordert werden. Das führt regelmäßig zu heftigen Beschimpfungen und zu Kampfansagen – denen dann allerdings niemals reale Kämpfe folgen.

Zuweilen – und das ist nicht weniger beunruhigend – finden diese Auseinandersetzungen wirklich statt. So entwickelt sich der wegen seiner versteckten Kameras beliebte YouTube-Kanal IbraTv langsam zu einem Organisator halbgeheimer Kämpfe ähnlich denen in Chuck Palahniuks Roman *Fight Club*.

Wir sollten uns indessen nicht täuschen, der Kampf der Zusammenstöße ist keineswegs nur Ausdruck kindischer Überheblichkeit. Darunter liegt vielmehr eine geheime Gleichung, die Konkurrenten auf dem Aufmerksamkeitsmarkt miteinander verbindet. Deshalb geht jemand, der auf YouTube eine Million Klicks erzeugt, auf die Provokationen eines Winzlings mit lediglich 10 000 Klicks gar nicht erst ein. Die reale oder nur simulierte Gewalt enthüllt hier den Kampf um ein Kapital, das in unserer Gesellschaft inzwischen wesentliche Bedeutung erlangt hat: das der Sichtbarkeit.

Genau dieses krankhafte Streben nach Sichtbarkeit legten die Stalker der französischen Journalistin Nadia Daam an den Tag. Sie hatte den Mut, in einer ihrer täglichen Sendungen auf Europe 1 zwei feministische Aktivistinnen zu verteidigen – die ihrerseits von Internetnutzern belästigt wurden. Seit dem 1. November 2017 erhielt sie Vergewaltigungs- und Morddrohungen. In sozialen Netzwerken wurde offengelegt, wo sie wohnte und in welche Schule ihre Tochter ging. Strafrechtliche Ermittlungen begannen, und im Juli 2018 wurden schließlich zwei Männer jeweils zu sechs Monaten Gefängnis auf Bewährung und zu einer Geldstrafe von 2000 Euro verurteilt. Im Prozess antwortete einer der beiden Stalker auf die Frage des Richters, was ihn zu solcher Boshaftigkeit veranlasst habe: «Ich würde nicht sagen, dass es darum ging, in diesem Forum oder im Internet Punkte zu sammeln – aber es ist nahe dran.»[47]

Damit war die Sache indessen noch nicht beendet. Nach dem Urteil wollten einige «ihre im Kampf gefallenen Kameraden» rächen, und einer von ihnen sprach erneut Morddrohungen aus. Dieselbe Ursache, dieselbe Wirkung. Er wurde in einem Schnellverfahren verurteilt, in dem er aufgefordert wurde, seine Motive darzulegen. Er behauptete, er habe die Sache «anheizen» und von der gesteigerten Aufmerksamkeit profitieren wollen. «In der Flut der an diesem Tag über die Journalistin veröffentlichten Nachrichten», so schrieb ein Prozessbeobachter, «versuchte der Beschuldigte, aus der Menge hervorzustechen: ‹Ich habe mir gesagt, ich werde es besser machen als die anderen.›»[48]

Solche Aggressivität kann also auch eine Strategie sein, die darauf abzielt, sich hervorzutun und aufzufallen. Das Problem ist allerdings, dass sie zu einer Art Überbietungswettbewerb führen kann. Wie der Soziologe Jocelyn Raude (2014) anmerkt, ist das Phänomen der Gewöhnung an ein

Signal bestens untersucht worden. Die psychische Reaktion auf einen ständigen Reiz verringert sich mit dessen Häufigkeit oder Dauer (das gilt zum Beispiel für Lust oder auch Schmerz). In diesem Fall kann der Einzelne versuchen, den Reiz zu verstärken, um die ursprüngliche Stärke der Stimulierung wiederherzustellen. In den sozialen Räumen, die Foren und Kommentarspalten darstellen, kann die Nachfrage nach Konflikt durch Gewöhnung über alle Maßen wachsen und zu einem Verlust des üblichen Anstandsgefühls wie auch zu einer ständigen Steigerung der digitalen Aggression führen. Es finden sich immer Leute, die auf diese Nachfrage mit einem Angebot reagieren, das immer radikaler ausfallen muss, um sich bemerkbar zu machen. Auf diese Weise kommt es zu der von manchen sogenannten «Verwilderung des Internets», die einen Teil unseres Kapitals an mentaler Verfügbarkeit wie Schnee in der Sonne schmelzen lässt und zugleich einige unserer verborgenen Seiten ans Licht holt.[49]

Sie werden niemals erraten, wovon dieses Kapitel handelt ...

Was denken Sie über die Wörter *afworbu, civadra, saricik*? Sie kennen sie nicht? Das ist kein Wunder, denn es gibt sie gar nicht. Aber das macht ja nichts. Was meinen Sie, bezeichnen sie etwas Positives, etwas Negatives oder etwas Neutrales? Diese Frage erscheint ihnen sicher absurd. Dennoch gab sie Anlass zu einer Reihe hochinteressanter Versuchsergebnisse. Robert Zakjonc von der University of Michigan veröffentlichte 1968 einen Aufsatz, der Geschichte schrieb und auf der Einschätzung von Wörtern basierte, die von Versuchspersonen als türkisch empfunden wurden, obwohl es sie in Wirklichkeit gar nicht gab. Zajonc vermutete, dass die «blinde» Einschätzung der Bedeutung dieser Wörter davon abhing, wie oft man sie den Probanden darbot. Er erfand ein Dutzend Wörter mit einer Länge von sieben Buchstaben und gab sie den Versuchspersonen bis zu 25 Mal zu lesen. Die Einschätzung der Bedeutung hing, wie er vermutet hatte, von der Häufigkeit ihrer Darbietung ab. Je häufiger ein Wort dargeboten wurde, desto eher wurde es intuitiv als positiv empfunden. Es genügt also, einen Menschen regelmäßig einem Reiz auszusetzen, damit er ihn als positiv zu empfinden beginnt. Das nennt man den Effekt der bloßen Darbietung. Nach Ansicht mehrerer Kommentatoren[50] könnte dies darauf zurückzuführen sein, dass jede neue Information den Menschen in Alarmbereitschaft versetzt, da sie eine Gefahr signalisieren könnte. Wenn man sich an diese Information gewöhnt, verliert sie ihren alarmierenden Charakter.

Für Robert Zajonc selbst erinnerte der Effekt der bloßen Darbietung an die Tatsache, dass Lebewesen in der Natur auf einen unbekannten Reiz mit Vorsicht reagieren müssen. Die Gewöhnung an diesen Reiz macht es möglich, ihn in eine Art Routine einzubauen, die beruhigt und fast schon Sicherheit bietet. Für jemanden, der unsere Aufmerksamkeit erregen möchte, hat diese psychische Realität den Nachteil, dass solch eine Routinisierung dem Signal seine Lebendigkeit nimmt. Dasselbe Phänomen findet sich auf neuronaler Ebene, denn auch Neurone zeigen eine immer schwächere Reaktion, wenn sie ständig mit ein und demselben Reiz konfrontiert werden.[51]

Trotz dieser positiven Tendenz zur Routinebildung bei Zeichen drängt uns eine Kraft, aufmerksam für Unvorhergesehenes, für Überraschung und Erkundung zu sein. Die uns allen bekannte Spannung zwischen bequemer Sicherheit und Entdeckerlust wurzelt möglicherweise auch tief in unserer Evolutionsgeschichte. Nur wenige Organismen können überleben, wenn sie nicht fähig sind, die potenziellen Kosten und den möglichen Nutzen von Unbekanntem abzuschätzen. Jean-Philippe Lachaux schreibt dazu:

> Alle Tiere stehen vor diesem Problem: Sie finden irgendwo eine Nahrungsquelle, aber vielleicht gibt es in der Umgebung noch mehr davon, und wenn sie am selben Ort bleiben, blockieren sie sich selbst und verkleinern ihre Überlebenschancen. Ausbeutung und Erkundung müssen immer wieder ins Gleichgewicht gebracht werden.[52]

Die Realität dieses Ausgleichs gründet offenbar tief in der Logik des Lebendigen. Der französische Mathematiker Paul Lévy hat ein als Lévy-

Flug oder Lévy-Prozess bezeichnetes Instrument entwickelt, eine Mischung zwischen kurzen, zufälligen Wegen (die eine Erkundung der nahen Umgebung erlauben) und längeren linearen, aber ebenfalls zufälligen Bewegungen (die eine Erkundung entfernterer Räume zulassen).

Mithilfe dieses Instruments untersuchten Forscher über einen Zeitraum von 15 Jahren mehr als 12 Millionen Bewegungen von 14 Meerestierarten, die vom Schwertfisch bis zum Seidenhai reichten. Nach ihren Erkenntnissen lassen sich die von den Tieren auf der Suche nach Beute zurückgelegten Strecken als Zufallserkundungen eines begrenzten, von Lévy-Flügen durchzogenen Raumes beschreiben.[53]

Mehrere Computerwissenschaftler haben übrigens auch die Bewegungen von Menschen analysiert, und zwar von 101 Freiwilligen, die mit einem GPS-Sender ausgestattet waren. Aus ihrer Analyse geht hervor, dass der Lévy-Flug auch in unserer Welt eine gute Simulation unserer Bewegungen bietet.[54]

Ohne diesen Erkundungstrieb würden zahlreiche Tierarten ihren Lebensraum erschöpfen und schließlich untergehen. In der Welt des Lebendigen bedeutet Unbekanntes also «potenzielle Gefahr», aber auch «mögliche Chance». Unser Hunger nach Überraschung ist eine der Variablen, die der Information eine Bedeutung verleihen. Zu einer Information wird ein aus dem kognitiven Rauschen herausgegriffenes Signal, das dadurch für unser Gehirn unwiderstehlich zu einem *Ereignis* wird.

Ein Ereignis ist etwas, das uns aus unserer kognitiven Routine herausreißt, weil da etwas auftaucht, das unsere Aufmerksamkeit zu verdienen scheint. Eine Überraschung, also ein Ereignis, das unseren Erwartungen zum Teil widerspricht, besitzt eine größere Anziehungskraft für unsere mentale Verfügbarkeit als ein sicheres Ereignis. Wenn ich zum Beispiel eine Münze in die Luft werfe und darauf wette, dass sie zu Boden fallen wird, stellt die Erfüllung dieser Voraussage keinerlei Überraschung dar und verdient gewiss nicht Ihre Aufmerksamkeit. Wenn ich dagegen auf Kopf setze, ist das schon interessanter, denn es gibt eine von null verschiedene Wahrscheinlichkeit, dass ich mich irre. Wenn ich nun aber sage, ich werde versuchen, sie so fallen zu lassen, dass sie auf der Kante stehenbleibt, und das geschieht tatsächlich, so wird das zweifellos eine

Beispiel für Bewegungen im Rahmen eines Lévy-Flugs (ausgehend von einem Punkt 0 zurückgelegte Entfernungen)

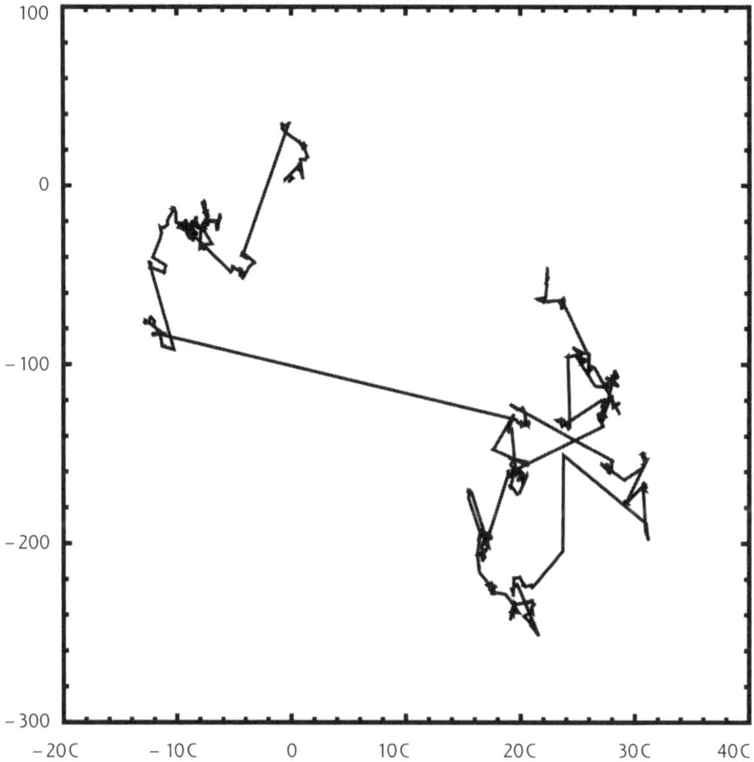

beträchtliche psychische Wirkung haben, die auf Ihrem (und meinem) Gesicht erkennbar sein dürfte.

Überraschungen, Ereignisse, Beispielloses und ganz allgemein in ungewissem Maße Mögliches in all seinen Formen sind starke Magnete für unsere Aufmerksamkeit. Einige Akteure auf dem kognitiven Markt haben das bestens verstanden und sogenannte *Clickbaits* [deutsch: «Klickköder» von engl. *bait*, der Köder] eingerichtet. Die Funktionsweise dieser Seiten ist interessant, denn sie versuchen, einen Teil der verfügbaren Aufmerksamkeit zu hauptsächlich kommerziellen Zwecken abzugreifen. Es geht darum, diese Aufmerksamkeit durch Werbeeinnahmen in Geld zu verwandeln. Damit diese Umwandlung funktioniert, müssen die Seiten ihre Chancen maximieren, Aufmerksamkeit bei Menschen zu erregen, die eigentlich gar nicht nach den dort angebotenen Informationen suchen. Es geht also darum, einen Teil dieses unschätzbar kostbaren Schatzes zu stehlen. Schlüsselelemente sind dabei Bezeichnung und Illustration des als Köder angebotenen Artikels. Die Aufmerksamkeitsköder sind allerdings derart zahlreich, dass man auch unter ihnen wiederum auffallen muss. Deshalb können wir zum Opfer unseres Hungers nach Ereignissen und möglichen Überraschungen werden. Viele dieser Seiten werben mit inzwischen klassischen Sätzen wie «Das werden sie niemals erraten …» oder: «Die 10 besten …; die 7. wird Sie in Erstaunen versetzen» oder: «5 Dinge über …, die Sie wahrschlich noch nicht wissen» überschrieben. Überschriften dieser Art sind bereits zu solchen Stereotypen geworden, dass sie sogar schon von Automaten erzeugt und vorgeschlagen werden.

Untersucht man die Titelgebung dieser Seiten genauer, enthüllt das dort eingesetzte grobe kognitive Marketing jene Invariante des Denkens, die gemeinhin als Neugier bezeichnet wird.[55] Der Ausdruck mag trivial erscheinen, aber er ist Gegenstand einer umfangreichen wissenschaftlichen Literatur.[56] Die zwischen 1960 und 1980 durchgeführten Studien versuchten zu verstehen, warum solche Neugier zugleich intensiv und vergänglich sein kann, warum sie impulsiv erscheint und warum sie, sobald sie befriedigt ist, oft als enttäuschend empfunden wird. Diese drei Aspekte der Studie beschreiben sehr genau, was wir erleben, wenn wir solche Clickbaitseiten besuchen: Intensität, Impulsivität und Enttäuschung. Wir können der von ihnen ausgeübten Anziehungskraft weitgehend widerstehen, doch plötzlich fällt uns das schwer, denn wir möchten schon gern wissen, ob der dort oft verwendete Ausdruck OMG – *Oh My God!* – wirklich berechtigt ist, um die Überraschung zu beschreiben, die wir erlebten, wenn wir einen bestimmten Artikel läsen. Wir haben, wenn auch nur kurz, das Gefühl einer kognitiven Unvollständigkeit.

In diesem Zusammenhang haben drei Neurowissenschaftler festgestellt, dass Fragen, die unsere Neugier wecken, zum Beispiel Rätsel, das Neuronennetz des *Nucleus accumbens* erregen, das mit dem (Lust und Begierde begünstigenden) Botenstoff Dopamin arbeitet und eine zentrale Rolle in unserem Belohnungssystem spielt.[57] Die Köder, die solche Seiten im Internet für unsere mentale Verfügbarkeit auslegen, veranlassen uns zu einem Verhalten, das Ähnlichkeit mit einer Sucht hat, denn die Neugier ist zwar eine der großen positiven Eigenschaften des Menschen, aber auch ein schlimmes Laster, und das nicht ohne Grund. Eine japanische Forschergruppe konnte zeigen, dass Menschen sogar bereit sind, Elektroschocks zu ertragen, um ihre Neugier bezüglich eines Gegenstands zu befriedigen, der eigentlich trivial und ohne konkreten Wert für sie ist.[58] Zu den Beispielen solcher Gegenstände gehörten auch Zaubertricks. Die Versuchspersonen erklärten sich bereit, physischen Schmerz zu ertragen, um das Geheimnis dieser Tricks zu erfahren. Das Experiment umfasste einen Verhaltensaspekt, aber auch eine mit der Verarbeitung von Vorstellungen im Gehirn zusammenhängende Seite. Durch die Auslösung jener von der Neugier verkörperten kognitiven Unvollständigkeit zeigten die Forscher, dass dort ähnliche neuronale Mechanismen im Spiel sind wie beim Hunger auf Nahrung, bei dem das ventrale und das dorsale Striatum angeregt werden.[59] Der Ausdruck «Wissensdurst» erhält hier eine ganz konkrete Bedeutung.

Im Wissen um diese Suchtgefahr und diese Möglichkeit des Diebstahls an unserer mentalen Verfügbarkeit entschloss sich Facebook im August 2014 zu einer Veränderung der Algorithmen, mit denen man dort den News Feed steuert. Man begann, die unwiderstehliche Anziehungskraft zu bekämpfen, die Nachrichten von beispielsweise BuzzFeed auf die Nutzer ausübten. Eine der von Facebook dazu eingesetzten Techniken war die Messung der Zeit, die Nutzer auf diesen außerhalb des sozialen Netzwerks gelegenen Seiten verbrachten. War sie nur kurz, konnte das bedeuten, dass die Nutzer von den dort erhaltenen Informationen enttäuscht waren. Solche Enttäuschungen konnten nach Ansicht des kalifornischen Unternehmens ein Anzeichen dafür sein, dass es sich um eine Clickbaitseite handelte. Und natürlich kann die auf einer Seite verbrachte Zeit durchaus ein Hinweis auf deren Qualität sein.

Die beschriebenen Bemühungen werden wohl kaum ausreichen, um diese Art von Internetseiten auszumerzen, die übrigens durchaus amüsant sein können. Problematischer ist da schon, dass die Logik des kognitiven Köderns inzwischen weit verbreitet ist und auch die traditionellen

Medien nicht zögern, diese Mittel einzusetzen, um ihr Angebot aus dem globalen Informationscocktail hervorstechen zu lassen. Das gilt insbesondere für Medien, die nur online präsent sind wie *Slate* oder die *Huffington Post*, aber auch für andere sind solche Instrumente längst redaktionelle Realität. Die meisten Medien lassen sich vor allem auf ihren Internetseiten zu Schlagzeilen hinreißen, die mit dem Phänomen der kognitiven Unvollständigkeit spielen. Es kommt vor, dass ein und derselbe Artikel mehrmals seinen Titel wechselt, wenn er zu wenig Kunden anzieht – was bei Druckmedien ganz unmöglich wäre.

Die fast schon obsessive Suche nach dem Ereignis zeigt sich besonders deutlich bei den reinen Nachrichtenmedien. Sie bieten uns zuweilen das Schauspiel einer leerlaufenden Spannung, wenn deren Frontleute zu Bildern einer brennenden Mülltonne wie Sportreporter zum x-ten Mal ihre Kommentare abgeben. Gelegentlich führt die Leidenschaft für Ereignisse sogar zu absurden Darbietungen, wie wir sie im Dezember 2012 in Bugarach erlebten.

Von einer hirnrissigen Deutung des Mayakalenders angeregt, verkündeten damals ein paar leichtgläubige Menschen, das Ende der Welt sei gekommen. Und einige von ihnen behaupteten, das im Departement Aude zu Füßen der Pyrenäen gelegene 200-Seelen-Dörfchen Bugarach werde davon verschont bleiben. Der Bürgermeister und zahlreiche Beobachter befürchteten – oder erhofften sich – einen gewaltigen Ansturm neugieriger Touristen und schwärmerischer Zeitgenossen, die dem Weltuntergang entgehen wollten. Ein gewaltiger Mediendruck konzentrierte sich nun auf diese an Mythen reiche Region – darunter der Schatz der Templer und der mysteriöse Lebenswandel des Abbé Saunière in Rennes-le-Château. Der Tag der Apokalypse kam, und man sah keine Horden von Chiliasten den Pic de Bugarach hinaufstürmen, nicht einmal aus dem Café des Dorfes. Viele Kommentatoren räumten ein, dass es dort mehr Journalisten als Schwärmer gab.

Natürlich vermischen sich auf den Clickbaitseiten die Inszenierung des Ereignisses und die Nutzung des Phänomens der kognitiven Unvollständigkeit ganz konkret mit den Themen der Konflikthaftigkeit, der Angst, der Empörung und vor allem des Sex. Einige von ihnen versuchen einander offenkundig mit Fake News jeglicher Art zu übertreffen und setzen dabei auf die Wirkung versprochener Überraschungen: «Sie werden schockiert sein ...» Dadurch erhalten Informationen dieser Art auf dem kognitiven Markt einen sicheren Wettbewerbsvorteil, denn die Diskrepanz zwischen individuellen Antizipationen und der Realität der Ereignisse sorgt für größere Aufmerksamkeit, stärkere Emotionen und eine bessere Verankerung im Gedächtnis.[60]

Unser Geist vereinigt in sich auf paradoxe Weise eine Suche nach dem Gewohnten und einen Hunger nach Unvorhergesehenem. Das Angebot auf dem deregulierten kognitiven Informationsmarkt berücksichtigt voll und ganz diese beiden invarianten Seiten unserer Psyche. So hat die Dating-App Tinder beide Dimensionen in ihre Algorithmen eingebaut.[61] Wenn den Nutzern dort nur Profile angezeigt würden, die den von ihnen gesuchten genau entsprächen, müsste das zu einer gewissen Routine und Unaufmerksamkeit führen, die der Attraktivität dieser App nur schaden könnte. Doch das ist nicht der *modus operandi* des Tinder-Algorithmus. Mit einer gewissen Regelmäßigkeit mischt er unter die Partnervorschläge mit dem gewünschten Profil, wie es sich aus der Historie der Wahlentscheidungen ergibt, sehr fernliegende und potenziell disruptive Vorschläge. Diese Aufmerksamkeitsstrategie verhindert ein allzu routiniertes und daher ernüchterndes Verhältnis zu dieser App.

Deshalb täuschten sich all jene über die menschliche Natur, welche in der ganzen Geschichte von Gesellschaften träumten, die frei von den Unsicherheiten unseres Lebens wären. Wir versuchen zwar, diese Unsicherheiten zu verringern, aber falls uns das gelänge, ähnelten die Gesellschaften, in denen wir dann lebten, haargenau den utopischen Staaten, die Morus (1516), Campanella (1602) oder Cabet (1840) einst ersannen. Natürlich erschienen diese im Nirgendwo angesiedelten utopischen Gesellschaften ihren Erfindern als erstrebenswerte politische Ziele, aber es ist nicht sicher, dass wir sie heute, aus einem gewissen zeitlichen Abstand betrachtet, immer noch so empfänden.

«Dank eines Sakrilegs hält die Utopie bei den Menschen Einzug», schreibt Gilles Lapouge in seinem großartigen Werk *Utopie et civilisations*.[62] Die Idee der Utopie wird oft auf Hippodamos, einen Geometer und Baumeister des 5. Jahrhunderts v. Chr., zurückgeführt, weil er Grundrisse für Städte entwarf, deren Straßen einander im rechten Winkel schnitten, sodass sich ein Schachbrettmuster ergab. Es ging darum, Ordnung in die Unordnung der Welt zu bringen. Man glaubte, die Strukturen der Stadt könnten die Tugend der dort Lebenden stärken. Und man glaubte, das einzig vollkommen Geordnete in der Welt wäre der Lauf der Sterne – all das, was sich jenseits des Mondes befand. Was diesseits des Mondes lag, war dagegen von Unvollkommenheit, Unordnung und Unsicherheit geprägt.[63] Die nach einem Schachbrettmuster gestaltete Stadt des Hippodamos hat gleichfalls etwas Utopisches, denn sie versucht, die in unserer Welt fehlende Regelmäßigkeit zu erschaffen.

Die von Morus, Cabet, Campanella und anderen erdachten Staaten orientieren sich an einer strengen Geometrie und versprechen vollmundig ein Leben, das frei ist von den großen Unsicherheiten des Menschen: Hunger, Krieg, Krankheit, Angst aufgrund der Andersartigkeit der Geschlechter, Armut oder Verbrechen … Die Politik lässt sich von den größten technischen Leistungen der Zeit inspirieren und beschränkt sich auf einige wenige, dafür aber kluge Gesetze, wodurch es ihr gelingt, eine von vollkommener Gleichheit geprägte Gesellschaft zu schaffen. Nahrung und Kleidung sind für alle kostenlos. Erziehung und Bildung sind allen ohne Ansehung des Geschlechts oder der sozialen Herkunft zugänglich. Dennoch hat man, wenn man sich in diese Texte vertieft, den Eindruck, dass sich darin eher eine Hölle als ein Paradies abzeichnet. Ihr Programm, so fantasievoll es sein mag,[64] erlaubt die Aufhebung der Unsicherheit nur um den Preis einer Abschaffung der Unterschiede zwischen den Menschen und daher aller fundamentalen Freiheiten.

In Étienne Cabets *Reise nach Ikarien* etwa hat man lange darüber nachgedacht, wie das ideale Haus aussehen müsste. Als man es gefunden hatte, beschloss man, dass alle dasselbe haben sollten: «Die Fenster mit Balkonen; vier Stock hatte jedes Haus, nicht mehr. […] Die Gebäude einer und derselben Straße sind alle gleich».[65] Damit endet die absolute Gleichheit, die der Utopist für seine Bürger wünscht, allerdings noch nicht. Die Bürger der schönen Stadt sind sämtlich in derselben Weise gekleidet. Die Solarier in Campanellas Sonnenstaat tragen ein weißes, faltenloses Gewand, das den ganzen Körper bedeckt.[66] Morus berichtet, dass auf der Insel Utopia «alle dieselbe einfache Tracht trügen».[67] In Ikarien, so heißt es, habe man «eine Gesellschaft auf der Grundlage der völligen Gleichheit ausgebildet», Nahrung, Möbel und Kleidung gehörten allen und seien für alle gleich.[68]

Die Ablehnung jeglichen Unterschieds reicht noch weiter. Alle Kinder erhalten dieselbe Ausbildung, und alle Bürger arbeiten dieselbe Anzahl von Stunden: vier bei den Solariern, sechs bei den Einwohnern Utopias, wo jeder neben dem Ackerbau auch alle übrigen Arbeiten gleichermaßen verrichtet. Die Mahlzeiten werden gemeinsam eingenommen. Und auch die Familie, die letzte Bastion der Unterscheidung, erliegt dem Ansturm der Utopie. Die Extremsten überführen alles in Gemeinbesitz, der Sonnenstaat allem voran die Frauen.[69] Da die Familie Probleme bereitet, erweitert man deren Grenzen, bis sie den ganzen Staat umfasst. Gemeinschaft und Familie sind dann ein und dasselbe. Deshalb sind manche Utopisten der Ansicht, die Erziehung der Kinder müsse vollständig in die Hände der Gemeinschaft gelegt werden. Gemeinschaftlicher Besitz und Abschaffung des Privateigentums bilden die Ecksteine des gesamten Systems. Ich besitze nichts, durch das ich mich von anderen unterscheiden könnte. Natürlich steckt hinter dem Wunsch nach Gleichheit die Idee der Gerechtigkeit zwischen den Menschen, aber dazu gibt es in der utopischen Vorstellungswelt noch eine ausgeprägte Vorliebe für Homogenität. Dieselbe Kleidung zu tragen oder dieselben Häuser zu haben, hat eher mit Gleichförmigkeit als mit Gleichheit zu tun. Thomas Campanella verwendet hier ein aufschlussreiches Bild, wenn er schreibt, die Solarier verhielten sich solidarisch, «weil sie ja überhaupt Glieder *eines* Körpers und der eine ein Teil des anderen zu sein» glaubten.[70]

Jean Servier, ein weiterer kluger Kommentator der utopischen Vorstellungswelt, schreibt dazu:

> Alle Schrecken, alle Leiden, alle Grausamkeiten des Lebens werden ausgemerzt durch die Vision der strahlenden Stadt und die Versprechen der Wissenschaft. Beide stehen in erster Linie für das Nichtzufällige, für eine Planung der Zukunft.[71]

Das utopische Denken verträgt einfach keine Ungewissheit und schlägt uns ein Leben vor, in dem jeder Tag dem vorangegangenen und dem nachfolgenden gleicht: ein beruhigendes Leben, dem allerdings jegliche Tiefe fehlt.

Wir alle haben erfahren können, wie sich ein Leben dieser Art anfühlt, und zwar während des globalen Lockdowns, zu dem uns die Covid-19-Pandemie 2020 zwang. Die Monotonie der im Lockdown verbrachten Tage, das Fehlen von Unebenheiten im Tagesablauf, die Routinisierung unseres Lebens haben uns ein wenig von der Atmosphäre eines Daseins ohne Neues und ohne Überraschungen spüren lassen. Für die Glücklicheren unter uns hatte dieses neue Leben etwas Spielerisches, aber schon bald empfanden die meisten den Verdruss einer allzu linearen Existenz.

Wir sind nicht für eine Welt geschaffen, in der das Morgen stets dem Heute gleicht, auch wenn manche darin ein Wesensmerkmal des Paradieses erblicken möchten. Dieses Bild einer Utopie entspricht einem unserer Imperative: der Verringerung von Unsicherheit und dem Bedürfnis nach Routine. Wenn man jedoch eine Welt ersinnt, die dem gerecht werden könnte, kommen wir nicht umhin, einen ebenso bedeutsamen Imperativ mit Füßen zu treten: die Erkundung des Möglichen, den Wunsch nach Überraschung und den Hunger nach Unvorhergesehenem.

Diesen fundamentalen Aspekt unseres kognitiven Gleichgewichts, der ans Licht kommt, wenn man ihn ganz bewusst durch Angebote ausbeutet, die unsere Aufmerksamkeit zu stehlen versuchen, haben auf einem etwas anderen Gebiet auch Anthropologen entdeckt, die sich mit der Ausbreitung von Mythen und Legenden befassen. Pascal Boyer, Dan Sperber, Scott Atran und Ara Norenzayan haben herauszufinden versucht, warum manche Versionen eines Mythos oder einer Legende größeren kulturellen Erfolg haben als andere. Ihres Erachtens liegt der Grund im jeweiligen Verhältnis zwischen den dort in Szene gesetzten intuitiven und kontraintuitiven Elementen. Ein kontraintuitives Element widerspricht unseren üblichen Erwartungen. Es sorgt für die Überraschung, von der zuvor die Rede war. So wird eine Erzählung, in der ein gehender Mensch vorkommt, als «intuitiv» bezeichnet, eine Erzählung, in der ein fliegender Mensch vorkommt, dagegen als «kontraintuitiv». Experimente haben gezeigt, dass Versuchspersonen stärker von Erzählungen beeindruckt sind, in denen ihren intuitiven Erwartungen nicht entsprochen wird, als von solchen, in denen dies geschieht.

So stellten Justin Barrett und Melanie Nyhof (2001) fest, dass Versuchspersonen, die sich im Rahmen eines Experiments Märchen der indigenen Völkern Nordamerikas eingeprägt hatten, 92 Prozent der leicht kontraintuitiven, aber nur 71 Prozent der intuitiven Elemente wiedergeben konnten. Allerdings fanden die Autoren gleichfalls heraus, dass die Szenarien, die erfolgreich die kognitive Selektion überstanden, nicht allein aus kontraintuitiven Elementen bestanden.[72] Scott Atran und Ara Norenzayan (2004), die unter anderem mit dem Einprägen verschiedener Versionen Grimmscher Märchen arbeiteten, konnten zeigen, dass der «kulturelle Erfolg» eine nichtlineare (bogenförmige) Funktion der Anzahl der in einer Erzählung enthaltenen kontraintuitiven Elemente darstellt. Zu viele oder zu wenige kontraintuitive Elemente machen den Erfolg eines kognitiven Erzeugnisses weniger wahrscheinlich. Die Rezeption ist danach optimal, wenn die Erzählung ein Drittel kontraintuitive und zwei Drittel intuitive Elemente enthält (die kontraintuitiven Elemente kann man besser behalten als die intuitiven, aber wenn es zu viele sind, wirkt die Erzählung allzu inkohärent). Diese Ergebnisse sind deshalb besonders faszinierend, weil sie an kulturell so verschiedenen Populationen wie US-amerikanischen Studenten und Mayas in Yukatan gewonnen wurden.

Zusammenfassend kann man sagen, dass in der heutigen Welt manche grundlegenden Elemente unserer mentalen Natur durch bestimmte Angebote unmittelbarer angesprochen werden. Dieses Ansprechen ist eine andere Bezeichnung für den erleichterten Ausgleich zwischen Angebot und Nachfrage, den die neuen Verhältnisse auf dem kognitiven Markt ermöglichen.

Wer von der Verbreitung von Nachrichten lebt, muss immer wieder der Routinisierung entgegenwirken, die jedes redundante Signal in unserem Geist erfährt. Eine mögliche Abhilfe bietet die – oft künstliche – Stimulierung unserer Vorliebe für Neues. Unschicklichkeit und Überraschung sind daher Verbündete all derer, die einen Teil des kostbarsten Schatzes der bekannten Welt stehlen möchten. Sie bilden einen Teil der Matrix des Ereignisses, aber sie haben mehrere Pfeile in ihrem Köcher. Sie können unsere suchtartige Neugier ködern, indem sie sie zum Beispiel mit unserem Hunger nach Konflikthaftem mischen.

In den letzten Jahren hat man neuartige Angebote entwickelt, die sehr geschickt die durch kognitive Unvollständigkeit geschaffene Frustration mit der Anziehungskraft egozentrischer Informationen verbindet (also Angebote, die sich scheinbar nur an Sie richten). In den sozialen Netzwerken kamen unsinnige Fragen wie diese auf: «Welche Serienfigur sind Sie?» Oder präziser: «Welche Figur aus *Game of Thrones* sind Sie?» Oder auch: «Welche Disney-Figur sind Sie?» Selbst bei einer nur oberflächlichen Durchsicht des Angebots zeigt sich, dass für alle etwas dabei ist. In Wirklichkeit hätten Sie sich diese Fragen niemals gestellt. Wie kommt es, dass Sie nun plötzlich Lust haben, die Antwort zu erfahren? Und warum empfinden Sie es als Ehre, sie ihren Freunden in den sozialen Netzwerken mitzuteilen, indem sie ein Ergebnis veröffentlichen, von dem Sie doch wissen, dass es nicht stimmt? Damit man darüber lacht?

Wirklich nur, damit man darüber lacht? Sind Sie sich da ganz sicher?

Selbstmisshandlung

In den letzten zehn Jahren sind fast 300 Menschen durch «Selficide» ums Leben gekommen. So nennt man es, wenn Menschen den Versuch, ein Selfie zu machen, mit dem Leben bezahlen, weil sie dabei zu nah an einem Abgrund oder einem vorbeifahrenden Zug stehen oder sich zum Spaß eine Pistole an die Schläfe halten. Diese Toten sind in der Mehrzahl junge Leute, ihr Durchschnittsalter liegt bei 22 Jahren. Dennoch ist da in uns etwas, das diese Situation ein wenig komisch findet. Eine Art Schadenfreude flüstert uns ins Ohr: «Geschieht ihnen recht, diesen Dummköpfen.» Wer hat sich noch nicht über die mit Selfiesticks ausgerüsteten Menschen geärgert, die sich in Massen ständig selbst fotografieren, immer mit demselben Gesichtsausdruck und ohne den Versuch, ihren Wunsch nach Sichtbarkeit zu verbergen? Wir wollen uns zwar nicht über ihren Tod freuen, aber immerhin fühlen wir uns berechtigt, ihren hemmungslosen Narzissmus zu verachten.

Die Entwicklung der Fotografie hat uns die Möglichkeit gegeben, unser Bild zu vervielfältigen. Um 1930 wurden jährlich weniger als eine Milliarde Fotos aufgenommen, heute sind es fast 1000 Milliarden im Jahr. Zu den offenkundigsten Zielen dieses zwanghaften Fotografierens gehört es, diese Bilder von uns selbst allen Mitgliedern unseres sozialen Netzwerks zu schicken und zu sehen, welche Reaktionen sie auslösen. Gelegentlich geht unsere Schamlosigkeit so weit, dass wir sogar fotografieren, was wir gerade auf dem Teller haben, um allen mitzuteilen, dass selbst unsere Mahlzeiten nicht banal sind. Aber wenn wir doch zu vielen Millionen diesen Narzissmus füttern, woher kommt es dann, dass er fast einmütig verdammt wird?

Natürlich kann diese Leidenschaft am Fotografieren unerwartete und bedauerliche Folgen haben. Manche natürlichen Landschaften werden von Millionen Instagram-Nutzern verunstaltet, die unbedingt *das* außergewöhnliche Foto aufnehmen und verbreiten möchten. Der kanadische Nationalpark Joffre Lakes ist nicht mehr derselbe, seit die Besucherzahlen in den letzten Jahren um mehr als 250 Prozent gestiegen sind.[73] Dort befinden sich drei großartige, türkisfarbene, von einem Gletscher überragte Seen, die einen hinreißenden Anblick bieten und danach rufen, verewigt zu werden. Das Sahnehäubchen ist ein großer, umgestürzter Baumstamm, der über das Ufer hinausragt und die Möglichkeit bietet, sich auf einen der Seen hinauszuwagen. Dieser Baumstamm hat sogar einen Namen erhalten: Instalog.[74] Und warum? Auf diesem Baumstamm, der das Gewicht mehrerer Menschen gleichzeitig zu tragen vermag, kann man sich so fotografieren lassen, als stünde man dort vollkommen allein in der wilden Natur. Ein perfektes Erzeugnis, um in dem für das Teilen von Fotos geschaffenen sozialen Netzwerk Instagram Herzen zu sammeln. Solch ein Foto zu machen, ist inzwischen sogar schon obligatorisch, falls man diesen Park besucht. Diese Fotos vermittelten allerdings ganz andere Gefühle, wenn sie auch die Umgebung zeigten. Dann sähe man, dass am Fuß des umgestürzten Baums eine ganze Schlange ungeduldiger und aggressiver Leute darauf wartet, dasselbe Foto zu machen, um diesen einzigartigen Augenblick dann auf Instagram zu teilen.

Zahlreiche Orte auf unserem Planeten haben sich verändert, weil die Landschaft, die sie zu bieten haben, in sozialen Netzwerken eine virale Verbreitung gefunden hat. Das gilt auch für Trolltunga in Norwegen, einen spektakulären horizontalen Felsvorsprung, der in 700 Metern Höhe ins Leere ragt. 2010 machten sich ein paar Hundert Leute auf den beschwerlichen Weg, der den Zugang zu diesem Gral eröffnet. 2016 ächzte er unter der Last von 90 000 Besuchern, die um jeden Preis das emblematische Foto schießen wollten.

Auch der Besitzer einer Farm in der kanadischen Provinz Manitoba wird sich noch lange an die vielen Tausend Menschen erinnern, die an einem Wochenende plötzlich auf seinen Sonnenblumenfeldern erschienen, um dort zu versuchen, dasselbe Foto aufzunehmen, das sie ein paar Tage zuvor auf Instagram bewundert hatten. Ähnliches erlebte die kalifornische Kleinstadt Lake Elsinore, in deren Umgebung am Saint-Patricks-Tag ein Mohnfeld von 100 000 Leuten niedergetrampelt wurde, die dort ähnliche Fotos aufnehmen wollten wie vor ihnen eine Influencerin. Solche Vorfälle führen zuweilen zu radikalen Entscheidungen. Im US-amerikanischen Bundesstaat Washington zog man es vor, die Zugänge zur Vance Creek Bridge, einer großartigen, quer durch Wald über ein Flusstal führenden Bogenbrücke, zu zerstören, statt den mehr oder weniger absichtlichen Vandalismus zahlloser Besucher hinzunehmen, die dort das einzigartige, aber mit allen übrigen identische Foto aufnehmen wollten.

Natürlich sorgen die verheerenden Folgen solcher Fotografiersucht für Empörung. Die Artikel, die diese Auswüchse brandmarken, haben ihrerseits einen gewissen Erfolg und finden aus den oben genannten Gründen eine virale Verbreitung. Aber betrachten wir die Sache einmal genauer. Warum sind wir derart irritiert? Tragen wir nicht selbst einen Apparat bei uns, der uns die Möglichkeit gibt, jeden Augenblick, den wir erleben, zu verewigen? Und auch wenn wir diesen Apparat nicht bei jeder Gelegenheit hervorholen, sind wir nicht doch wie alle anderen oft versucht, es zu tun? Und wenn wir es tun, kommen uns vielleicht zahlreiche Gründe in den Sinn: Man weiß nie, so bleibt es erhalten, vielleicht zeige ich es einmal meiner Familie, meinen Freunden – oder poste es auf Facebook.

Natürlich denken nur wenige von uns hauptsächlich an *Likes*, wie das bei professionellen Influencern der Fall ist. Letztere enthüllen damit indessen nur – auf eine vielleicht groteske Weise – einen Zwang, der eine Invariante unserer Spezies darstellt. Tief in unserer Natur findet sich ein Hang zu einem ständigen Wettbewerb um die Aufmerksamkeit unserer Mitmenschen. Unter diesen Bedingungen verletzt der Narzissmus der anderen unablässig unseren eigenen Narzissmus. Und diese Tatsache enthüllt eine tiefgründige Wahrheit über den sozialen Charakter unserer Spezies – nämlich die schwierige Gratwanderung zwischen dem Willen, anders als die anderen zu sein, und dem Wunsch, doch auch zu ihnen zu gehören, wie die Erscheinungen der Mode dies zeigen. Wir wollen uns von den anderen unterscheiden und streben doch zugleich nach ihrer Anerkennung dafür. Wir mögen versucht sein, uns über diesen Hang zu mokieren und uns selbst für immun dagegen zu halten, doch damit entscheidet man sich nur ein weiteres Mal für eine naive Anthropologie, die dem Verständnis der heutigen Welt abträglich ist.

Egozentrische Informationen jeglicher Art erregen auf der globalen Cocktailparty unsere Aufmerksamkeit. Sie stimulieren unseren linken *Gyrus temporalis superior*, einen Hirnbereich, der für solche Informationen zuständig ist. Reize dieser Art werden sehr viel schneller als die meisten anderen bewusst verarbeitet. Wie eine deutsche Studie gezeigt hat, erregt das Klingeln unseres Telefons denselben Hirnbereich, der auch aktiviert wird, wenn wir unseren Vornamen hören.[75] Unser Geist ist derart rege, dass 70–90 Prozent der Smartphone-Besitzer bereits einmal «Phantomvibrationen» gespürt haben, das heißt, sie hatten den Eindruck, sie erhielten einen Anruf, obwohl das nicht zutraf.

Solche egozentrischen Informationen üben eine große Anziehungskraft aus, wenn sie uns direkt ansprechen (mit unserem Vornamen oder einem Bild), oder wenn sie sich speziell an uns zu richten scheinen: «Welche Romanfigur sind Sie?», «Was sagt ihr chinesisches Tierkreiszeichen heute über Sie?», «Wer hat Ihr Profil besucht?» oder wenn sie unserer Neigung entgegenkommen, uns durch Vergleiche mit anderen zu bewerten: «Nur 10 Prozent der Bevölkerung schaffen es, dieses Problem zu lösen ...», «Das Durchschnittseinkommen der Franzosen beträgt ...».

Der letzte Punkt ist von grundlegender Bedeutung. All die Fotos, die wir in sozialen Netzwerken veröffentlichen, sollen Einblicke in unser Leben gewähren (Mahlzeiten, Reisen, Erfolge der Kinder ...). Da aber Milliarden von Menschen dort solche Einblicke anbieten, ergibt sich daraus ein Wettbewerb um soziale Sichtbarkeit, der uns nicht immer guttut.

Vier Informatikforscher an der Berliner Humboldt-Universität und der Technischen Hochschule in Darmstadt haben in einer Studie gezeigt, dass die Nutzung von Facebook viel Frustration und Neid auslösen kann.[76] Warum? Weil hier wie in anderen Netzwerken jeder dazu neigt, ein schmeichelhaftes Bild von sich und seinem Leben zu bieten. Bei den Rezipienten dieser Darbietung kann sich dadurch eine gewisse Unzufriedenheit einstellen, da sie den Eindruck haben, ihr eigenes Leben sei im Vergleich weniger interessant als das ihrer Freunde. Von den 600 Teilnehmern des Experiments hatten nahezu 40 Prozent das Gefühl, seit der Nutzung von Facebook unglücklicher zu sein als zuvor, und dieses Gefühl war bei Nutzern, die selbst keine Beiträge veröffentlichten, noch stärker ausgeprägt. Sie empfanden in stärkerem Maße Einsamkeit, Zorn und Groll. Den größten Stein des Anstoßes bildeten dabei die Urlaubsfotos ihrer Freunde. Zu ähnlichen Ergebnissen gelangte man auch im Blick auf Instagram. Nach einer britischen Studie mit 1500 Teilnehmern im Alter zwischen 14 und 24 Jahren erzeugt diese für das Teilen von Fotografien gedachte Plattform mehr Unbehagen und negative Gefühle als alle übrigen sozialen Netzwerke.[77] Und schlimmer noch, sie verstärkt auch die Symptome einer *Orthorexia nervosa* – des krankhaften Hangs, nur gesunde Lebensmittel zu sich nehmen zu wollen.[78] Der Grund liegt zweifellos darin, dass die Nutzer oft dazu neigen, sich mit anderen zu vergleichen, die durch den Einsatz von Filtern und einer geeigneten Inszenierung den Körper antiker Gottheiten zu besitzen scheinen.

Solche Gefühle brauchten gewiss nicht auf das Internet zu warten, um hervorzutreten, aber das Netz verstärkt sie, weil es der Inszenierung des eigenen Lebens eine größere Sichtbarkeit verleiht. Selbst wenn uns klar ist, dass es sich um einen Bluff handelt, können wir kaum vermeiden, dass es uns verletzt. Tatsächlich haben zahlreiche Studien gezeigt, dass unser Glück weniger von dem abhängt, was wir objektiv besitzen, als von den Vorzügen, die wir gegenüber anderen zu haben glauben. Wenn ich meinen Studierenden Forschungsergebnisse dieser Art präsentiere, kommt es vor, dass sie dagegen protestieren, denn das dort gezeichnete Bild des Menschen entspricht nicht der romantischen Vorstellung, die sie von sich selbst haben. Um sie zu überzeugen, sage ich dann oft: «Denken Sie einmal an die Erfahrungen, die Sie als Schülerinnen, Gymnasiasten oder Studierende gemacht haben. Sie werden häufig benotet. Nehmen wir an, Sie hätten für eine Arbeit die Note «befriedigend» erhalten. Wären Sie glücklicher gewesen, wenn die anderen im Schnitt ein «mangelhaft» erreicht hätten oder wenn der Durchschnitt bei «gut» gelegen hätte? An Ihrer Note hätte sich dadurch nichts geändert, aber wäre Ihre Zufriedenheit in beiden Fällen dieselbe gewesen?» Wenn sie ehrlich sind, räumen die meisten ein, dass unsere Fähigkeit zum Glück wenigstens zum Teil auch vom Pech der anderen abhängt.

Eine ähnliche Frage stellten zwei Ökonomen den Studierenden der School of Public Health in Harvard: «Stellen Sie sich vor, Sie sollten zwischen zwei irrealen Welten wählen, in denen die Preise dieselben wären. In der ersten Welt verdienten Sie 50 000 Dollar im Jahr, die anderen dagegen im Durchschnitt 25 000 Dollar. In der zweiten Welt verdienten Sie 100 000 Dollar, die anderen dagegen (im Schnitt) 250 000 Dollar. Für welche der beiden Welten würden Sie sich entscheiden?» Die meisten Studenten wählten – kaum überraschend – die erste Welt. Ihnen war es wichtig, in einer relativ gesehen besseren Position zu sein, auch wenn sie objektiv dort ärmer wären als in der zweiten Welt.[79]

Der Grad unserer Zufriedenheit hängt also unmittelbar mit dem ständigen Vergleich in unserem sozialen Leben zusammen, wie zahlreiche Studien belegen.[80] Wir sind immer glücklich, wenn unser Gehalt steigt, aber wir sind noch glücklicher, wenn das der anderen dabei gleich bleibt.[81] So beobachtete man bei der Wiedervereinigung Deutschlands ein merkwürdiges Phänomen.[82] Die Ostdeutschen hatten allen Grund zur Freude, da ihr Lebensstandard beträchtlich stieg. Dennoch sank die Zufriedenheit in diesem Teil der Bevölkerung. Der Grund lag darin, dass die Ostdeutschen nach der Wiedervereinigung begannen, ihre Lage nicht mit den Verhältnissen in den übrigen osteuropäischen Ländern, sondern mit der Situation der Westdeutschen zu vergleichen, und dieser Vergleich ging für sie nicht günstig aus. Andererseits lässt sich Unglück leichter ertragen, wenn es anderen noch schlechter geht. So wird Arbeitslosigkeit als weniger gravierend erlebt, wenn eine größere Zahl von Erwerbstätigen davon betroffen ist.[83] Solche Vergleiche schleichen sich sogar ins Eheleben ein, denn je mehr eine Frau verdient, desto unzufriedener ist der Mann mit seiner eigenen Arbeit.[84]

Dieser Vergleichsreflex ist tief verankert. Durch Gehirnscans hat man sogar zeigen können, dass wir mehr Dopamin produzieren, wenn wir eine größere Geldsumme erhalten als andere, dass diese Dopaminausschüttung jedoch geringer ausfällt, wenn wir dieselbe Geldsumme erhalten, ohne dass ein Vergleich mit anderen möglich wäre.[85]

Auf allen Gebieten scheint der Vergleich den zu kränken, für den er ungünstig ausfällt. Zwei Mediziner analysierten den Lebensweg von 1649 US-amerikanischen Schauspielern, die für den Oscar nominiert wurden.[86] Sie zeigten, dass die am Ende leer ausgegangenen Nominierten im Durchschnitt vier Jahre kürzer lebten als die Gewinner. Es erscheint unglaublich, aber zu ähnlichen Ergebnissen gelangte man auch auf dem Gebiet des Sports. Die Baseballspieler, die in die Hall of Fame aufgenommen werden, leben länger als jene, die diese Ehrung knapp verpassen.[87] Dasselbe Phänomen ist auch in den Wissenschaften festzustellen, denn Nobelpreisträger leben im Schnitt länger als jene Anwärter, die zwar in die engere Auswahl gelangen, aber letztlich nicht ausgezeichnet werden.[88]

Diese Daten sind noch ein wenig rätselhaft, aber wie es scheint, begünstigt das Gefühl, im Vergleich mit anderen gut abzuschneiden, die Gesundheit. Möglicherweise hat dieses Gefühl einen positiven Effekt auf das Immunsystem, weil weniger Kortisol, das einen Stressfaktor darstellt, ausgeschüttet wird. Weitere Auswirkungen sind eine bessere Resistenz gegen das Grippevirus und eine bessere Heilung nach größeren chirurgischen Eingriffen.[89]

Eine von Psychologen auf dem Gebiet des Sports durchgeführte Studie gibt weitere Hinweise auf die aktuelle Lage. Diese Forscher untersuchten die emotionalen Reaktionen von Teilnehmenden der Olympischen Spiele 1992 in Barcelona und insbesondere von Sportlern, die das Treppchen besteigen konnten. Ihre Entdeckung dürfte uns heute nicht mehr sonderlich erstaunen, ist aber dennoch faszinierend. Gewinner von Silbermedaillen waren offenbar weniger glücklich als Gewinner von Bronzemedaillen. Die Autoren interpretieren das so, dass die Silbermedaillengewinner das Gefühl hatten, die oberste Stufe knapp verfehlt zu haben, während die Bronzemedaillengewinner sich eine Welt vorstellten, in der sie gar nicht auf das Treppchen gelangt wären, weshalb sie denn glücklicher waren. Das Ergebnis eines von den Autoren sogenannten «kontrafaktischen Denkens» zeigt, dass die Enttäuschung nicht nur vom Vergleich mit anderen abhängt, sondern auch von den Eigenschaften vorgestellter möglicher Welten. Wenn meine Situation mir Anlass gibt, mich mit Menschen zu vergleichen, die weniger haben als ich, führt das zu größerer Zufriedenheit als in dem gegenteiligen Fall, dass ich mich gedrängt fühle, mich mit Menschen zu vergleichen, die mehr haben als ich.

Da die Deregulierung des Marktes in vielfältiger Weise für größere Transparenz sorgt, sehen wir heute oft mehr, ohne deshalb auch mehr zu können. Die Website Coveteur zum Beispiel bietet Einblicke in das Privatleben einflussreicher Persönlichkeiten, insbesondere aus dem Bereich der Mode. Sie will all jenen Vergnügen bereiten, die sich für Kleidung interessieren und sich die fantastische Garderobe dieser wohlhabenden und mit einem «guten Geschmack» ausgestatteten Leute ansehen möchten. Nach Aussagen der Gründerinnen dieser Website, Erin Kleinberg und Stephanie Mark, verfolgen sie damit lediglich die lobenswerte Absicht, das großartige Schauspiel einer luxuriösen Garderobe auch jenen Menschen zu bieten, die sich solche Kleider nicht leisten können. Das ist nur eines von zahllosen Beispielen für die ständige Beobachtung der Erfolge anderer Menschen in einer transparent gewordenen Welt. Was wir da sehen, scheint in Griffweite zu liegen und ist dennoch unerreichbar.

Man könnte hier von einem Tantalos-Effekt sprechen. Diese Gestalt aus der griechischen Mythologie wurde wegen einer Freveltat gegen die Götter mit einer der berühmtesten Strafen der Geschichte belegt. Das von Homer in der *Odyssee* beschriebene und später auf zahlreichen Gemälden dargestellte Schicksal des Tantalos ist besonders grausam. Er ist dazu verdammt, auf ewig im Tartaros zu verharren und Hunger wie auch Durst zu erleiden. Die Strafe ist deshalb so hart, weil die Erfüllung seines Verlangens stets in Reichweite zu sein scheint. Er steht in einem Fluss, doch sobald er sich hinunterbeugt, um daraus zu trinken, trocknet dieser aus. Er steht unter einem Baum voller Früchte, aber sobald er danach greift, treibt der Wind die Zweige zur Seite, sodass er sie nicht erreichen kann. Tantalos illustriert recht gut die Situation, in der sich viele Menschen befinden.

Es dürfte deutlich geworden sein, dass die aus dem Vergleich resultierende Frustration davon abhängt, womit man sich vergleicht. Der Silbermedaillengewinner blickt verärgert und voller Neid auf die Goldmedaille, während der Bronzemedaillengewinner neidvoll auf die Silbermedaille schaut. Die Ausgestaltung des Informationsmarktes und vor allem der sozialen Netzwerke lenkt den Blick der Menschen auf Horizonte, die sie kränken. Sie vermitteln ein Gefühl der Nähe, aus der sich diese Frustration speist. Diese ein wenig illusorische Nähe lässt sich durch die von Stanley Milgram sogenannten «Trennungsgrade» objektivieren.[90]

Der Psychologe führte in den 1960er Jahren ein berühmtes Experiment durch. Er bat 296 Personen, einer ihnen unbekannten Person in einer anderen Stadt eine Nachricht zukommen zu lassen. Es ging also nicht darum, den Brief direkt an die betreffende Person zu schicken, sondern Menschen ausfindig zu machen, die diese Person möglicherweise kannten. Das Experiment zeigte, dass im Durchschnitt sechs Personen ausreichten, um die Aufgabe zu erfüllen. Daher der Gedanke, dass wir von jeder unbekannten Person lediglich sechs «Trennungsgrade» entfernt sind. Das galt jedenfalls bis zum Ende des 20. Jahrhunderts. In Zeiten von Facebook hat sich der Grad auf 3,5 reduziert.[91]

Sozialforscher bezeichnen dieses täuschende Gefühl von Nähe als «parasoziale Interaktion».[92] Sie wird von den sozialen Netzwerken verstärkt, ganz so, als würden die Wände des sozialen Lebens durchsichtig und alles wäre sichtbar, ohne dass man es deshalb auch leichter erreichen könnte. In gewisser Weise verstärkt sich dadurch der für Demokratien typische «Trübsinn», den Alexis de Tocqueville so treffend beschrieben hat. Der französische Politiker und Historiker verwies mit großem Scharfsinn darauf, dass es im Wesen demokratischer Gesellschaften liege, ein höheres Maß an Frustration zu erzeugen als alle anderen Gesellschaftssysteme, und zwar aufgrund der Prinzipen, auf denen sie basieren: der Belohnung von Verdiensten und der Forderung nach Gleichheit aller Bürger.

Er bemerkte diese paradoxe Konsequenz des Lebens demokratischer Gesellschaften erstmals, als er in den 1830er Jahren die noch jungen Vereinigten Staaten von Amerika bereiste. Er bemerkte, dass dort das Gemüt der Bürger, die sich über ihre materiellen Lebensbedingungen kaum zu beklagen hatten, von einer seltsamen Krankheit befallen war, einer Art Melancholie, die in den paradoxen Anforderungen des Ehrgeizes und der Unzufriedenheit gründete. Die Ursache sah er in der Tatsache, dass anders als in traditionalen Gesellschaften das Schicksal jedes Einzelnen offen ist. Niemand kann dort wissen, ob ihm wirtschaftlicher Erfolg oder Misserfolg beschieden sein wird. Folglich darf jeder auf alles hoffen. Da die Bürger solcher politischen Systeme Gleichheit fordern, neigen sie eher dazu, auf die Unterschiede zu achten, die sie von anderen und insbesondere von den Bessergestellten trennen. Das Gefühl, ein Recht auf dieselben Erwerbschancen zu haben wie die anderen, und das unbändige Verlangen, mehr als sie zu haben, bilden die beiden Konstanten in dieser Frustrationsgleichung. Man könnte es nicht besser beschreiben als Tocqueville selbst:

> Sind alle Vorrechte der Geburt und des Besitzes aufgehoben, sämtliche Berufe jedermann zugänglich, und kann man durch eigene Kraft überall an die Spitze gelangen, so ist es, als öffne sich dem Ehrgeiz der Menschen eine unabsehbare und bequeme Laufbahn, und sie bilden sich gerne ein, dass sie zu Großem berufen seien. Aber dies ist eine irrige Ansicht, die durch die Erfahrung täglich berichtigt wird. […] Ist die Ungleichheit das allgemeine Gesetz einer Gesellschaft, so fallen die stärksten Ungleichheiten nicht auf; ist alles ziemlich eingeebnet, so wirken die geringsten Unterschiede kränkend. […] Diesen Ursachen muss der seltsame Trübsinn zugeschrieben werden, der sich oft bei den Bewohnern demokratischer Gegenden inmitten ihres Überflusses zeigt.[93]

Die illusorische Nähe und die Transparenz, die aus der gewaltigen Verfügbarkeit von Informationen erwächst, verstärken noch den leidenschaftlichen Drang nach Gleichheit und die daraus resultierenden Kränkungen. Nicht dass die hinter dieser Leidenschaft steckenden Wünsche unberechtigt wären, doch zumindest seit Émile Durkheims Buch *Der Selbstmord* wissen wir, dass die Deregulierung der Wünsche zu beträchtlichen Störungen führen kann. Wir können Gesellschaften kommen sehen, in denen sich diese Frustration regelmäßig in eine politische Wut verwandelt, die nach Schuldigen sucht: dem Staat, den Eliten, der Oligarchie, dem System … Und sie verwandelt sich auch in unerwartete Wutbewegungen.

So entwickelte sich während des Lockdowns 2020 in den sozialen Netzwerken eine Wutbewegung, die sich unter der Standarte eines makabren Hashtags mit Namen #guillotine2020 sammelte.[94] Diejenigen, die da guillotiniert werden sollten, waren Stars aus der Film- und Musikbranche sowie dem Reality-TV, die sonst vergöttert wurden, aber plötzlich unerträglich erschienen – wie Aristokraten der modernen Zeiten, die von den digitalen Revolutionären in der Fantasie hingerichtet werden. Warum solche Aufregung?

Alles begann, als die Stars – wie sie es häufig aus allen erdenklichen humanitären Gründen tun – ihre Mitbürger ermahnten, zu Hause zu bleiben, sich an den Lockdown zu halten, die Abstandsregeln zu beachten usw. Der amerikanische Sänger Pharell Williams etwa – in Beverley Hills in seinem mit zehn Zimmern, elf Bädern und einem unverbaubaren Blick auf Los Angeles ausgestatteten Haus sitzend – forderte seine Fans auf, für das Pflegepersonal zu spenden. Gal Gadot, die jüngste Verkörperung von Wonder Woman, der Schauspieler Ryan Reynolds oder auch die Sängerin Jennifer Lopez geizten nicht mit prophylaktischen Ratschlägen. Diesmal ernteten sie allerdings nicht die erwarteten *Likes*. Zahlreiche Internetnutzer, darunter auch ihre eigenen Fans, waren schockiert darüber, dass man ihnen solche Ratschläge aus Traumvillen, riesigen Gärten oder in luxuriöser Kleidung und teurer Aufmachung erteilte. Und so fand denn der Hashtag #guillotine2020 eine derartige Verbreitung, dass er bald schon einer der populärsten auf Twitter war.

Aber warum regte man sich derart über diese Stars auf, während andere, weitaus reichere Persönlichkeiten davon verschont blieben? Das Vermögen eines Pharell Willams ist vernachlässigbar klein im Vergleich zu dem des Amazon-Chefs Jeff Bezos. Die wahrscheinlichste Antwort lautet, dass Bezos seinen Reichtum nicht wie diese Stars zur Schau stellt. Er gewährt keinen so leichten Einblick in sein Privatleben und schafft keine täuschende Nähe nach Art der parasozialen Interaktion. Deshalb löst er auch nicht diesen Vergleichsreflex aus, zu dem all diese Stars aus der Unterhaltungsbranche auffordern. Der Lockdown begünstigte solch einen kränkenden Vergleich, weil wir in diesem Fall alle im selben Boot saßen. Ob Stars oder Namenlose, die Erfahrungen wochenlanger Selbstisolierung waren vergleichbar. Aber in dem gemeinsamen Boot verfügten manche über Luxuskabinen und machten das auch deutlich, während andere ganz unten im Rumpf dahinvegetierten. Aufgrund dieser Vergleichbarkeit der Erfahrungen verwandelte sich bei manchen die Bewunderung in Hass. Die von diesen Stars seit Jahren geschaffene Transparenz hinsichtlich ihres Privatlebens, ihres Besitzes und ihres Lebensstandards kehrt sich nun plötzlich gegen sie.

Man könnte meinen, es erginge ihnen wie Zauberlehrlingen, aber in Wirklichkeit hat niemand in der Unterhaltungsbranche heute eine andere Wahl. All diese Stars haben sich eine von ihnen sogenannte «Community» aufgebaut, die einen Schatz aus Followern, Likes und Teilen-Klicks ausmacht. Dieser Schatz erlaubt eine Bestimmung ihrer mittleren Fähigkeit, Aufmerksamkeit zu erregen und dadurch einen Teil unseres kognitiven Schatzes für eigene Produktionen oder für Erzeugnisse abzuzweigen, für die sie mehr oder weniger offen werben. Die Fähigkeit, einen Teil unserer verfügbaren Gehirnzeit für sich zu gewinnen, lässt sich leicht zu Geld machen.[95] So gibt es Profisportler, deren Einkommen zum größeren Teil aus Werbeeinahmen besteht.[96] Wegen ihrer Fähigkeit, unsere Aufmerksamkeit zu erregen, werden Personen mit großem «Sichtbarkeitskapital», um einen Ausdruck aus der schönen Studie der Soziologin Nathalie Heinich (2012) zu diesem Thema aufzugreifen, häufig benutzt, um Produkte zu verkaufen. Und zwar mit Erfolg, denn wie mehrere Studien gezeigt haben, ist Berühmtheit das beste Mittel, um sicherzustellen, dass ein Werbespot im Gedächtnis bleibt und seine Botschaft Aufnahme findet.[97]

Das Bekanntheitskapital verleiht Objekten, die mit berühmten Persönlichkeiten in Berührung gekommen sind, wie durch einen Halo-Effekt einen besonderen Wert. Ein von einer bekannten Persönlichkeit signiertes Stückchen Papier ist nun auch ökonomisch mehr wert. Ein ähnlicher Halo-Effekt zeigte sich, als Hugh Hefner, der Gründer des *Playboy*, 1992 die gleich neben Marilyn Monroes Grab gelegene Grabstätte für 75 000 Dollar erwarb. Es war eindeutig die Nähe zu dieser Hollywoodlegende, die dem kleinen Fleckchen Erde einen so besonderen Wert gab. Als 2009 erneut eine gleich neben Monroes Grab gelegene Grabstelle auf dem Westwood Memorial Park-Friedhof in Los Angeles versteigert wurde, erfolgte der Zuschlag bei 4 Millionen Dollar, während eine zwei Reihen weiter gelegene Grabstelle «nur» einen Preis von 250 000 Dollar erzielte.[98]

Man kann sich natürlich über den Wert von Bekanntheit mokieren, doch die Anziehungskraft, die er auf uns ausübt, und die konfusen Gefühle, die wir möglicherweise empfinden, wenn wir zufällig einer Berühmtheit auf der Straße oder in einem Restaurant begegnen, sind tiefer verwurzelt, als wir glauben mögen. Dass es uns in solchen Fällen schwerfällt, sie nicht anzusehen oder nicht mit unseren Freunden über ihre Anwesenheit zu sprechen, und selbst die Tatsache, dass wir eifrig den Eindruck zu erwecken versuchen, sie sei uns vollkommen gleichgültig – all das beweist, dass irgendetwas in ihr die Fähigkeit besitzt, unsere Aufmerksamkeit auf sich zu ziehen. Das heißt keineswegs, dass sich diese Aufmerksamkeit immer auch in Bewunderung umsetzt, doch unser Geist wird jegliche Information über sie mit Leichtigkeit aus dem Lärm der globalen Cocktailparty heraushören. Der französische Soziologe Pierre Bourdieu schreibt, die Bekanntheit unterscheide einen Menschen von dem «undifferenzierten, unbemerkten, dunklen Hintergrund, in dem sich der soziale Sinn verbirgt».[99]

Diese Asymmetrie in der Sichtbarkeit führt zu neuartigen Formen sozialer Hierarchie. Der Hang, bei der Suche nach Informationen auf hierarchisch «Höhergestellte» zu schauen, gründet offenbar in unserer von der Evolution geprägten Natur. Als zutiefst soziale Wesen neigen die Menschen vor allem in ungewissen Situationen dazu, andere zu beobachten, wenn sie Entscheidungen treffen müssen. Manche Menschen erscheinen uns glaubwürdiger als andere – teils aus affektiven Gründen, teils wegen der wahrgenommenen Kompetenz, teils aber auch, weil wir die Menschen, deren Verhalten wir beobachten, einer höheren Schicht der sozialen Hierarchie zuordnen. Dieses Phänomen hat man auch bei männlichen Rhesusaffen festgestellt. Neurobiologen haben gezeigt, dass diese Affen im Experiment[100] bereit waren, auf ein Lusterlebnis – in diesem Fall den Genuss eines äußerst beliebten Fruchtsafts – zu verzichten, wenn sie entweder das Bild eines weiblichen Geschlechtsteils betrachten konnten oder aber das Gesicht eines Artgenossen beobachteten, der in der sozialen Hierarchie über ihnen stand. In beiden Fällen schienen diese Informationen den Verzicht auf das Lusterlebnis zu rechtfertigen.

Die menschlichen Gesellschaften scheinen einen ähnlichen Mechanismus erfunden zu haben, wie wir ihn bei unseren Vettern, den Affen, finden. Wir neigen nicht nur dazu, solchen Personen Aufmerksamkeit zu schenken, die in unseren Augen einen höheren Rang in der sozialen Hierarchie belegen, wir tendieren auch dahin, jenen Menschen eine symbolische Macht zuzuschreiben, die dafür gesorgt haben, dass sie eine hohe Sichtbarkeit für uns besitzen. Die sogenannten Stars oder Celebrities sind solche Menschen, die im Schnitt häufiger gesehen, gehört oder gelesen werden als die anderen. Allein schon diese informationelle Asymmetrie verleiht ihnen eine Aura, die sie in die Lage versetzt, einen Teil unserer verfügbaren Gehirnzeit mit Beschlag zu belegen.

Auch in dieser Hinsicht hat die Deregulierung des kognitiven Marktes, die jedem die Fähigkeit verleiht, sich durch einen Blog, einen YouTube-Kanal, einen Instagram- oder Facebook-Account auf dem öffentlichen Informationsmarkt bemerkbar zu machen, eine Revolution in der Welt dieser symbolischen Hierarchien ausgelöst. Die Deregulierung bietet jedem die Möglichkeit, verfügbare Gehirnzeit anderer Menschen abzugreifen. Als es das Internet noch nicht gab, hatten die meisten von uns diese Möglichkeit nur in den sozialen Netzen, in denen sie verkehrten: Familie, Arbeit, Vereine, Freundeskreise … Die Chance, außerhalb dieses herkömmlichen sozialen Rahmens Aufmerksamkeit zu erlangen, war den wenigen Menschen vorbehalten, die über ein sehr großes Bekanntheitskapital verfügten. Anders gesagt, es galt der Satz: Entweder du bist berühmt, oder du bist gar nicht.

Heute ist die Situation insofern anders, als das Bekanntheitskapital ein offenes und kontinuierliches Spektrum darstellt. Wie sich in den sozialen Netzwerken beobachten lässt, gibt es tatsächlich Menschen, die die Aufmerksamkeit zahlreicher anderer auf sich ziehen und festhalten können, obwohl sie nicht wirklich der landläufigen Vorstellung von Bekanntheit entsprechen. Um nur ein Beispiel zu nennen: Manche Youtuber haben Tausende von Abonnenten, und ihre Videos werden millionenfach angeklickt, doch ihr Name oder ihr Gesicht dürften der Mehrzahl ihrer Mitbürger unbekannt sein. Zahlreiche Artikel in Wissenschaftszeitschriften befassen sich mit dieser Erscheinung unter der Bezeichnung «Mikroprominenz». Verwendet wurde der Begriff erstmals von der Politologin Theresa Senft (2008) zur Bezeichnung junger Frauen, die sich in ihrem alltäglichen Leben vor Webcams in Szene setzten und die Bilder im Internet verbreiteten. Einige von ihnen erlangten auf diese Weise durchaus eine gewisse Nischenprominenz. Die Website von Jennifer Ringley, einer zwanzigjährigen US-amerikanischen Studentin, die zu den Pionierinnen der Camgirls gehörte, verzeichnete schon 1998 fast 500 000 Besuche täglich. Diese Website bot einen ständigen Einblick in das Zimmer der jungen Frau. Nicht mehr und nicht weniger.

Der Ausdruck «Mikroprominenz» wird seit seiner Erfindung oft zur Bezeichnung des sogenannten *personal branding* benutzt, einer Praxis, die darin besteht, den eigenen Namen oder das eigene Gesicht zu einer Marke zu machen[101] – und zwar im Sinne einer quantifizierbaren Sichtbarkeit in den sozialen Netzwerken. Die Explosion der bipolaren Welt der Bekanntheit erfolgt in einem Kontinuum, das von der lokal berühmten Persönlichkeit über den Youtuber, der in der Welt der Videospiele maßgeblich ist und dessen Videos von Zehntausenden angeschaut werden, der jedoch keinen Zugang zu den herkömmlichen Medien findet, bis hin zu dem Buchautor reicht, der in den Buchhandlungen Erfolge feiert, aber auf der Straße nicht erkannt wird.

Doch wie ein Gut nur begehrenswert ist, wenn es erreichbar erscheint, so verbreitet sich das Verlangen nach Mikroprominenz über die Kanäle der sozialen Netzwerke, und mit ihm verbreiten sich auch die zugehörigen Frustrationen. In einer nur schwer einzuschätzenden Weise verstärkt es den Schatten des Tantalos, der sich immer weiter über unser Leben legt. Popularität mag stets von Asymmetrie geprägt gewesen sein, doch früher konnte jeder dank eines klassischen Optimismus[102] der Überzeugung sein, dass er eine Stellung einnahm, die zwar nicht zentral sein mochte, aber immerhin für sein Selbstwertgefühl annehmbar war. Dieser schützende Optimismus trägt nicht mehr in unserer Mitteilungsgesellschaft, in der es möglich ist, einen Teil der uns zufließenden Aufmerksamkeit zu objektivieren. Wie viele Likes, Teilen-Clicks, Herzen oder Aufrufe, also wie viel Aufmerksamkeit vermag ich zumindest bei den Leuten, die für mich bedeutsam sind, auf mich zu ziehen? Das erscheint trivial, ist aber immer noch sehr wichtig für das Selbstwertgefühl vor allem der jungen Generationen.

Die neuen Sichtbarkeitshierarchien verstärken allenfalls noch die demokratietypische Melancholie, die Tocqueville einst diagnostizierte. Jeder möchte sich zumindest ein wenig bemerkbar machen, aber in Wirklichkeit schenken die meisten Aufmerksamkeit, ohne selbst viel davon zurückzuerhalten. Was die Aufmerksamkeit betrifft, erleben sie eine Misere. Der US-amerikanische Soziologe Nathan Jurgenson schreibt dazu:

> Der Sündenfall war es, den Profit schon bei der Geburt der Massenmedien an den Umfang der Aufmerksamkeit zu knüpfen. Die Frage ist und bleibt: Wieviel Aufmerksamkeit kann ich erregen, und welchen Profit kann ich daraus ziehen?[103]

Sean Parker, ehemals Berater von Facebook, macht keinen Hehl daraus, dass die Algorithmen des berühmten sozialen Netzwerks dazu geschaffen wurden, ein ähnliches Suchtverhalten zu verstärken, wie man es auch bei besessenen Spielern an Glücksspielautomaten beobachtet. Es ging darum, das Verlangen nach Likes, dem Teilen von Inhalten usw., also nach mess- und zählbarer Sichtbarkeit anzustacheln. «Eine Endlosschleife sozialer Anerkennung», wie er sagte.[104]

Über den Begriff der Sucht kann man hier gewiss diskutieren, doch solche soziale Anerkennung stimuliert eindeutig die Dopaminproduktion in unserem Gehirn. Wenn die Messsysteme der sozialen Netzwerke ein positives Interesse der anderen an uns signalisieren, erleben wir eine Dopaminausschüttung, die ein Glücksgefühl auslöst.[105] Wenn wir dagegen eine Aufmerksamkeitsmisere erleben, gerät unser psychisches Belohnungssystem in ein Tief, vor allem wenn wir uns mit anderen vergleichen. Eine 2017 von Neurowissenschaftlern der University of Pennsylvania durchgeführte Studie geht noch weiter.[106] Man untersuchte die Hirnaktivitäten von Versuchspersonen bei der Lektüre eines Artikels der *New York Times*, wobei man sie zuvor gefragt hatte, ob sie daran dächten, diesen Artikel in sozialen Netzwerken zu teilen. Die Forscher beobachteten eine Erregung jener Hirnareale, die für das Selbstbild und die innere Repräsentation der Welt zuständig sind. So ließ sich zeigen, dass es beim Gedanken an das Teilen des Artikels um eine Antizipation der Beachtung durch andere, ihres Interesses und der daraus resultierenden symbolischen Belohnung ging. Der Inhalt des Artikels schien zweitrangig, sobald man wusste, dass man ihn teilen sollte. Wie sich zeigte, erlaubte die Aktivierung dieser Hirnareale eine gute Voraussage hinsichtlich des Erfolgs dieser Artikel in den sozialen Netzwerken. Es handelte sich also nicht lediglich um ein den Versuchsbedingungen geschuldetes Artefakt.

Auch hier ist wieder diese möglicherweise als misslich empfundene Folge nur die ungewollte Wirkung des Zusammentreffens tiefgreifender Invarianten unserer Spezies mit aktuellen technologischen Variablen. Dieses Zusammentreffen führt zu einem Enthüllungs- oder Offenbarungseffekt, der keineswegs zufällig ist. Die Lehre, die sich daraus ziehen lässt, ist fundamentalen Charakters und verleiht sogar dem Titel dieses Buchs seinen Sinn.

Offenbarung

Johannes von Patmos ist eine geheimnisumwobene Gestalt, über die bei den Historikern keine Einigkeit besteht. Er soll einer der zwölf Apostel Jesu und Autor einer der vier Evangelien des Neuen Testaments gewesen sein. Sein Name verweist auf die Insel, auf die er angeblich verbannt wurde und wo er seinen berühmten Text, die *Apokalypse*, geschrieben haben soll. Dieses Buch bildet einen Epilog zum größten Bestseller aller Zeiten, der Bibel. Es ist ein seltsamer, fiebriger Schluss, der sich als prophetisch versteht. Der Erzähler behauptet schon in den ersten Zeilen, eine wunderbare Vision gehabt zu haben: die eines majestätischen Christus, der ihm aufgegeben habe, eine Botschaft an die sieben Gemeinden des Orients zu schicken. Die Schrift kündigt verheerende Katastrophen und sogar das Jüngste Gericht an, welches das Ende der Menschheitsgeschichte besiegeln soll. Es handelt sich also um eine Erzählung über das Ende der Welt. Das ist zweifellos der Grund, weshalb der Ausdruck «Apokalypse» zu einem Synonym für «Katastrophe» geworden ist. Ursprünglich leitet dieser Ausdruck sich von dem lateinischen Wort «*apokalypsis*» her, das «Enthüllung», «Entschleierung» oder «Offenbarung» bedeutet. Das lateinische Wort stammt wiederum vom griechischen *ἀποκάλυψις* ab, das die Tätigkeit des Entdeckens oder Aufdeckens einer bislang verborgenen Wahrheit bezeichnet.

Aufgrund dieser ursprünglichen Bedeutung habe ich dem Buch, das Sie in Händen halten, diesen Titel gegeben. Dabei war mir durchaus bewusst, dass hier die Gefahr einer Fehlinterpretation besteht. Hatte ich die Absicht, gewissermaßen das Ende der Welt zu prophezeien? Ich schmunzele jetzt schon bei dem Gedanken, dass diese Interpretation Verbreitung finden könnte, was nur bewiese, dass deren Anhänger das Buch nicht bis zu dieser Seite gelesen haben. Damit bestätigten sie auch eine andere schlechte Nachricht von Forschern, die sich unsere Nutzung von Informationen genauer angesehen habe: 59 Prozent derer, die in den sozialen Netzwerken Artikel teilen, haben nur deren Titel, nicht aber den eigentlichen Text gelesen.[107]

Geben wir es zu: Ich habe auf den bisherigen Seiten keineswegs nur gute Nachrichten verkündet, aber ich habe auch nicht behauptet, wir näherten uns dem Ende der Zeiten. Die heutige Welt, wie sie sich aufgrund der Deregulierung des kognitiven Marktes darstellt, bietet jedoch eine fundamentale Enthüllung – also *apokalypsis* – für das Verständnis unserer Lage und die drohenden Gefahren. Dank dieser Deregulierung finden auf vielen Gebieten und insbesondere auf dem kognitiven Markt Angebot und Nachfrage leichter zusammen. Dieses Zusammentreffen enthüllt nicht mehr und nicht weniger als die großen Invarianten der Spezies Mensch. Enthüllt wird dabei eine, wie ich es nennen möchte, nichtnaive oder, wenn man so will, realistische Anthropologie. Die Tatsache, dass unser Gehirn Aufmerksamkeit für jegliche egozentrische, auf Streit ausgerichtete, mit Sexualität oder Angst zusammenhängende Information entfaltet, zeichnet die Umrisse eines sehr realen *Homo sapiens*. Die Deregulierung des kognitiven Marktes lässt Wirklichkeit werden, was bislang nur als Möglichkeit existierte. In unserer langen Geschichte standen dieser Möglichkeit zahllose Regulierungen oder Unannehmlichkeiten im Wege: Zensur, religiöse Verbote, geografische Hindernisse, Informationsgrenzen, ein mehr oder weniger wohlwollender Paternalismus oder dergleichen. Dank der Deregulierung des kognitiven Marktes finden Angebot und Nachfrage dagegen mit guten wie mit schlechten Folgen zusammen und zwingen uns zu einem realistischen Bild unserer selbst.

Mit guten Folgen, weil man es unmöglich für grundsätzlich schlecht halten kann, dass Angebot und Nachfrage zusammenfinden. Einerseits ist schon die Existenz eines Raumes für den Austausch zwischen den einzelnen Menschen eine unmittelbare Folge des sozialen Charakters unserer Spezies. Wir sind aufeinander angewiesen und genügen uns daher keineswegs selbst. Wenn das so wäre, gäbe es schlicht keine Nachfrage und damit auch kein Angebot, und ein Austausch fände gar nicht statt. Andererseits erfordert die wechselseitige Abhängigkeit eine Spezialisierung der Arbeit eines jeden von uns. Der Schreiner braucht den Schuster und umgekehrt. Schon die geringste Spezialisierung in einer Arbeit ebnet den Weg zu notwendigen Transaktionen, in denen sich bereits die Logiken des Marktes abzeichnen. Die Arbeitsteilung aber ist die notwendige, wenngleich noch nicht hinreichende Bedingung jeglichen Fortschritts.

Mit schlechten Folgen auch deshalb, weil die erleichterte Zusammenführung von Angebot und Nachfrage, wie wir gesehen haben, zu einem massiven Diebstahl unseres kostbaren Aufmerksamkeitsschatzes führt.

Es sei daran erinnert, dass diese Erleichterung einen gewaltigen Schub durch das Internet erhalten hat, ein Instrument, das es ermöglicht, zahlreiche Hindernisse zu überwinden. Insbesondere lassen sich damit Schwierigkeiten beheben, die den Wünschen aus der statistischen Seltenheit erwachsen. So nutzten Homosexuelle, um hier nur ein Beispiel zu nennen, früher als alle anderen die im Internet zu findenden Dating-Apps. Alle kennen Tinder, aber nicht alle wissen, dass diese Dating-App für Heterosexuelle erst seit 2012 existiert, während es Grindr, die entsprechende App für Homosexuelle, schon 2009 gab. Der Anteil der heterosexuellen Paare, die sich durch Vermittlung solcher Apps treffen, ist höher als der Anteil homosexueller Paare. Einer der offenkundigsten Gründe ist statistischer Natur: Es gibt weit mehr Heterosexuelle als Homosexuelle.[108] In einer sozial undifferenzierten Welt sind Verführungsbemühungen für Homosexuelle daher unsicherer und sogar riskanter als für Heterosexuelle. So waren denn alle Voraussetzungen gegeben, dass ein die Vermittlung von Angebot und Nachfrage erleichterndes Tool großen Erfolg bei diesen Bevölkerungsgruppen hatte.

Die Erleichterung des Ausgleichs zwischen Angebot und Nachfrage wird problematisch, wenn sie die Schaffung eines Marktes ermöglicht, dessen Güter mit moralischen Werten verbunden sind. Denn dadurch werden Dinge, die als heilig oder zumindest als nicht auf materielle Interessen reduzierbar gelten, in Waren verwandelt, also in etwas, das einen Preis hat. Das gilt etwa für die Gesundheit, für die Natur oder auch die Sexualität. Inzwischen gibt es Märkte für menschliche Organe, für Leihmutterschaften, für Blut, für genetische Ressourcen, für Erziehung, für seltene oder bedrohte Arten und dergleichen.

Diese Erleichterung begünstigt außerdem das Ausleben mancher Triebregungen, die schädlich für uns sein können. Schädlich, weil unser kostbarer Aufmerksamkeitsschatz dadurch für kurzzeitig lustvolle, sterile, stumpfsinnige Aktivitäten vergeudet wird, deren auffälligste Aspekte wir bereits betrachtet haben. Sexualität, Konflikthaftigkeit, Angst, kognitive

Unvollständigkeit, egozentrische Informationen sind gleichsam Zucker für unser Gehirn.

Der Zucker-Vergleich ist sehr aufschlussreich, denn wir wissen alle, wie schwer es ist, in manchen Situationen, zum Beispiel beim Fernsehen, einer kleinen süßen und/oder fettigen Versuchung zu widerstehen. Im Pleistozän zogen unsere fernen Vorfahren zweifellos Vorteile aus ihrer Disposition, Süßes zu verspeisen und so die verfügbaren biologischen Energiequellen rasch für die Anlage von Fettvorräten zu nutzen. Diese Disposition ist dagegen suboptimal in einer Gesellschaft, in der wir Zucker im industriellen Maßstab erzeugen können, und oft gefährdet sie auch unsere Gesundheit. Sie bildet die idealen Voraussetzungen für die Entstehung einer Gesellschaft von Übergewichtigen. Genau das geschah im Laufe des 20. Jahrhunderts und stellt heute eine der größten Gefahren für die Volksgesundheit dar. Nach Zahlen der Weltgesundheitsorganisation sterben inzwischen weniger Menschen an Hunger als an Überernährung. Der Anteil der Übergewichtigen hat sich seit den 1980er Jahren weltweit verdreifacht, und für die 2030er Jahre prognostiziert man, dass nahezu ein Viertel der Weltbevölkerung übergewichtig sein wird.[109] Übergewicht erhöht bekanntlich das Risiko von Herzerkrankungen und Diabetes und führt häufig zu einem vorzeitigen Tod.

Ich möchte hier keinesfalls moralisieren. Nichts scheint mir *per se* verwerflich zu sein am Ausleben solcher Triebregungen, und sie zu unterdrücken hieße nur, gewisse starke Merkmale zu verleugnen, die unsere Spezies ausmachen. Wir sind aber auch nicht verpflichtet, ihnen sklavisch nachzugeben. Da diese Aufmerksamkeitsfreuden tief in unserem Gehirn wurzeln, sind sie in psychische Belohnungskreisläufe eingebunden, die ihnen einen möglicherweise tödlichen Suchtcharakter verleihen können.

Die Belohnungskreisläufe wurden in den 1950er Jahren entdeckt, und zwar durch Zufall oder eher noch Serendipität – ein Ausdruck, der genau jene Entdeckungen bezeichnet, die man dank eines glücklichen Zufalls macht, obwohl man etwas ganz anderes suchte. Genau das geschah, als James Olds, der gerade seine Doktorarbeit bei Peter Milner in Montreal schrieb, bei einer Ratte ein unerwartetes Verhalten beobachtete. Das war 1952, und in der Dissertation ging es darum, die Funktionsweise des Gehirns besser zu verstehen, indem man Elektroden implantierte, um bestimmte Hirnregionen zu stimulieren. Er arbeitete an den für Wachsamkeit zuständigen Regionen im hinteren Bereich des Hypothalamus und versuchte, Ratten durch eine Stimulation mit der Elektrode dazu zu bewegen, bestimmte Stellen in einem Käfig zu meiden. Eine der Ratten kehrte allerdings ständig in die verbotene Zone zurück – und das trotz der Stromstöße, die sie eigentlich davon hätten abbringen sollen. Diese Ratte mied die elektrische Stimulierung nicht, sondern suchte sie. James Olds und Peter Milner gingen der Sache nach und veröffentlichten ihre Ergebnisse in einem Artikel, der um die Welt ging. Die Elektrode war an der falschen Stelle eingepflanzt worden.[110] Das Missgeschick des Doktoranden führte zu der Entdeckung, dass die Septumregion einen Teil des Lustkreislaufs steuert. Anders gesagt, die Ratte kehrte deshalb immer wieder zu der verbotenen Stelle im Käfig zurück, weil die Stimulierung, die sie davon abhalten sollte, sie in Wirklichkeit dazu ermunterte. Um das zu bestätigen, pflanzten Olds und Milner weiteren Ratten Elektroden ein und setzten sie in einen Käfig, in dem sie diese Hirnregion selbst stimulieren konnten, indem sie auf einen Hebel drückten. Die Ergebnisse waren frappierend und demonstrierten die Macht der Sucht. Die Ratten begannen wie wild auf den Hebel zu drücken und stimulierten teilweise mehr als 100 Mal pro Minute diesen Bereich des Gehirns. Sie taten es sogar dann noch, als die Stromstöße so stark wurden, dass sie in Ohnmacht fielen. Sie wollten auch kaum noch schlafen, sondern versanken allenfalls in einem sehr kurzen Schlaf, um dann weiter auf den Hebel zu drücken. Am Ende fraßen sie nicht einmal mehr.

Es ist keineswegs übertrieben, wenn man sagt, dass diese Lustkreisläufe durchaus tödlich sein können. Und was für Ratten gilt, das gilt auch für Menschen. Tatsächlich kann unser kurzfristiges Belohnungssystem rasch von unserem Denken Besitz ergreifen. Der Ausdruck ist etwas stark, aber es gibt eine sehr konkrete physiologische Übersetzung: Die Dopaminausschüttung, die Lustempfindungen kurzfristig begleitet, verleiht den hinteren Hirnregionen (wie der Amygdala oder dem Hippocampus) einen entscheidenden Vorteil gegenüber dem präfrontalen Cortex, der langfristige Präferenzen steuert und gegen einige unserer maßlosen Neigungen ankämpft. Dieser Kampf zwischen gieriger Kurzsichtigkeit und unserer Fähigkeit zur Abwägung findet mitten in unserem Gehirn statt, im *Nucleus accumbens*, einem Kerngebiet im unteren Vorderhirn. Dieser Bereich spielt eine wichtige Rolle in unserem Belohnungssystem und bei allen Formen von Gewöhnung. Wenn der Dopaminspiegel im *Nucleus accumbens* dauerhaft erhöht ist, zum Beispiel wegen wiederholter Stimulierung durch angenehme oder lustvolle Ereignisse, verstärken sich die Nervenverbindungen zum Hippocampus und es kommt zu einem Teufelskreis, der einer Sucht gleichkommt.

Beim Menschen verbindet sich der Belohnungskreislauf mit ganz unterschiedlichen Lustquellen: dem Konsum von Drogen oder Nahrung, dem Hören eines Musikstücks oder auch der Bewertung eines Inhalts in den sozialen Netzwerken. Diese Kreisläufe reagieren nicht nur auf aktuelle Belohnungen, sie sind auch empfindlich für die Wahrscheinlichkeit oder das Versprechen einer Belohnung. Je näher diese Belohnungen kommen oder je wahrscheinlicher sie erscheinen, desto stärker werden die Aktivitäten der dopaminausschüttenden Netze.[111] Eine neuropharmakologische Studie hat sogar ergeben, dass das Gehirn von Kokainabhängigen schon dann Dopamin ausschüttet, wenn man ihnen Bilder oder Videos der Orte zeigt, an denen sie sich ihre Droge beschaffen.[112]

Wie wir gesehen haben, versucht ein Teil des kognitiven Marktes, tief in unserem Gehirn wurzelnde Erwartungen zu stimulieren, und nutzt dabei vor allem die Netzwerke der Dopaminausschüttung.[113] In einem Buch mit dem Titel *Brainwashed: Wie die Lebensmittelindustrie unser Glücksempfinden verändert*, dem auf der anderen Seite des Atlantiks durchaus eine gewisse Beachtung zuteilwurde, macht der US-amerikanische Endokrinologe Robert Lustig einen deutlichen Unterschied zwischen der Erforschung der Lust und der Erforschung des Glücks. Die Lust basiert unmittelbar auf der Produktion von Dopamin, das Glück dagegen auf der Ausschüttung von Serotonin, das für dauerhaftere Empfindungen sorgt. Auch auf chemischer Ebene besteht daher ein Unterschied zwischen Lust- und Glücksforschung. Wie Lustig darlegt, ist Dopamin ein Neurotransmitter, der die Nervenzellen anregt. Dabei zeigt sich, dass die Erregbarkeitsschwelle der Nervenzellen durch deren Erregung angehoben wird. Das heißt, um denselben Effekt zu erzielen, ist immer mehr Dopamin erforderlich. Und dasselbe gilt für Suchtphänomene. Der Professor an der University of California betont, dass dieser Prozess möglicherweise auch für unser Verhältnis zu Alkohol, Sex oder den sozialen Netzwerken bedeutsam ist.

Zahlreiche Angebote und Reize in unserer sozialen Umwelt wenden sich an das Streben unseres Gehirns nach kurzfristiger Lustbefriedigung. Ähnlich den Ratten in Olds' und Milners Experiment neigen wir angeblich dazu, wie wild auf den Dopaminhebel zu drücken. Viele Marketing- und Werbeleute möchten, dass wir Lust mit Glück verwechseln. Anders als die Ratten verfügen wir über ausreichend metakognitive Ressourcen, um zu erkennen, dass wir in Suchtschleifen gefangen sind und darunter leiden, aber nicht immer auch über ausreichend mentale Ressourcen, um uns daraus zu befreien.

Es sei daran erinnert, dass die fünf großen Technologiekonzerne, die das Internet beherrschen und gelegentlich GAFAM genannt werden, diese Suchtschleifen ganz bewusst ausnutzen. Im Juni 2019 beschrieb Tristan Harris, der früher als Entwickler bei Google gearbeitet hatte, vor einem US-amerikanischen Senatsausschuss detailliert die kognitiven Taktiken, die diese Netzgiganten einsetzen, um die Aufmerksamkeit der Menschen zu stehlen: Stimulierung der dopaminausschüttenden Systeme (durch Likes und diverse Benachrichtigungen); Aneinanderreihung von Videos, die, falls sie nicht alle angeschaut werden, ein Gefühl kognitiver Unvollständigkeit auslösen; Anreize zum endlosen Scrollen durch den News Feed; Appelle an die Angst, eine wichtige Information zu verpassen … Man tut alles, um uns dazu zu verleiten, vollkommen bedeutungslose Dinge oder Kleinigkeiten für ein Ereignis zu halten.[114] Die Tricks, die darauf abzielen, die großen Invarianten unseres kognitiven Systems zu instrumentalisieren, werden unter der beunruhigenden Bezeichnung *dark patterns* (dunkle Muster) zusammengefasst. Diese Manipulationstechniken sind allerdings nicht allzu dunkel, denn inzwischen kennt sie fast jeder. Ein Unternehmen mit dem vielsagenden Namen Dopamine Labs verkauft App-Entwicklern ein Tool mit dem Versprechen, damit das Engagement der Nutzer um 30 Prozent erhöhen zu können, und zwar durch die Verabreichung von «Dopamin-Shots».[115]

Man könnte hier machiavellistische Motive unterstellen, doch in Wirklichkeit geht es meist ausschließlich um ökonomische Ziele. Diese Unternehmen möchten Aufmerksamkeitszeit in Geld verwandeln. Jedes Mittel ist ihnen recht (solange sie nicht verboten sind), um die kostbare verfügbare Gehirnzeit abzugreifen. Die Plattformen stellen sich unablässig neu auf unser Verhalten und die Spuren ein, die wir in der digitalen Welt hinterlassen. Diese Anpassung erzeugt eine Zufriedenheit, die an zentrale Aspekte unserer kognitiven Ausstattung anknüpft und uns zu einer ständigen Vertiefung der digitalen Furchen drängt, die uns am Ende einschließen.

Durch die Erleichterung des Ausgleichs zwischen Angebot und Nachfrage enthüllt die Deregulierung des kognitiven Marktes wie eine Flamme die mit unsichtbarer Tinte gezeichneten Grundzüge des Menschen, wie er wirklich ist. Der Mensch ist keineswegs *nur* das, aber er könnte es «statistisch» werden, wenn wir uns nicht klarmachen, dass die Verwendung unseres Aufmerksamkeitsschatzes eine politische Frage von überragender Bedeutung darstellt. Sofern wir uns nicht einem deterministischen Fatalismus hingeben wollen, sind im Menschen doch zahlreiche Möglichkeiten angelegt, jene, von denen Jean Perrin träumte, und jene, vor denen die Gefräßigkeit unseres Gehirns Angst macht. Das Spiel ist noch nicht entschieden, aber die Würfel sind gezinkt.

Die Gefahr, die unserem gemeinsamen Schicksal droht, gründet nicht nur in diesem Hunger nach Dopamin und kurzfristiger Befriedigung. Unsere Gehirnzeit wird ständig durch unfruchtbare Verlockungen abgelenkt, die zudem noch die Tendenz haben, unsere Welt in einer Weise für unser Verständnis aufzubereiten, die nicht immer in Richtung der Rationalität geht, wie unsere Vorfahren sie sich vorstellten.

Die Aufbereitung der Welt

Im Dezember 2014 wagte die russische Informationswebsite CityReporter ein kühnes Experiment. Der Chefredakteur Viktor Nekrassov erklärte, es sei an der Zeit, die positive Seite der Information zu sehen. Die Menschen hätten es satt, dass man ihnen immer nur schlechte Nachrichten biete. Man müsse nun beweisen, dass es möglich sei, ein tägliches Informationstableau zu liefern, das nur positive Nachrichten enthalte. Es stimmt natürlich, dass Journalisten eher von Zügen berichten, die mit Verspätung eintreffen, als von solchen, die pünktlich ankommen. Die Website bot daher eine Sonderausgabe an, in der sich nur erfreuliche Nachrichten fanden: «Der Bau der unterirdischen Passage wird zum Siegesfest abgeschlossen sein.» Oder auch: «Trotz des Schnees gibt es keine Meldungen über Verkehrsstörungen.» Die Folge dieser schönen Initiative war, dass die Website an diesem Tag 70 Prozent ihrer Leser verlor. Schon am nächsten Tag kehrte die digitale Tageszeitung zu einer klügeren Aufmerksamkeitsökonomie und einer Fülle beängstigender Nachrichten zurück. Viktor Nekrassov schrieb auf seiner Facebook-Seite bitter über dieses misslungene Experiment: «Wir haben in den Nachrichten des Tages nach Positivem gesucht und es, wie wir glauben, auch gefunden. Aber man könnte sagen, dass niemand ein Bedürfnis danach hat. Genau das ist das Problem.» Der fürchterliche Schluss, dem wir uns stellen müssen, lautet, dass gute Nachrichten niemanden interessieren.

Diese Initiative basierte nicht auf einer realistischen Anthropologie. Die Forschungsergebnisse zu diesem Thema sind eindeutig: Eine negative Information erregt mehr Aufmerksamkeit als eine positive und bleibt besser in Erinnerung. Negative Stereotype besitzen eine höhere Resistenz gegen eine Widerlegung als positive und setzen sich leichter in den Köpfen der Menschen fest.[116]

Unter Wettbewerbsbedingungen passt sich das Informationsangebot natürlich unseren Vorlieben an: Die Logik des Marktes enthüllt die invarianten Neigungen unseres Geistes. In ihrer Ausbildung lernen Journalisten, dass nur verspätete Züge interessant sind, denn das Negative, das leicht unsere Aufmerksamkeit erregt, ist oft mit der Vorstellung verbunden, dass da ein Ereignis stattfindet. Zu den Aufgaben der Informationsanbieter gehört es, die Tatsachen so aufzubereiten, dass sie unsere verfügbare Gehirnzeit auf sich zu ziehen vermögen. Der Neurowissenschaftler Jean-Philippe Lachaux schreibt dazu:

> Das Belohnungssystem reagiert positiv auf Neuheit und Information. Wir können uns daher vorstellen, dass es hinter der ständigen Informationssuche eine treibende Kraft gibt, deren Belohnungen dank Videospiel, Handy, Internet usw. in greifbarer Nähe liegen. In all diesen virtuellen Welten bietet sich Ihnen eine Neuheitsdynamik, die weitaus schneller ist als in der realen Welt. Daher kann es nicht erstaunen, dass diese Welt dem Belohnungssystem sehr gut gefällt und dass es den Mangel an Verlockungen, der unsere weitaus statischere und weniger von Veränderungen geprägte reale Welt auszeichnet, ein wenig enttäuschend findet.[117]

Ein Teil der Welt wird folglich so aufbereitet, dass die Illusion entsteht, es gäbe ständig neue Ereignisse. Die Elemente, die den Cocktailparty-Effekt kennzeichnen, bilden eine gute Annäherung an die kognitiven Köder, die im Meer der Informationen für uns ausgelegt werden. Um uns dauerhaft gefangen zu halten, ist schon mehr erforderlich als bloße Informationsschleifen – selbst wenn sie Suchtcharakter besitzen. Es ist notwendig, dass Erzählungen entstehen und sich diese Erzählungen mit unseren vorherigen Vorstellungen von der Welt kreuzen oder sogar an deren Stelle treten. Diesen Prozess bezeichne ich als Aufbereitung der Welt.

Die Aufbereitung ist in Wirklichkeit unvermeidlich. Zur Erklärung erlaube man mir eine kurze Abschweifung in das Denken Max Webers. Der große deutsche Soziologe hielt den Objektivismus für eine naive Weltsicht. Wir können die Dinge gar nicht objektiv erkennen, weil jeder Diskurs über das Reale unausweichlich zu einer vereinfachenden Sicht führt. Wir können ein Phänomen, so anekdotenhaft und begrenzt es auch sein mag, nur verstehen, wenn wir es einer geistigen Operation unterziehen, die zu einer Verarmung seiner unendlichen Komplexität führt.

Nehmen wir zum Beispiel an, ich bitte jemanden, ein banales Objekt, etwa eine Orange, so objektiv wie möglich zu beschreiben. Vielleicht beginnt er mit der Feststellung, es handele sich um ein annähernd kugelförmiges Objekt mit einer orangefarbenen, großporigen Schale, und beschreibt dann näherungsweise dessen Größe oder nennt die vorliegende Sorte. Wahrscheinlich wird er sich weitgehend darauf beschränken.

Dieser Beschreibung könnte man zahlreiche Mängel vorwerfen. Zunächst einmal sagt sie nichts über Art, Anzahl und Lage der winzigen Einkerbungen, die das Bild der Orangenschale prägen. Diese Einkerbungen sind äußerst zahlreich und schwindelerregend vielgestaltig, wenn man sich ihnen auf mikroskopischer Ebene nähert. Desgleichen sagt sie nichts über den inneren Aufbau dieser Orange, ihre Schale, die Geometrie der Abteilungen. Der innere Aufbau könnte Anlass zu einer tiefergehenden Beschreibung geben, wenn man bedenkt, dass die Komplexität der Materie mit der Annäherung ans unendlich Kleine zunimmt. Und schließlich könnte man einwenden, dass sich diese Beschreibung allein an die visuelle Wahrnehmung wendet, die 80 Prozent der Sinnesdaten des menschlichen Gehirns ausmacht. Die Orange könnte auch zu ganz anderen Beschreibungen anregen, die etwa in den Vordergrund stellten, wie sie duftet und wie sie sich anfühlt. Jede dieser zusätzlichen Beschreibungen wäre aus der Perspektive objektiver Vollständigkeit ebenso entmutigend wie die ausschließlich visuelle.

Niemand dächte ernsthaft daran, jemandem, der sich eine Beschreibung dieser Orange vornähme, solche Vorwürfe zu machen. Wir alle wissen im Stillen, dass ein Mensch die so definierte Aufgabe gar nicht erfüllen kann. Die ganz spezielle Ebene, die für die materielle Realität dieser Orange konstitutiv ist, vereitelt auf ebenso spezielle Weise das Projekt einer objektiven Beschreibung, weil sie den Einzelnen mit einer intensiven Unendlichkeit konfrontiert, die tausendfach variiert, noch bevor auch nur der erste Satz dieser Beschreibung konzipiert ist. Der menschliche Geist ist endlich und hat es mit dem unendlichen Charakter jeglichen Teils der Realität zu tun. Was für eine Orange gilt, das gilt erst recht für ein noch komplexeres historisches oder soziologisches Phänomen und für jedes Nachrichtenthema. Hier haben wir eine der Grundlagen der Epistemologie Max Webers. Dieser Klassiker der Soziologie war dennoch kein Relativist. Er glaubte vielmehr an die Möglichkeit wissenschaftlicher Aussagen, die sich vom bloßen Glauben des gemeinen Menschenverstandes unterscheiden, doch er bezweifelte die Möglichkeit reiner Objektivität.

Anders gesagt, für Weber basiert die Erkenntnis des Singulären notwendig auf einer vorgängigen Kultur. Und jeder Diskurs, jede Reflexion über die Realität ist zwar nicht automatisch falsch, wohl aber eine Entstellung. Da die Realität nach Umfang und Inhalt unendlich ist, kann es eine voraussetzungsfreie Erkenntnis nicht geben. Diese Voraussetzungen beeinträchtigen vielleicht die Objektivität der Erkenntnis, aber immerhin wird sie dadurch möglich, denn was wir von der Welt verstehen können, das wird uns durch eine vorgängige Darstellung suggeriert.

Das heißt indessen nicht, dass alle Beschreibungen der Welt gleichwertig wären – das liefe auf einen intellektuellen Relativismus hinaus, den Weber bekämpft hätte. Zum besseren Verständnis sei hier auf das Bild des unendlichen Horizonts verwiesen. Der steht für die reine, objektive Erkenntnis, doch das bedeutet nicht, dass man sich, um ihn zu erreichen, nicht mittels der wissenschaftlichen Methode vom Ufer der reinen Subjektivität entfernen dürfte. Wenn man also die Realität niemals derart vollständig darzustellen vermag, dass diese Darstellung an deren Stelle treten könnte, so folgt daraus nicht, dass alle Darstellungen hinsichtlich ihrer deskriptiven Qualität gleich gut oder schlecht wären. So kann die Behauptung, dass die Erde rund sei, zwar nicht als wahr gelten (denn es bräuchte unendliche Zeit, um alle Vertiefungen, Erhebungen, Unregelmäßigkeiten an der Oberfläche unseres Planeten mit einer Genauigkeit von einem Mikron in einem mathematischen Modell zu beschreiben), aber sie wäre eine sehr viel bessere Beschreibung als die These, die Erde sei flach. Wer auf einen naiven Objektivismus verzichtet, ist damit also noch längst kein Relativist.

Die Welt aufbereiten heißt also, die Aufmerksamkeit eher auf dieses als auf jenes Element zu konzentrieren und eine Reihenfolge in deren Bedeutung einzuführen. Solche Elemente miteinander zu verknüpfen, ihnen einen narrativen Sinn zu geben und sie schließlich in den Kategorien des Guten und des Schlechten zu interpretieren, stellt eine unvermeidliche Dimension jedes Diskurses über die Welt dar.

Lange Zeit wurde diese Aufbereitung von der religiösen oder der politischen Welt und von jenen Leuten geleistet, die in der Kommunikationstheorie als *Gatekeeper* (Türhüter) bezeichnet werden: Journalisten, Akademiker, Gewerkschafter oder andere, die als berechtigt galten, das Wort zu ergreifen. Damals war der kognitive Markt vertikal aufgebaut. Das Angebot wurde im Blick auf diverse normative Erwägungen gesteuert. Haben die Leute ein Anrecht, dies oder das zu erfahren? Wäre es gefährlich, ihnen dieses oder jenes zu sagen? Darf man ihnen erlauben, bestimmte Dinge auszusprechen? Das waren einige der Fragen, die man sich bei der Regulierung des kognitiven Marktes stellte. Solche Regulierungsformen sind zwar nicht gänzlich verschwunden, aber heute orientiert sich die Aufbereitung der Welt stärker an den Mechanismen der Deregulierung des kognitiven Marktes. Das Angebot greift insbesondere unter Bedingungen eines extremen Wettbewerbs gerne auf Darstellungen zurück, die zum Beispiel Angst oder Empörung auslösen. Anders gesagt, das Angebot richtet sich an der unterstellten Nachfrage aus.

Das gilt umso mehr, als ein beträchtlicher Teil der Werbeausgaben von den herkömmlichen Medien zu den großen Akteuren im Internet abgewandert ist. In den USA flossen 2016 insgesamt 85 Prozent der Werbeeinnahmen an Google und Facebook. Innerhalb eines Jahrzehnts verloren die traditionellen Zeitschriften die Hälfte der vielen Milliarden Dollar, die sie alljährlich durch Werbung eingenommen hatten, während Google diese Einnahmen verfünfzigfachte. Eine direkte Folge war ein gewaltiger Stellenabbau im Bereich der Presse. Nach Angaben des US-amerikanischen Arbeitsministeriums sank die Zahl der Printjournalisten in den USA von 71 000 im Jahr 2008 auf 39 000 im Jahr 2017 – ein Rückgang um 45 Prozent. Den Radiojournalisten erging es kaum besser, ihre Zahl sank im selben Zeitraum um 30 Prozent.

Angesichts dieser Zahlen wird man kaum annehmen dürfen, dass die Qualität der Information und ihrer Aufbereitung sich verbessert hätte (wenngleich sich das nur schwer beweisen ließe). Auch die herkömmlichen Medien entwickeln inzwischen in beträchtlichem Maße eine Kultur der Klicks, um überhaupt überleben zu können. Wie schon angemerkt, publizieren sie zuweilen sogar ein und denselben Artikel unter verschiedenen Überschriften, um dem gewaltigen Selektionsdruck auf dem kognitiven Markt standzuhalten. Man testet mehrere Formulierungen und beobachtet, welche das größte Publikum anspricht. Auch hier wählt die Nachfrage wieder einen Teil des Angebots aus.[118] Diese Logik unterscheidet sich nicht von jener, die Magazine von jeher dazu veranlasste, die Thematik ihrer Umschläge im Blick auf die Verkaufszahlen zu testen. Das Cover ist eindeutig ein wichtiges strategisches Instrument für Publikationen, die Aufmerksamkeit zu erregen versuchen. Solch ein Stochern im Nebel hat über die Jahre die Möglichkeit geschaffen, den Erfolg bestimmter Themen vorherzusehen, die dann auch mit nahezu zwangsläufiger Regelmäßigkeit wiederkehren. Und wenn ein Magazin auf solch eine Goldader stößt (Weinführer, Immobilienpreise ...), wird es schon bald von allen anderen kopiert.

Das beweist, dass Konkurrenz nicht notwendig auch für Vielfalt sorgt, und dies trotz der unterschiedlichen redaktionellen Ausrichtungen in der Welt der Medien (wobei fehlende Konkurrenz wahrscheinlich noch weniger Vielfalt zur Folge hätte). Redaktionelle Anpassungen konnten in der Zeit vor 2000 viele Monate des Experimentierens in Anspruch nehmen. Heute werden sie nahezu in Echtzeit vorgenommen. Die Verstärkung des Konkurrenzdrucks in der digitalen Welt hat diese Situation noch verschärft: 64 Prozent der im Internet zu findenden Artikel kopieren zumindest teilweise (und oft *in extenso*) bereits publizierte Artikel.[119]

Wenn es ein Versprechen gibt, das das Internet nicht gehalten hat, dann das einer qualitativen Erweiterung des Angebots mit wachsender Nachfrage nach Information. Wenn man die statistisch relevanten Veränderungen des Informationsaustauschs beobachtet, stellt man fest, dass der kognitive Markt von kurzen, plötzlichen und gewaltigen Ausschlägen in der Aufmerksamkeit geprägt ist.[120] Diese kurzzeitige Konzentration der Aufmerksamkeit wird gelegentlich auch als *Buzz* bezeichnet. Das Phänomen wird besonders deutlich, wenn man in großem Maßstab beobachtet, wie unsere kollektive Aufmerksamkeit auf eine Story gelenkt wird, die für einen kurzen Augenblick die Nachrichten beherrscht, um dann einer anderen Story zu weichen, die gleichfalls keine größere Lebenserwartung besitzt. Drei Informatiker analysierten für einen Zeitraum von drei Monaten insgesamt 90 Millionen Artikel und Beiträge auf den Websites bekannter Medienunternehmen und Blogs.[121] Ihre Analyse der Lebenszyklen von Nachrichten zeigt, wie heftig die Konkurrenz im Kampf um die Aufmerksamkeit tobt und wie flüchtig die kollektive Aufmerksamkeit für ein Thema ist – sie hält maximal ein paar Tage an. Ihr Modell bestätigt auch die gigantische Zunahme der Quellen (1,6 Millionen) und die Übereinstimmung der Themen. Die Steigerung der Informationsverbreitung hat daher die Phänomene einer Homogenisierung nicht zum Verschwinden gebracht.

Das ist wichtig, weil dies nicht nur zu den Hoffnungen von Gründern der digitalen Utopie wie John Perry Barlow gehörte, sondern auch einen wichtigen Aspekt einer Welt darstellt, in der es zahlreiche Sichtweisen gibt. Sie hatten nicht bedacht, dass solche Diversität im Widerspruch zur Natur ebenjener Gehirne steht, die dieses Internet nutzen. Die Homogenität in der Aufbereitung der Welt resultiert tatsächlich gleichfalls aus der Tatsache, dass wir gewisse Vorlieben haben und in den von uns besuchten digitalen Welten oft eine Art intellektuellen Behagens suchen. In *La Démocratie des crédules* habe ich dargelegt, wie stark die Neigung ist, nach Informationen zu suchen, die unsere Erwartungen bestätigen. Da alle Tools einschließlich der Suchmaschinen darauf ausgerichtet sind, dass unsere Nachfrage möglichst leicht ein entsprechendes Angebot findet, schaffen wir uns in diesem Informationsmeer nach und nach eine kognitive Insel.

Diese Insel, die wir um uns herum anlegen, wird auch als «Echokammer» bezeichnet – nach dem Vorbild akustischer Echokammern mit ihren endlos wiederholten Tönen. In ganz ähnlicher Weise werden in den digitalen Echokammern Ideen verstärkt, ohne dass Argumente oder Quellen infrage gestellt würden. Intellektuelle oder geschmackliche Diversität ist dort selten zu finden. Im Gegenteil, entgegengesetzte Auffassungen werden aus der Echokammer vertrieben. Das kann durch unser eigenes Tun geschehen: Wir lesen nur solche Informationsquellen, die uns nützlich erscheinen (das heißt, die in der Regel ähnliche Auffassungen vertreten wie wir), und meiden Quellen, die wir für zweifelhaft halten (oft, weil sie Ansichten vertreten, die unseren eigenen widersprechen). Wir können aus der Liste unserer Freunde, Follower oder Kontakte auch all jene streichen, die uns widersprechen oder uns unbequeme Fragen stellen. Diese Tendenz zur Bestätigung der eigenen Ansichten wird noch von den Algorithmen verstärkt, die unsere Wahlentscheidungen in diesem Informationsmeer lenken: 75 Prozent der bei Netflix angeschauten Inhalte gehen auf personalisierte Empfehlungen dieser Plattform zurück. Auf YouTube werden täglich Videos mit einer Gesamtlänge von einer Milliarde Stunden angeschaut – und 70 Prozent gehen hier auf Empfehlungen der Website zurück. Mit anderen Worten, dieses Universum, das uns unendlich erscheint, ist in Wirklichkeit stark von den Spuren geprägt, die wir selbst dort hinterlassen haben. So werden wir auf statistischem Wege in eine Welt eingeschlossen, die große Ähnlichkeit mit dem besitzt, was wir lieben, glauben und denken.

Hier kommt es zu einer Allianz zwischen der von uralten Mustern geprägten Funktionsweise unseres Gehirns und dem hypermodernen Charakter des kognitiven Marktes. Die Plattformen versuchen, gegen diese Phänomene der Echokammer anzukämpfen, doch die geistige Selbstabschottung braucht angesichts der in den sozialen Netzwerken herrschenden Mechanismen nur sehr wenig, um sich rasch wieder durchzusetzen. Außerdem ist diese Erscheinung höchstwahrscheinlich unvermeidlich und irreversibel, wie die Arbeiten der sozialwissenschaftlichen Informatik zeigen.[122]

Diese digitale Abschottung bleibt nicht ohne Einfluss auf das reale Leben, vor allem weil die Spuren, die wir in der digitalen Welt hinterlassen, die Tendenz zu einer Homogenisierung der uns unterbreiteten kommerziellen Empfehlungen verstärken. Es ist leicht, sich über die Unbeholfenheit der uns in den sozialen Netzwerken dargebotenen Werbung lustig zu machen. Wir täuschten uns jedoch, wenn mir meinten, sie hätte keinerlei Wirkung auf uns. Eine breit angelegte Studie mit mehr als drei Millionen Teilnehmenden, die in der angesehenen wissenschaftlichen Fachzeitschrift *Proceedings of the National Academy of Sciences* (PNAS) publiziert wurde, hat gezeigt, dass die Personalisierung der Werbung durchaus unser Verhalten beeinflusst und nicht nur Klicks, sondern auch Kaufentscheidungen auslöst.[123]

Das ist nicht sonderlich erstaunlich, doch wir müssen auch bedenken, dass die breit gestreute psychologische Überredung umso wirkungsvoller wird, je mehr sie unseren Geschmack und unsere Vorlieben berücksichtigt, wie sie aus den Spuren gelesen werden können, die wir in der digitalen Welt hinterlassen. Eine Zielgenauigkeit, von der die Werbeleute der Vergangenheit nur träumen konnten. All das trägt zu einer Selbstaufbereitung unserer mentalen Welt bei, zumal wir selbst inzwischen, ein jeder auf seinem Niveau, zu Mikromedien geworden sind.

Wer einen Account bei Facebook, Twitter oder anderen Plattformen besitzt, kann sich an der Aufbereitung der Welt beteiligen. Nicht alle nutzen diese Möglichkeit, aber einige tun es, um ihre Ansichten zu Politik, Ökologie oder Ökonomie kundzutun. Man empört sich oder man spendet Beifall. Unsere Eingriffe steigern die soziale Sichtbarkeit dieser Tatsache oder jener Meinung. Auf diese Weise kommt auch die Informationskakophonie zustande. Aber erzeugen all diese Meinungsäußerungen nicht wenigstens die von den Utopisten der digitalen Welt prophezeite Vielfalt? Nicht wirklich, denn wie jeder «Anbieter» von Informationen behält auch der Inhaber eines Accounts in einem sozialen Netzwerk stets ein Auge auf die Rezeption seiner Nachricht: Likes, Retweets usw. Die digitale Technologie gibt ihm ein Instrument zur Beobachtung seines Publikums an die Hand, das einen Einfluss auf seine Art der Weltaufbereitung ausübt. Da er mehr oder weniger bewusst die Kriterien für den Erfolg seiner Nachrichten berücksichtigt, tendieren diese Nachrichten zu einer Uniformisierung, wie sie bei jedem Angebot zu finden ist, das seine Nachfrage sucht. Das absehbare Ergebnis dieser Antizipationsmechanismen besteht darin, dass die viralsten Witze einander ebenso gleichen wie die am häufigsten angeschauten Fotos bei Instagram. Auf dem kognitiven Markt ist das Streben nach Erfolg im Sinne von Sichtbarkeit eine starke, die Uniformisierung vorantreibende Kraft.

Wir sind also oft die bereitwilligen Opfer des 1975 von dem Ökonomen Charles Goodhart formulierten Gesetzes, wonach ein Maß, das zu einer Zielgröße wird, kein gutes Maß mehr ist. Wenn man zum Beispiel die Qualität der Lehrenden an den guten Noten der Lernenden misst, werden die Lehrenden mit der Zeit zu einer allzu großzügigen Benotung neigen. Aus ähnlichen Gründen ist es möglich, dass die digitalen Bewertungen, die ja dem Bewerteten Befriedigung verschaffen (eine Befriedigung, die, wie wir gesehen haben, in Gestalt einer Dopaminausschüttung erfolgen kann), am Ende um ihrer selbst willen angestrebt werden.

Wir haben indessen auch gesehen, dass Neuheit ein Faktor sein kann, der unsere Aufmerksamkeit erregt. Unter diesen Bedingungen reproduziert der kognitive Markt Zyklen des Konformismus und des Aufkommens von Neuem, wie wir sie in allen Erscheinungen der Welt beobachten. Nicht geheimnisvolle und mächtige gesellschaftliche Kräfte lenken das Verhalten der Individuen, wie man in der naiven Soziologie glaubt; vielmehr erzeugen Mikroantizipationen unbeabsichtigte, aber vorhersehbare kollektive Effekte.

Messsysteme für Beliebtheit entstehen gegenwärtig für eine Vielzahl kultureller Erzeugnisse (Filme, Bücher …) oder Dienstleistungen (Restaurants, Ärzte, Urlaubsorte …), und Forscher konnten – wenig überraschend – herausfinden, dass solche Bewertungen vor allem dann Bedeutung erlangen, wenn die betreffenden Kulturgüter den Probanden unbekannt sind.[124] Im Zweifel folgen wir den Meinungen der anderen. Es geht nicht darum, diesen Prozess als eine Form irrationalen Herdenverhaltens abzutun; vielmehr gilt es, zu erkennen, dass er als Taktik gegen Unsicherheit dahin tendiert, die Sichtbarkeit bereits sehr sichtbarer Phänomene noch weiter zu erhöhen. Die Prozesse der Koordinierung unserer mentalen Verfügbarkeit fließen hier zusammen und erzeugen das Gefühl, dass wir unsere Wahlentscheidungen autonom träfen.

Die Folgen dieser Situation lassen sich bislang kaum erkennen, sind aber dennoch Vorboten der kognitiven Apokalypse, die unserer Spezies einen Spiegel vorhält. Eine der zentralen Fragen lautet, ob wir uns diesem Spiegelbild stellen werden. Eine weitere, ob wir unser Handeln so auszurichten vermögen, dass uns die vielfältigen narrativen Wege, die auf dem kognitiven Markt angeboten werden, von einem vernünftigen Gebrauch des kostbarsten Schatzes der Menschheit abbringen. Denn es gibt immer weniger professionelle und dafür immer mehr nichtprofessionelle Informationsaufbereiter. Solch eine Überfülle der Standpunkte und Weltsichten sorgt auf dem kognitiven Markt für einen übermäßigen Konkurrenzdruck. Eine direkte Folge ist die Verschlechterung der Qualität der Information: einerseits, weil diese Konkurrenz die Zeit für die Verifizierung der Information verringert; andererseits, weil die Vereinnahmung unserer Aufmerksamkeit, die ein begrenztes Gut darstellt, heute nicht an der Qualität der Information ausgerichtet ist, sondern an der durch die kognitiven Effekte erzeugten mentalen Befriedigung.

Zu diesem Schluss gelangen auf einem anderen Wege – einer auf empirischen Daten basierenden Modellierung – mehrere Studien auf dem Gebiet der sozialwissenschaftlichen Informatik.[125] Wir müssen eines klar sehen: Beliebtheit und Qualität einer Idee sind zwei Merkmale, die nicht notwendig im selben Sinne variieren. Das ist keine sonderlich gute Nachricht für die menschlichen Gesellschaften und widerspricht manchen allzu optimistischen Erklärungen der großen Begründer der modernen Demokratien, insbesondere der eines der Autoren der amerikanischen Unabhängigkeitserklärung, Thomas Jefferson, der 1785 in seinen *Notes on the State of Virginia* schrieb: «Nur der Irrtum braucht die Macht des Staates. Die Wahrheit setzt sich von allein durch.»

Dieser Satz wird oft zitiert, nicht zuletzt als Motto für John Perry Barlows *Unabhängigkeitserklärung des Cyberspace* von 1996, aus der noch die ganzen Hoffnungen dieser neuen Informationstechnologie in den Zeiten ihrer Anfänge sprachen.[126] Diesen Hoffnungen ist indessen die harte Lektion der Wirklichkeit entgegenzuhalten: Nein, die Wahrheit setzt sich nicht von allein durch. Und das sind die Gründe.

Die Wahrheit setzt sich nicht von allein durch

Im April 2020, mitten in der weltweiten Covid-19-Pandemie, meinten einige Briten, sie müssten unbedingt 5G-Sendemasten in Brand setzen. Solche Straftaten verzeichnete man in Birmingham, in Melling oder auch in Liverpool. Es folgten weitere im übrigen Großbritannien, in Belgien, auf Zypern, in Neuseeland und in den Niederlanden. Nahezu 70 Masten wurden zerstört oder beschädigt; hinzu kamen weitere 24 Angriffe auf Beschäftigte, die sich am Aufbau dieser Mobilfunktechnologe beteiligten. All das war kein Zufall, sondern eine Folge der Verbreitung einer Verschwörungstheorie. Diese Antennen sorgten angeblich (irgendwie) für die Ausbreitung des Virus oder schwächten das Immunsystem der Anwohner. Andere Theorien behaupteten, das Virus existiere gar nicht, sondern sei von den Medien erfunden worden, um die von den Mobilfunkmasten ausgehende Gesundheitsgefährdung zu kaschieren. Wieder andere behaupteten sogar, der Applaus für die Beschäftigten im Gesundheitswesen sei staatlicherseits organisiert worden, um die bei den Tests der Antennen erzeugten Geräusche zu überdecken. All diese paranoiden Fantasien entwickelten sich innerhalb weniger Wochen.

Wie so oft bei solchen verrückten Theorien, kamen sie erstmals in radikalen Gruppen auf, insbesondere bei radikalen Impfgegnern. Dank der durch die Deregulierung des kognitiven Marktes geschaffenen Informationsdurchlässigkeit breiteten sie sich von dort aus. Ein paar Botschafter der Leichtgläubigkeit sicherten ihnen ein unerwartetes Publikum, unter ihnen die englischen Reality-TV-Stars Lucy Watson oder Amanda Holden und die französische Schauspielerin Juliette Binoche, die in den sozialen Netzwerken erklärte: «Jedem einen Chip unter die Haut pflanzen: NEIN. NEIN zu den Machenschaften von Bill Gates, nein zu 5G!» Eine schöne Synthese mehrerer Verschwörungs- und Anti-Impftheorien in nur wenigen Worten. Damals hingen mehrere Zehntausend Menschen Gruppen an, die gegen 5G kämpften, sodass Facebook schließlich deren Seiten schloss und YouTube ihre Sichtbarkeit verringerte. Diese Plattformbetreiber erkannten, wenngleich recht spät, dass die Wahrheit sich nicht von allein durchsetzt und gelegentlich einer gewissen Hilfe bedarf.

Die Beobachter waren erstaunt, wie schnell sich eine derart absurde Theorie verbreiten konnte. Zweifellos spielte der Lockdown hier eine Rolle, da die Menschen mehr Zeit im Internet und den sozialen Netzwerken verbrachten, um dort nach Informationen zu suchen.

Am Anfang dieser sonderbaren Theorie, die 5G mit Corona verbindet, findet man das Video von Thomas Cowan, einem Verfechter der Anthroposophie – einer zu Beginn des 20. Jahrhunderts von dem österreichischen Okkultisten Rudolf Steiner gegründeten Sekte, die vor allem auf den Gebieten der Erziehung und der Landwirtschaft Einfluss gewann. Nach Steiner existieren Viren nicht wirklich, sondern sind Ausdruck unseres Immunsystems bei der Abwehr eines Angriffes – gleichsam Trümmer, die unser Organismus auszuscheiden versucht. Sie sind also keineswegs die Ursache von Epidemien, sondern lediglich deren Wirkung.

Dummes Zeug? Durchaus, doch es bleibt dabei, dass Thomas Cowan, Vizepräsident der Physicians Association for Anthroposophical Medicine, fest daran glaubt. Das erklärt er in einem Video, das er im März 2020 ins Netz stellte und das viral ging. Seines Erachtens entsprechen die Epidemien «Quantensprüngen in der Elektrifizierung der Erde». Die Hongkong-Grippe korrespondiere mit den in Erdumlaufbahnen geschossenen Satelliten. Und Covid-19 sei eine Folge der Einführung von 5G auf der Erde. Der Beweis? Wuhan, das Epizentrum der Pandemie, war nach Cowan die erste Stadt, die vollständig auf 5G umgerüstet wurde. Sein Beweis stützt sich auf einige Karten, die angeblich die Standorte der 5G-Masten und die Brennpunkte der Epidemie in der Stadt zeigen, und – welch erstaunliche Übereinstimmung – die beiden Kreise überscheiden sich.

Diese visuelle Korrelation war zweifellos das entscheidende Argument, das diesem zweifelhaften Produkt solch einen Erfolg auf dem kognitiven Markt bescherte. Die Karten wurden in den sozialen Netzwerken verbreitet und sorgten dort für Wirbel. Dagegen lassen sich mehrere Einwände erheben. Einerseits sind sie teilweise falsch: Im Falle Frankreichs zum Beispiel greift man auf die Verteilung der mit Glasfaserkabeln versorgten Gebiete zurück. Andererseits ist die Argumentation, die der Stadt Wuhan eine spezielle Stellung zuweist, irreführend, denn Wuhan ist nur eine von insgesamt 50 chinesischen Großstädten, in denen 5G im November 2019 eingeführt wurde, und nicht etwa die einzige. Wenn 5G die entscheidende Ursache für den Ausbruch der Krankheit wäre, stellt sich die Frage, warum sie nicht auch in den übrigen 49 Städten ausbrach. Vor allem aber ist diese scheinbare Korrelation kein Beweis für einen Kausalzusammenhang. Vielmehr ist es durchaus absehbar, dass Orte, die als erste von einer technologischen Neuerung wie 5G profitieren, auch Orte mit einer hohen Bevölkerungsdichte, das heißt große urbane Zentren sind, von denen seit Langem bekannt ist, dass sie ideale Bedingungen für die Ausbreitung von Epidemien bieten. Die Verwechslung von Korrelation mit Kausalität ist ein Klassiker unter den menschlichen Irrtümern im Allgemeinen und den Argumenten von Verschwörungstheoretikern im Besonderen.

Systematische Irrtümer dieser Art verleihen der Leichtgläubigkeit eine Macht, die man angesichts der Fortschritte der Erkenntnis und der Verfügbarkeit von Information nicht erahnen konnte. Weil es in unserem Gehirn Dispositionen gibt, die dafür sorgen, dass man uns leicht täuschen kann, setzt sich die Wahrheit nicht von allein durch. Leichtgläubigkeit ist gleichbedeutend mit einer verringerten epistemischen Wachsamkeit.[127] Sie kann uns jederzeit ereilen, denn sie besitzt Trümpfe, die ihre Täuschungsmechanismen verdecken. Wer diese Mechanismen ans Licht holt, glaubt nicht unbedingt, den Leichtgläubigen zur Umkehr bewegen zu können, sondern gibt ihm lediglich die Möglichkeit, die Schwächen der eigenen Argumentation zu erkennen.

Die in Thomas Cowans Video dargestellten visuellen Korrelationen dürften manche zu der Bemerkung veranlasst haben: «Das kann doch kein Zufall sein.» Und damit hatten sie durchaus Recht. Es ist in der Tat kein Zufall, denn die beiden Tatsachen (Einführung von 5G und Epidemien) sind im Hintergrund durch eine dritte Variable miteinander verbunden: der Bevölkerungsdichte. Doch es kann geschehen, dass der Geist, der manchmal allzu schlecht und allzu schnell sucht, die beiden ersten Variablen voreilig miteinander verknüpft, wenn man ihm eine Erzählung bietet, die diesen Zusammenhang nahelegt – eine Aufbereitung der Welt, die es ihm gestattet, Tatsachen durch Erzählungen miteinander zu verbinden, die seinen intuitiven und gelegentlich zweifelhaften Neigungen entsprechen. Deshalb vermag Leichtgläubigkeit unseren Geist zuweilen im Sturm zu erobern: Sie kann dies innerhalb unseres Geistes tun. Und sie tut es häufig auf dem kognitiven Markt.

Genau diese Realität beschreibt Bradolinis Gesetz – benannt nach einem italienischen Informatiker, der es 2013 auf einer Tagung so formulierte: «Die Widerlegung von Schwachsinn erfordert eine Größenordnung mehr Energie als dessen Produktion.» Man spricht hier auch vom *Bullshit-Asymmetrie-Prinzip*.[128] Anders gesagt, die Leichtgläubigkeit besitzt auf dem deregulierten kognitiven Markt einen Wettbewerbsvorteil, da es teurer ist, der Wahrheit zu ihrem Recht zu verhelfen als sie zu verfälschen. Auch andere ruhmreiche Vorgänger ahnten, dass die Wahrheit zumindest auf kurze Sicht nicht von Natur aus über das Falsche siegt. So meinte Alexis de Tocqueville: «Eine falsche, dafür aber klare und bestimmte Vorstellung wird in der Welt stets wirksamer sein als ein richtiger, jedoch verwickelter Gedankengang».[129]

So lassen sich denn auch die spektakulären Ergebnisse erklären, zu denen Sinan Aral, Deb Roy und Soroush Vosoughi vom Massachusetts Institute of Technology in einem weltweit beachteten in der Zeitschrift *Science* publizierten Artikel gelangten.[130] Ihre Datenbasis ist eindrucksvoll, denn sie untersuchten nicht weniger als 126 000 Geschichten, die innerhalb eines Zeitraums von mehr als zehn Jahren im sozialen Netzwerk Twitter verbreitet wurden. Diese Geschichten erreichten Millionen von Menschen, und ihre minutiöse Untersuchung führte zu dem Ergebnis, dass Falsches sich schneller, tiefer und weiter verbreitet als Wahres. Oft wirft man böswilligen Social Bots vor, Urheber solcher Fake-News-Epidemien zu sein (und man denkt dabei an Russland, das neben anderen Ländern auf diesem Gebiet sehr aktiv sein soll). Sie spielen natürlich eine wichtige Rolle, doch wie der Artikel zeigt, sind Bots bei der Verbreitung von Information effizienter als Menschen, und sie verteilen ihre Anstrengungen «gleichmäßig» auf die Verbreitung falscher und wahrer Inhalte.

Das Problem liegt also bei den Menschen und ihrem hyperkomplexen Gehirn. Das Falsche kontaminiert unsere Welt nur aufgrund menschlichen Handelns. Falsche Informationen verbreiten sich sechs Mal schneller und werden häufiger geteilt als wahre. Die Leichtgläubigkeit besitzt auf dem kognitiven Markt also deshalb einen Wettbewerbsvorteil, weil sie, wie wir gesehen haben, auf einer Aufbereitung der Welt basiert, die an die intuitivsten Mechanismen unseres Geistes anknüpft: an kulturelle Stereotype; an Dutzende, von den Wissenschaften bislang identifizierte kognitive Verzerrungen; an die Überraschungs- und Enthüllungseffekte, die von diesen verfälschten geistigen Erzeugnissen genutzt werden; an all die Grenzen, unter denen unsere Rationalität leidet.[131] All diese Variablen verleihen der Leichtgläubigkeit eine große Anziehungskraft für unsere Aufmerksamkeit und setzen Thomas Jefferson ins Unrecht. Das geschieht umso leichter, als der kognitive Markt mit Informationen gesättigt ist. Wenn der Geist abgelenkt ist und rasch entscheiden muss, neigt er statistisch dazu, falschen Vorstellungen zu folgen.[132]

Weit mehr als die Frage der 5G-Sendemasten wirkten die Pandemie und vor allem die in vielen Ländern der Erde verhängten Lockdowns wie ein Brutschrank für Leichtgläubigkeit. Der offenkundigste Grund dafür ist die Tatsache, dass diese Zeit der räumlichen Isolation mit einer beträchtlich verstärkten Nutzung des Internets und der sozialen Netzwerke zusammenfiel.[133] So erhöhte sich der gesamte Internetverkehr in Frankreich im April 2020 um 30 Prozent und in den Netzwerken, die Inhalte verbreiten (wie etwa YouTube), um 86 Prozent. In den sozialen Netzwerken stieg die Zahl der Besuche im März 2020 um 121 Prozent und im April um 155 Prozent. Der Lockdown demonstrierte unbeabsichtigt, aber sehr real, wie wir die massiv freigesetzte Gehirnzeit nutzen. Kein Land bleibt von der Flut der Leichtgläubigkeit verschont, die sich über die ganze Welt ergießt. Der Rückgriff auf digitale Räume bei dem Versuch, Antworten auf die von der Pandemie aufgeworfenen beängstigenden Fragen zu finden, verleitet einen Teil der Internetnutzer dazu, sich auf falsche, aber überzeugend klingende Argumente einzulassen.

Hier nur ein Beispiel: Ein Mitte März 2020 in französischer Sprache publiziertes Video wurde auf Facebook innerhalb weniger Stunden millionenfach angeschaut und zehntausende Male geteilt. Der Autor des Videos bestritt, Anhänger von Verschwörungstheorien zu sein, behauptete aber dennoch, das für die Coronavirusepidemie von 2020 verantwortliche Virus SARS-CoV-2 sei im Institut Pasteur konzipiert worden. Zum Beleg verwies er auf ein Patent aus dem Jahr 2004, das es tatsächlich gibt. Man darf daher annehmen, dass der Autor des Videos aufrichtig war und tatsächlich glaubte, auf eine Information von größter Bedeutung gestoßen zu sein. Und man merkt ihm die Aufregung während seiner Ausführungen deutlich an. Das Patent gibt es wirklich, und es wurde auch tatsächlich vom Institut Pasteur eingereicht. Allerdings bezieht es sich auf einen Stamm von SARS-CoV (Severe Acute Respiratory Syndrome Coronavirus), der 2003 eine andere tödliche Epidemie auslöste. Der Mann, der hier Alarm schlug, hatte also lediglich nicht verstanden, dass der Ausdruck «Coronavirus» eine große Familie von Viren bezeichnet, von denen einige beim Menschen mehr oder weniger schwere Atemwegsinfekte auslösen können. SARS-CoV-2 ist nur das Coronavirus, das als Letztes entdeckt wurde. Aber ist es nicht wenigstens verdächtig, dass da ein Patent bezüglich eines Coronavirus eingereicht wurde? Nein, wir haben es hier mit einem üblichen Verfahren zu tun, das dazu dient, eine Entdeckung zu schützen und möglicherweise einen Impfstoff zu entwickeln. Kurz gesagt, die Inkompetenz einiger Leute mit einem vermeintlichen Wissen führte hier zu einer falschen Information, die jedoch im Verlauf weniger Stunden Millionen von Menschen für glaubwürdig hielten.

Diese Sachlage ist offensichtlich in mehrfacher Hinsicht besorgniserregend. Die Verbreitung solcher Behauptungen ist zunächst einmal deshalb beunruhigend, weil hier erwiesenermaßen Verbindungen zum politischen oder religiösen Extremismus bestehen. Sodann können sie auch objektiv tödlich sein, wie etwa im Iran, wo der Glaube, Alkohol sei ein geheimes Heilmittel gegen Covid-19, dazu führte, dass Hunderte von Menschen Methanol tranken und daran starben.

Ganz allgemein und vielerorts scheint die Demokratie der Leichtgläubigen ihre Fäden gesponnen und gelegentlich sogar die exotischsten Gestalten an die Spitze mächtiger Staaten gestellt zu haben. Eines der besonders beunruhigenden Ereignisse des Jahres 2016 war die Wahl Donald Trumps. Wie konnte das Land mit der ältesten demokratischen Verfassung der Welt einen Menschen zum Präsidenten wählen, der Verschwörungstheorien beförderte, einen falschen Zusammenhang zwischen Impfstoff und Autismus behauptete und eine Lüge an die andere reihte – die *Washington Post* zählte nach 1000 Tagen Präsidentschaft mehr als 15 000 davon?[134] Wenn es eine Gewissheit gibt, die sich Donald Trump zu eigen machte, dann die, dass man die Schlacht um die Aufmerksamkeit gewinnen muss, bevor man die Schlacht um die Überzeugung für sich entscheiden kann. Er war 2016 nicht in den Umfragen der Favorit, wohl aber in den sozialen Netzwerken. Während des Wahlkampfs dominierte er den Austausch auf Facebook in überwältigendem Maße. Seine Äußerungen stießen in den republikanischen Bundesstaaten auf zwölf Mal mehr Interesse als die von Hillary Clinton und in den demokratischen Bundesstaaten auf immer noch doppelt so viel.

Diese Aufmerksamkeit bedeutete noch keine Zustimmung, aber sie sorgte für eine virale Verbreitung seiner Aussagen und machte es möglich, dass sein politisches Angebot leichter eine Nachfrage fand, so schwierig dies auch sein mochte. Ähnliche Beispiele finden sich anderswo, etwa in Brasilien oder Italien, und bei ihnen allen spielen ähnliche ideologische Inhalte eine wichtige Rolle: Verrat am Volk, Zweifel an den Impfstoffen, Skepsis hinsichtlich des Klimawandels, Appelle an den gesunden Menschenverstand und oft auch Verschwörungstheorien.

Diese intellektuellen Aussagen sind sämtlich verheerend für Jean Perrins Hoffnungen hinsichtlich der Verwendung unserer freigesetzten Gehirnzeit. Ihr Erfolg in unserer Welt ist besorgniserregend, obwohl doch der Bildungsstand noch nie so hoch war und Informationen in unglaublicher Fülle verfügbar sind. Man kann darin auch eine Chance sehen, die Funktionsweise unseres Gehirns besser zu verstehen. Die bekannte Bestätigungsverzerrung etwa, die einen Teil des Erfolgs der Leichtgläubigkeit zu erklären vermag (je mehr Informationen zu Verfügung stehen, desto leichter ist es, mindestens eine zu finden, die unsere Überzeugungen bestätigt), ist tief in unserer Großhirnrinde verwurzelt.[135] Das Forschungsteam um Jonas Kaplan an der University of Southern California hat durch Hirnscans die neuronalen Mechanismen dieser Bestätigungsverzerrung nachgezeichnet.[136] Eine (in diesem Experiment politische) Information, die unseren Vorstellungen widerspricht, erregt Hirnmodule, die von wesentlicher Bedeutung für die Selbsteinschätzung sind. Anders gesagt, wenn wir Informationen begegnen, die im Widerspruch zu unseren Überzeugungen stehen, erleben wir das – zumindest im übertragenen Sinne – als Bedrohung: als Angriff auf unsere Identität.

Aufgrund ihrer Schnelligkeit liefert Leichtgläubigkeit oft das erste Narrativ, das sich angesichts einer rätselhaften Erscheinung anbietet.

Unter diesen Bedingungen hat sie die Chance, Elemente von Weltbildern in uns zu verankern, an denen wir festhalten, wenn wir sie erst einmal gebilligt haben. Die Macht dieses «ersten Eindrucks» erkannte der Psychologe Solomon Asch (1946) schon in den 1940er Jahren. Die Ergebnisse, zu denen er gelangte, wurden später vor allem von Abraham Lucchins (1957) reproduziert. Um die überschätzte Bedeutung einer Information zu demonstrieren, der man zum ersten Mal begegnet, präsentierte Solomon Asch zwei Gruppen von Probanden eine kurze Charakterisierung ein und derselben Person mit denselben Vorzügen und Mängeln. Bei der ersten Gruppe wurden die Vorzüge an erster Stelle, die Mängel erst an zweiter Stelle genannt. Bei der zweiten Gruppe war es umgekehrt.

Charakterisierung für die erste Gruppe: *Steve ist intelligent, fleißig, impulsiv, kritisch, halsstarrig und neidisch.*

Charakterisierung für die zweite Gruppe: *Steve ist neidisch, halsstarrig, kritisch, impulsiv, fleißig und intelligent.*

Der Psychologe stellte fest, dass die Probanden der ersten Gruppe eine bessere Meinung von Steve hatten als die der zweiten. Die Reihenfolge der Adjektive hatte also Einfluss auf das Bild, das sich die Probanden von Steve machten. Diesen Effekt kennen wir alle. Er ist zum Beispiel am Werk, wenn wir uns besser an unseren ersten Kuss als an unseren dreißigsten erinnern. Zwei belgische Forscher haben übrigens gezeigt, dass der erste Eindruck auch bei Fake News wirksam bleibt – selbst wenn man später erfährt, dass es sich eindeutig um eine falsche Behauptung handelte. Das Dementi reicht nicht aus, um den Nebel der Leichtgläubigkeit zu zerstreuen, der den Geist erfasst hat und ihn zu falschen Interpretationen neuer Daten zum selben Thema veranlasst.[137]

Der erste Eindruck hat noch größere Chancen, Wirkung zu zeigen, wenn es sich um ein Thema handelt, mit dem wir uns nicht auskennen. In diesem Fall vermag er uns sehr schnell in eine Echokammer einzuschließen, in der wir Welle auf Welle Argumente hören, die weitgehend in dieselbe Richtung gehen. Da kann es kaum überraschen, dass unsere Überzeugung auf diese Weise verstärkt wird, und zwar aufgrund des sogenannten Wiederholungseffekts: Je häufiger wir dasselbe Argument hören und ähnlich lautende Posts oder Tweets lesen, desto mehr verstärkt sich der Eindruck, dass sie wahr seien.[138] Das ist vollkommen logisch, denn wir sind kognitive Tiere, die sich bei ihrem Urteil teilweise an die Ansichten von ihresgleichen halten. Diese Praxis kann sehr nützlich sein, gelegentlich aber auch in die kognitive Katastrophe führen, die Fake-News-Epidemien darstellen.

All das bedeutet eine Gefahr für die Welt, wie wir sie kennen. Wir haben Grund zur Besorgnis, aber – nochmals – ich möchte hier deutlich machen, dass die Leichtgläubigkeit zwar oft den Kampf um das Narrativ gewinnt, zugleich aber auch einige der großen Invarianten ans Licht holt, die auf dem Schicksal unserer Spezies lasten. Und sie sind eine Last, weil sie der soziale Ausdruck der universellen Funktionsweise unseres Gehirns sind.

Die durch Leichtgläubigkeit bewirkte Bestätigung vollendet die kognitive Apokalypse, die wir bereits kennen und die – das sei nochmals gesagt – nichts anderes ist als die schlichte und fundamentale Enthüllung dessen, was wir sind, auch wenn wir das gerne verleugnen möchten. Alles Weitere wird davon abhängen, was wir mit dieser Enthüllung anfangen. In seiner *Unabhängigkeitserklärung des Cyberspace* schreibt John Perry Barlow: «In unserer Welt darf alles, was der menschliche Geist erschafft, kostenfrei unendlich reproduziert und distribuiert werden. Die globale Übermittlung von Gedanken ist nicht länger auf Eure Fabriken angewiesen.» Das ist letztlich nur eine andere Beschreibung der Deregulierung des kognitiven Marktes und des erleichterten Ausgleichs zwischen Angebot und Nachfrage, die wir seit einiger Zeit beobachten können. Zornig und optimistisch fügt Barlow hinzu:

> Wir werden im Cyberspace eine Zivilisation des Geistes erschaffen. Möge sie humaner und gerechter sein als die Welt, die Eure Regierungen bislang errichteten.[139]

Eine Zivilisation des Geistes? Ja. Aber hat Perry Barlow auch verstanden, was der menschliche Geist ist? Es gibt keinen sichereren Weg in eine finstere politische Zukunft, als sich dabei auf eine naive Anthropologie zu stützen. Deshalb erscheint mir die kognitive Apokalypse, die wie erleben, als eine grundlegende Propädeutik für jedes Projekt, das sich auf unsere Zukunft bezieht. Dieses Vorgehen hat etwas von einer Initiation. Wir fragen uns, was wir sind, und laufen dabei Gefahr, durch den Blick der Gorgone Medusa in Stein verwandelt zu werden. Für jede Initiation gilt: Wer das Paradies sehen will, muss erst einmal durch die Hölle gehen.

III

Die Zukunft ist gar nicht so fern

Das Schreckenshaupt

Falls Sie Gelegenheit haben, die Staatsgalerie in Stuttgart zu besuchen, sollten Sie sich das großartige Gemälde von Edward Burne-Jones mit dem Titel *The Baleful Head* (*Das Schreckenshaupt*) ansehen. Dieses Werk, Teil eines mythologisch inspirierten Zyklus, illustriert sehr gut die Leidenschaft seines Schöpfers für antikisierende Darstellungsformen und fantastische Erzählungen. Das Bild zeigt Perseus, wie er der von ihm begehrten Andromeda das abgeschlagene Haupt der Medusa zeigt. Die junge Frau achtet darauf, dem Ungeheuer nicht direkt in die Augen zu schauen, weil sie weiß, dass sie sich dann in Stein verwandeln würde. Während der verliebte Held Andromeda anschaut, betrachtet sie das Haupt der Medusa nur als Spiegelbild im Wasser eines achteckigen Brunnens.

Das Gemälde könnte auch als Allegorie auf die kognitive Apokalypse verstanden werden, deren Lehren nicht leicht zu akzeptieren sind: Sie wurden in der gesamten Ideengeschichte verleugnet (in der Psychologie gehört die Verleugnung zu den Abwehrstrategien) oder bekämpft. Und das gilt bis heute. Es fällt sehr schwer, das Haupt der Medusa direkt anzusehen, weil es ein wenig erfreuliches Bild unserer selbst zeigt, dass wir spontan bestreiten möchten. Doch wie Andromeda auf dem Gemälde von Burne-Jones können wir dieses Bild zähmen und dabei akzeptieren, dass es etwas Grundlegendes über uns sagt, sofern wir es nur in seinen Spiegelungen betrachten, nämlich jenen, die aus der Deregulierung des kognitiven Marktes hervorgehen. Nochmals, bei diesen Spiegelungen handelt es sich um unser Verlangen nach Konflikten wie auch um unsere kognitive Gier nach sozialer Sichtbarkeit und der Unterwerfung unter deren Anforderungen. Nur wenige bestreiten die Existenz dieser hervorstechenden und aufdringlichen Formen, nur bei deren Interpretation finden sich grundlegende Unterschiede.

Die erste Interpretation ist die der Misanthropen, die einräumen, dass diese Enthüllungen über die mentalen Invarianten unserer Spezies durchaus real sind. Diese Haltung führt zu Verachtung oder sogar Hass im Blick auf den Menschen, dem man das Schicksal einer unüberwindbaren und tödlichen Mittelmäßigkeit zuschreibt. Platon beschreibt diese Misanthropie im *Phaidon* sehr richtig als die Folge einer Enttäuschung. Nur weil man allzu viel Hoffnung in die Menschen gesetzt hat, kann man dahin gelangen, sie bedingungslos zu verachten. Hier führt also eine naive optimistische Anthropologie zu einem gegenteiligen, extrem pessimistischen Menschenbild.

Andere nehmen einige Aspekte der kognitiven Apokalypse zur Kenntnis und begrüßen sie, statt sie zu beklagen. Sie verleihen diesen hervorstechenden Formen unserer mentalen Invarianten sogar eine politische Legitimation. Was die externen Effekte der Deregulierung des kognitiven Marktes da enthüllen, sei die Wahrheit der Mehrheit und damit des Volkes. Die herrschende Elite versuche, dieser kollektiven Wahrheit ihre Kraft zu nehmen, weil sie Angst vor ihr hätten. Sie gäben vor, dies im Namen der Wahrheit und Vernunft zu tun, doch das sei nur ein Trick. Um diese Interpretation durchzusetzen, greifen die Neopopulisten – wie wir sie nennen möchten, ob sie nun auf der linken oder der rechten Seite des politischen Spektrums zu finden sind – auf das *argumentum ad populum* zurück, das heißt auf das Volksargument. Weil das, was die Mehrheit denkt, auch wahr sei, geben die Neopopulisten vor, sie verstünden gar nicht, dass man als Demokrat anderer Ansicht sein könne.

Eine dritte Interpretation behauptet, was die kognitive Apokalypse da enthülle, sei künstlich. Anders gesagt, der Mensch sei gar nicht so. Er sei nur seiner Natur entfremdet, und zwar aufgrund der Logik dieses Marktes. Die Anhänger dieser These bestreiten nicht, dass wir in der digitalen Welt Spuren hinterlassen, die ein gewisses Bild unserer Spezies zeichnen.

Sie glauben nur, dass diese Spuren Artefakte seien. Es gelte daher, auf den sozialen Kontext einzuwirken und möglicherweise auch den sogenannten Neoliberalismus auszuschalten, damit endlich der neue oder – je nach Version – wahre Mensch zutage trete.

Der Anthropologe Wiktor Stoczkowski (2008) hat Recht, wenn er sagt, dass allen Modellen der Weltdeutung eine Ontologie oder sogar eine Erlösungslehre zugrunde liege. Unter «Ontologie» versteht er ganz klassisch eine Theorie des Seins, das heißt ein geistiges Modell, das die wesentlichen Merkmale einer Sache von ihren zufälligen oder akzidentiellen Eigenschaften trennen soll. Diese Unterscheidung verbindet man oft mit einer Darstellung, die erläutern soll, in welcher Weise die sekundären zu den primären Merkmalen hinzutreten. Was unser Thema angeht, stellt sich die Frage, ob die von der kognitiven Apokalypse enthüllten Merkmale wesentliche oder lediglich akzidentielle Eigenschaften des Menschen sind. Diese Frage ist von grundlegender Bedeutung, denn je nach dem gewählten Narrativ fällt die soteriologische Antwort – die Heilssuche – anders aus. Wie Wiktor Stoczkowski ausführt, fragen diese Theorien «nach den Unvollkommenheiten des Menschen und versuchen zu klären, ob diese Unvollkommenheiten ontologisch bedingt sind, das heißt unausweichlich in der Natur der Dinge liegen, oder ob sie nur Zufälle der Geschichte darstellen».[1]

Ob nun Misanthropie, Neopopulismus oder Theorie des seiner Natur entfremdeten Menschen, all diese Interpretationen implizieren jeweils eine bestimmte Anthropologie. Die Misanthropie hat der Geschichte der Philosophie einige folkloristische Figuren geschenkt, die nicht uninteressant sind, mich hier jedoch nicht interessieren. Denn das Gefühl, der Mensch sei mittelmäßig oder gar schlecht und keiner positiven Veränderung fähig, führt zu einer Haltung des Rückzugs. Wozu soll man auf die Welt einwirken, wenn es keine Hoffnung auf Verbesserung gibt? Dagegen möchte ich die Theorie des seiner Natur entfremdeten Menschen und den Neopopulismus ein wenig vertiefen, da sie an das uns bekannte politische Spektrum angrenzen und vorherrschende Narrative über die Art der Umwandlung unseres kostbaren Aufmerksamkeitsschatzes darstellen.

Ich beginne mit dem Gedanken, dass die Erleichterung des Ausgleichs zwischen Angebot und Nachfrage unser menschliches Wesen korrumpiert. Die Theorien des seiner Natur entfremdeten Menschen gehen natürlich über die Frage des kognitiven Marktes hinaus, doch was sich in der heutigen Welt dort abspielt, verdient eine erneute Lektüre dieser Ideologien. Da sie die Bedeutung des Zufalls in den Vordergrund rücken, stärken sie die Hoffnung, die Welt verbessern zu können. Eine Radikalisierung dieser Hoffnung findet sich gewöhnlich in jenen Theorien, die alles zum Ergebnis einer sozialen Konstruktion machen. Diese geistigen Modelle schreiben der Welt die ganze politische Formbarkeit zu, die sie sich wünschen. Der dafür zu zahlende Preis ist eine gewisse Blindheit für die Existenz humaner Invarianten und insbesondere solcher, die mit unserer Kognition zusammenhängen.

Seine Wünsche für Realitäten zu halten, ist verständlich, handelt es sich doch um eine kognitive Invariante unserer Spezies, doch das schützt uns allenfalls vorläufig vor der Strafe, welche die Realität für uns bereithält. Wie der Science-Fiction-Autor Philip K. Dick es einmal ausdrückte: «Wirklichkeit ist das, was auch dann nicht verschwindet, wenn man nicht daran glaubt.»

Der Geschmack der Unsrigen

Bernard Le Bovier de Fontenelle, Anhänger Descartes' und Vorläufer der Aufklärung, widmete einen Teil seines Werks der Verbreitung des Wissens und des methodischen Denkens. So wäre es denn auch untertrieben, wenn man sagte, er habe wenig für die geistige Entfremdung übriggehabt, die Berichte über Wunder und die Behauptung, Wunder vollbringen zu können, auszulösen vermögen. Am offensivsten vertrat er seine Vorstellungen in einer Schrift mit dem Titel *Histoire des oracles* – die ihm ohne die Rückendeckung durch mächtige Beschützer zahlreiche Feinde eingebracht hätte. Darin spricht er auch über eine Anekdote, die sich im Deutschland des 16. Jahrhunderts zugetragen haben soll. Dort hieß es, dass ein Goldzahn im Mund eines siebenjährigen Kindes gewachsen sei.

Zahlreiche Gelehrte boten daraufhin Erklärungen für dieses wundersame Geschehen an. Einige erblickten darin ein Wunder, das «die von den Türken bedrängten Christen trösten sollte». Fontenelle fragt hintersinnig, was für ein großartiger Trost in dieser Lage denn ein Goldzahn sein könne. Der Philosoph ging der Geschichte nach und fand schließlich heraus, dass sie lediglich ein gut inszenierter Schwindel gewesen war (ein geschickt auf den Zahn geklebtes Goldblättchen). Daran knüpfte er einen Gedanken, der bis heute berühmt ist: «Prüfen wir zunächst einmal die Tatsachen, bevor wir nach deren Ursachen suchen.» An diesen guten Rat möchte ich mich in der Folge halten.

Zu Anfang habe ich die Hoffnungen des Nobelpreisträgers Jean Perrin zitiert. Danach «werden die von der Wissenschaft befreiten Menschen schon bald, vielleicht in wenigen Jahrzehnten, froh und gesund leben und sich bis an die Grenzen der Möglichkeiten ihres Gehirns entwickeln». Wir haben gesehen, dass die Wissenschaft (neben anderen Faktoren) die Möglichkeit geschaffen hat, viel Gehirnzeit freizusetzen, dass aber der Gebrauch, den man davon macht, keineswegs Perrins Hoffnungen entspricht. Die Gefräßigkeit unseres Gehirns führt nicht automatisch zu den Modellen der Wissenschaft, und selbst wenn wir einen Durst nach Wissen verspüren, lässt der sich doch leicht durch eine entsprechende Aufbereitung des kognitiven Marktes ablenken.

Bisher hat die kognitive Apokalypse, wie ich sie interpretiere, zahlreiche Richtungen enthüllt, in die sich unser Geist wenden kann, wenn ein intellektuelles Angebot seinen spontanen Orientierungen entspricht. Aber können wir nicht noch etwas mehr daraus ersehen? Wofür entscheiden wir uns im Durchschnitt zum Beispiel, wenn man uns mehrere Arten von Zerstreuungen anbietet? Es ist banal, aber Zerstreuung und Unterhaltung (in diese Kategorie fallen zahlreiche kognitive Erzeugnisse) sind mächtige Attraktoren für Aufmerksamkeit. Manchmal wird behauptet, die Menschen konsumierten mittelmäßige kulturelle Produkte, weil man ihnen keine qualitativ hochwertigen Angebote macht. Und umgekehrt behaupten die größten Pessimisten, die Leute hätten einen mittelmäßigen Geschmack und seien unfähig, sich anspruchsvollen Darbietungen zuzuwenden. Diese Debatten sind schon hunderte Male geführt worden, und meistens wirft jedes der Lager dem anderen Daten an den Kopf, die nur Schätzungen darstellen und willkürlich aus einer Masse durchaus widersprüchlicher Fakten herausgegriffen werden. So hat man behauptet, man müsse die Museen nur kostenlos zugänglich machen, damit die Volksmassen sie eifriger besuchten. Stimmt es denn, dass die Menschen sich für Qualitätsprodukte entscheiden würden, wenn man ihnen nur Gelegenheit gäbe, sie zu entdecken? Diese These, die in der Populärkultur zahlreiche Anhänger hat, findet ihre Illustration zum Beispiel in dem sehr schönen Chanson von Alain Souchon mit dem Titel *Foule sentimentale*:

On nous inflige
Des désirs qui nous affligent
On nous prend faut pas déconner dès qu'on est né
Pour des cons alors qu'on est
Des foules sentimentales
Avec soif d'idéal
Attirées par les étoiles, les voiles
Que des choses pas commerciales …

Man drängt uns Wünsche auf
Die uns traurig machen
Man hält uns offensichtlich für geborene
Vollidioten, während wir doch nur
Eine sentimentale Masse sind
Die nach Idealen dürstet
Angezogen von den Sternen, den Segeln
Nur von nichtkommerziellen Dingen …

In Frankreich haben wir alle dieses Chanson im Kopf, und wir haben das Gefühl, dass es eine tiefe Wahrheit zum Ausdruck bringt. Aber beruht dieses Gefühl nicht auf einer romantischen und realitätsfremden Sicht der Welt? Das Chanson schmeichelt uns so sehr, dass wir alle gemeinsam nur zu gerne glauben, es sei wahr. Aber sind wir tatsächlich ein sentimentaler Haufen und lassen uns nur von nichtkommerziellen Dingen anziehen? Ist der Zahn wirklich aus Gold?

Prüfen wir daher auch hier zunächst einmal die Tatsachen, bevor wir nach deren Ursachen suchen. Dafür bietet die Geschichte des Fernsehens ein ideales Beobachtungsfeld. Denn wenn man technologische Objekte im Lichte ihrer Anziehungskraft auf die Menschen bewertet, ist das Fernsehen das revolutionärste Objekt des 20. Jahrhunderts. Zudem ist es in den Augen vieler Intellektueller das Objekt, das mehr als alle anderen die «sentimentale Masse» verdorben hat. Das Fernsehen macht uns angeblich dumm und sorgt sogar für eine Art Gehirnwäsche. Diese Lehre hat so viele Urheber, dass ich unmöglich alle nennen könnte. Hier sei beispielhaft lediglich angemerkt, dass Herbert Marcuse (1967) die Massenmedien für Manipulationsunternehmen hielt, die darauf abzielten, die Massen durch Uniformisierung zu unterdrücken, indem sie eher eine neue Kultur der Zerstreuung und Unterhaltung verbreiteten statt eine Auseinandersetzung mit der Realität zu fördern, während der Technikphilosoph Jacques Ellul (2021) befürchtete, angesichts der Schwächung der traditionellen sozialen Bande (Familie, Nation usw.) könnten die Massenmedien ihren Einfluss auf die Menschen noch weiter verstärken. Vielen Medientheoretikern, die ähnliche Thesen vertreten, gilt der Mensch als ein rundum heteronomes Wesen, das sich bis hin zu seinem Geschmack manipulieren lasse.

Ist es glaubwürdig, dass die Geschichte des Fernsehens etwas mit einer konzertierten Entscheidung einzelner Menschen zu hat, die sich vorgenommen hätten, die Massen in einen Zustand geistigen Elends zu stürzen? Untersucht man diese Geschichte, scheint sie eher auf ungeplante Anpassungsmechanismen des Marktes zurückzugehen. Das Angebot der Fernsehanstalten wurde lange Zeit sehr stark reguliert. Als der Druck des Staates nachließ, zeigte sich, was wir auch heute beobachten: eine Enthüllung unserer unmittelbarsten Triebe.

Das 20. Jahrhundert brachte eine entscheidende Wende in der Geschichte der Revolutionierung des kognitiven Angebots. In dieser Hinsicht ist das Jahr 1898 ein bemerkenswertes Datum, denn damals wurde erstmals eine Information drahtlos übertragen. Am 5. November dieses

Jahres sendete Eugène Ducretet eine Nachricht in Morsezeichen vom Eiffelturm hinüber zum Pantheon. Damit überschritt das kognitive Angebot eine bedeutsame Schwelle, denn es befreite sich von den räumlichen und zeitlichen Beschränkungen, die es bis dahin eingeengt hatten. Die erste Übertragung eines Bildes gelang 1926, aber erst 1930 erschien das erste kommerzielle Gerät auf dem Markt (die erste regelmäßige Fernsehsendung wurde 1935 ausgestrahlt), und es dauerte noch viele Jahre, bis fast alle Haushalte mit einem Fernsehgerät ausgestattet waren.

In Frankreich bestand ab 1945 ein strenges staatliches Monopol für die Ausstrahlung von Radio- und Fernsehprogrammen. Mit der Zeit vergrößerte sich das Angebot. So kam 1972 ein drittes Programm hinzu. Zwar konnte nur ein Viertel der Franzosen dieses Programm empfangen, aber es war ein weiterer Schritt in Richtung eines Wettbewerbs im Bereich des Angebots. Frankreich befand sich noch in einem nicht liberalen, vom Staat kontrollierten System, doch die Aufspaltung des Office de radiodiffusion-télévision française (ORTF) 1975 kündigte das Ende dieses Zeitalters an. In dieser audiovisuellen Landschaft stellte die 1980 in den USA erfolgte Gründung des ersten reinen Nachrichtensenders der Welt, CNN, durch Ted Turner einen bemerkenswerten Schritt dar.

Zur selben Zeit wurde der französische Fernsehmarkt mit Canal+ und Silvio Berlusconis La Cinq für private Angebote geöffnet. Schon bald entstand mit der Privatisierung von TF1 im Jahr 1987 und dem Erscheinen von M6 ein echter Wettbewerb. Anschließend erlebten wir die Entwicklung des Kabelfernsehens, des Satellitenfernsehens, des digitalen terrestrischen Fernsehens usw. – insgesamt eine Explosion des TV-Angebots. Hier bietet sich uns ein ideales Beobachtungsfeld zur Beantwortung der Frage: Was gefällt den Leuten? Genau diese Frage stellte ich mir, als ich einen Monat lang die Einschaltquoten quer durch alle Programme des französischen Fernsehens beobachtete. Ich stellte sicher, dass stets auch Sendungen vertreten waren, die man als anspruchsvoll einstufen konnte (Dokumentarfilme oder Kultursendungen). Da die Zuschauer die Wahl hatten, fragte ich, was sie tatsächlich anschauten. Ich entschied mich für den Zeitraum von Montag, dem 7. März, bis Donnerstag, dem 7. April 2011, und zwar für die Sendezeit, die als *prime time* oder Hauptsendezeit (zu Beginn des Abends) bezeichnet wird, da das Publikum dort am größten ist. Dieses Zeitfenster erschien mir besonders interessant, weil es nicht von großen Nachrichtensendungen gestört wurde und das Fernsehen dort noch weitgehend die Aufmerksamkeit beherrschte.

Offen gestanden erwartete ich nichts anderes, als ich dann fand, aber ich musste diese kleine Untersuchung durchführen, nachdem ich vergeblich nach brauchbaren Daten zur Beantwortung meiner Frage gesucht hatte, auf die doch alle eine Antwort zu haben glauben. Um etwas genauer zu sehen, klassifizierte ich zunächst die Sendungen in der Hauptsendezeit. Ich unterschied Spielfilme für ein breites Publikum von solchen, die man als «anspruchsvoll» bezeichnen könnte (Filmklassiker, Autorenfilme, historische Filme), wobei die Grenze zwischen beiden nicht immer eindeutig war. Bei der Zuordnung entschied ich mich stets zu Ungunsten meiner Hypothese (der offenkundigen Mittelmäßigkeit unseres Geschmacks), indem ich immer wieder auch Filme, die andere als für ein breites Publikum bestimmt einstufen mochten, der Kategorie «anspruchsvoll» zuwies. Ebenso verfuhr ich bei den Dokumentationen. Dort unterschied ich zum Beispiel Sendungen wie *Timber Kings – Blockhaus-Paläste XXL* (Breitenpublikum) von anderen, stärker pointierten Produktionen. Auch hier stufte ich manche Sendungen wie die bei M6 gezeigte Reportage *Capital* als «anspruchsvoll» ein, obwohl ich sie der ersten Kategorie hätte zuordnen können, wenn ich nicht bestrebt gewesen wäre, zu Ungunsten meiner Ausgangshypothese zu entscheiden. Ich fügte weitere Kategorien hinzu, nämlich Sport, Reality-TV, Kultursendungen, Fernsehserien und schließlich Unterhaltungssendungen (zum Beispiel nach Art von *Pleiten, Pech und Pannen*).

Die Ergebnisse dieser über einen Monat kumulierten Beobachtung des Fernsehpublikums sind in der nachfolgenden Tabelle und dem zugehörigen Schaubild dargestellt (als jeweilige Anzahl der Zuschauer):

Sparte	**Spielfilme (Breitenpublikum)**	**Spielfilme (anspruchsvoll)**	**Dokumentationen (Breitenpublikum)**	**Dokumentationen (anspruchsvoll)**
Anzahl der Zuschauer	195 691 000	26 789 000	68 613 000	34 676 000

Sparte	Kultursen-dungen	Sport	Reality-TV	TV-Serien	Unter-haltung
Anzahl der Zuschauer	2665000	35020000	58178000	233927000	63348000

Unterteilt man sämtliche Sendungen in zwei Hauptgruppen, nämlich Fernsehen für ein «Breitenpublikum» und «anspruchsvolles» Fernsehen, so ergibt sich ein deutliches Übergewicht für die erste Gruppe.

Fernsehen (Breitenpublikum)	Fernsehen (anspruchsvoll)
620840000 (86,36%)	98067000 (13,64%)

Daran ist nichts Erstaunliches. Es sei aber daran erinnert, dass die Daten aus den Entscheidungen vieler Millionen Menschen resultieren, die ein höheres Bildungsniveau und einen größeren Reichtum besitzen als der weltweite Durchschnitt und die zudem die Möglichkeit haben, die Art der kognitiven Produkte, die sie am Abend «konsumieren» möchten, aus einer größeren Palette auszuwählen. Das Angebot ist quantitativ natürlich nicht ausgewogen, denn es gibt weit mehr für ein «Breitenpublikum» bestimmte Sendungen als «anspruchsvolle». Auch diese Asymmetrie im Angebot folgt unmittelbar aus dem Charakter der Nachfrage. In der Theorie der «sentimentalen Massen» wird implizit unterstellt, die großen Fernsehsender wären eher bereit, auf hohe Einschaltquoten zu verzichten, als qualitativ hochwertige Sendungen auszustrahlen, die ein großes Publikum fänden. TF1 verzichtet also auf die Ausstrahlung einer Sendung über nichtlineare dynamische Systeme, obwohl man dort überzeugt ist, damit eine hohe Einschaltquote zu erzielen?

Im Umkehrschluss unterstellt diese Theorie auch, dass diese Sender bereit wären, an Sendungen festzuhalten, die sich als erfolglos erwiesen haben, sofern sie das Publikum damit geistig zu unterdrücken vermöchten. Gegen diese Theorie, die bei näherem Hinsehen absurd erscheint, lässt sich eine eindrucksvolle Reihe von Gegenbeispielen anführen. Tatsächlich wurden zahlreiche Sendungen abgesetzt, die, obwohl sie traurig machen, nicht vom Publikum angenommen wurden. Umgekehrt, wenn

Publikum des französischen Fernsehens
7. März–7. April 2011

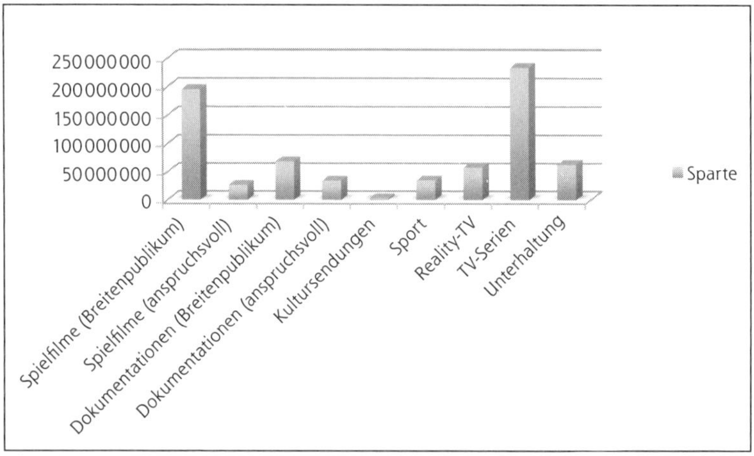

auch seltener, kann man qualitativ hochwertige Sendungen finden, denen es in ihrer Nische und zu bestimmten Sendezeiten gelingt, zu überleben.[2]

So haben die Chefredakteure der Wochenzeitungen durch Versuch und Irrtum herausgefunden, dass die Franzosen Freude an philosophischen Weisheiten haben. Deshalb widmen sie ihre Titelblätter gerne sol-

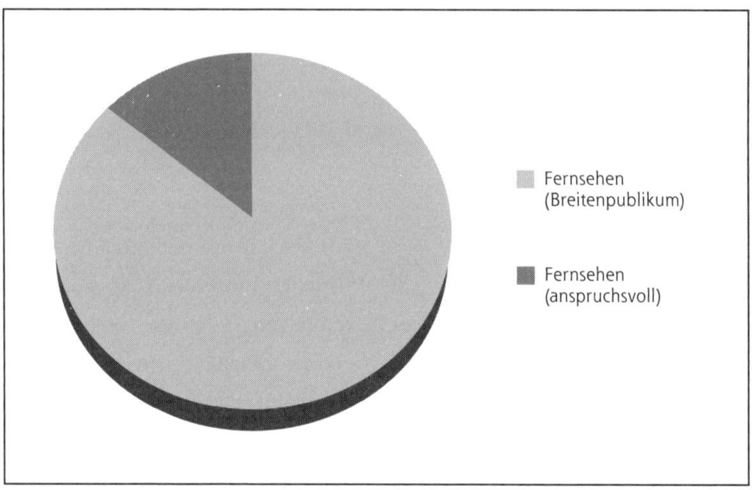

chen Themen. Anders gesagt, sofern man keine abstrusen Hypothesen aufstellt, bestimmt die Antizipation der Nachfrage durchaus einen Teil des Angebots auf einem deregulierten Markt. Dennoch sei daran erinnert, dass auch das Angebot sich zum Teil nach der Gestaltung der Nachfrage richten und davon stimuliert werden kann. Wie wir gesehen haben, vermag der soziale Vergleich samt der dadurch erzeugten Frustration den Konsum beträchtlich anzuheizen. So schrieb Charles Kettering von General Motors in den 1920er Jahren: «Der Schlüssel zum wirtschaftlichen Wohlstand liegt in der Schaffung organisierter Bedürfnisse.»[3]

Skepsis ist allerdings angebracht hinsichtlich des Gedankens, das Angebot schaffe aus sich heraus und künstlich Wünsche – das ist lediglich eine andere Formulierung für die These der Entfremdung des Menschen. In der Ökonomie findet man diesen Gedanken bei John Kenneth Galbraith. Der in Kanada geborene Wirtschaftsprofessor an der angesehenen Harvard University veröffentliche gut 40 Werke, in deren berühmtestem, *Die moderne Industriegesellschaft*, er behauptete, die Großunternehmen produzierten eher die Nachfrage der Menschen, als dass sie darauf reagierten. Nach seiner Darstellung schaffen sie vor allem durch Werbung künstlich Bedürfnisse, die sie dann mit ihren Produkten befriedigten.

> In der Produktion geht die Initiative nicht vom König Kunden aus [...], sondern von den großen Produktionsbetrieben, die die Märkte, denen sie angeblich dienen, kontrollieren und die darüber hinaus die Käuferwünsche entsprechend den Produktionsmöglichkeiten zu beeinflussen suchen.[4]

Dass die Marktwirtschaft, wie sie sich im 20. Jahrhundert herausbildete, als Motor für die Stimulierung von Wünschen fungierte, trifft sicher zu. Die Annahme jedoch, diese Wünsche wären durch das Angebot aus dem Nichts heraus geschaffen worden, ist meines Erachtens ein Trugschluss, der eine genauere Untersuchung verdient, denn man findet ihn in diversen Ausprägungen, vor allem solchen, die vorgeben, die Medien «kritisch» in den Blick zu nehmen. Wie sich zeigt, hindert uns dieser Trugschluss daran, die gegenwärtige Lage des deregulierten kognitiven Marktes deutlich zu erkennen.

John Kenneth Galbraith, in den Augen vieler seiner Kollegen eher ein Moralprediger als ein Ökonom, der mit einem wissenschaftlichen Ansatz an seinen Gegenstand heranging, war zweifellos fasziniert von der gewaltigen Zunahme der Werbung. 1908 geboren, wurde er wie alle seine Zeitgenossen Zeuge der Fähigkeit mancher Botschaften, unsere Aufmerksamkeit auf sich zu ziehen und durch den Vergleich mit anderen Menschen Wünsche zu stimulieren. Die These der Entfremdung des Menschen von seiner Natur setzt eine Situation voraus, in der das Angebot vollkommen der Nachfrage zu entsprechen scheint. Der erste Beschreibungsreflex besteht dann darin, eine außergewöhnliche Koinzidenz zu konstatieren. Wie kommt es, dass beide einander so gut entsprechen? Ein weiterer Reflex – diesmal die Interpretation betreffend – besteht in der Unterstellung, das Angebot bestimme die Nachfrage. Diese Hypothese erlaubt es, das Mysterium dieser Koinzidenz aufzuklären, leidet aber an einer logischen Schwäche.

Wenn die These einer Schöpfung der Wünsche aus dem Nichts konsistent wäre, müsste man annehmen, dass jeder Versuch der Industrie, der demselben Weg folgte, erfolgreich wäre. Weshalb sollte man unterstellen, dass die Manipulation der Massen zwar hier, aber nicht auch dort funktioniert? In Wirklichkeit übersieht diese These einen bedeutsamen Teil der wirtschaftlichen Produktion – den nämlich, der seine Nachfrage nicht zu finden vermag. Sie ignoriert völlig die Mechanismen darwinscher Selektion, die auf den Märkten am Werk sind. Da nur das erfolgreiche Angebot in den Blick genommen wird, entsteht am Ende der Eindruck, das Angebot schaffe die Nachfrage, vor allem wenn es durch eine entsprechende Werbung unterstützt würde. Diese retrospektive Interpretationsverzerrung lässt die tastenden Versuche des Angebots und die vielen Fehlschläge außer Acht. Werbung kann unser Bedürfnis, unter den anderen hervorzustechen, zwar stimulieren, es wird von ihr jedoch nicht geschaffen. Wie wir gesehen haben, wurzelt dieses Bedürfnis vielmehr in unserer menschlichen Identität. Manche Konsumpotenziale mögen in der Vergangenheit noch nicht zum Ausdruck gekommen sein, aber das heißt nicht, dass sie vor dem Aufkommen eines bestimmten Angebots noch nicht existiert hätten. Die universellen Gesetze der Gravitation bestanden auch schon vor ihrer Entdeckung durch Newton.

In dieser Hinsicht hat der beschriebene logische Irrtum große Ähnlichkeit mit dem, der dazu verleitet, in biologischen Evolutionsprozessen das Ergebnis einer in der Natur wirkenden Absicht zu sehen, die angeblich dafür sorgt, dass «alles gut wird». Dieser Eindruck rührt daher, dass die Lebewesen so gut an ihre Umwelt angepasst zu sein scheinen. Das Problem ist hier, dass wir nur die Erfolge der Natur sehen, nicht aber die zahllosen Misserfolge. Die kurze Zeitspanne, die unsere direkte Erfahrung ausmacht, vermag uns nicht vor Augen zu führen, dass 99,9 Prozent aller Arten, die es jemals gegeben hat, heute verschwunden sind. Wir sehen nur das gelungene Produkt, nicht jedoch die Masse der missratenen Entwürfe, weshalb wir denn meinen, die natürliche Welt sei bestens eingerichtet und zeige eine wunderbare Koinzidenz – ganz im Widerspruch zu allem, was die Biologie uns seit Darwin lehrt.

Beim Markt liegen die Dinge anders, denn das Angebot entsteht hier nicht durch Zufall. Es orientiert sich an Erwartungen hinsichtlich der Nachfrage auf der Grundlage der Spuren, die es in der Geschichte des Marktes bereits hinterlassen hat. Das gilt in besonderem Maße für den kognitiven Markt, und dort ist es durchaus möglich, seine Aufbereitung in der beschriebenen Weise zu denken. Die Aufbereitung verändert die Wahrscheinlichkeit, bestimmte Narrative zu finden, aber sie bringt den Wunsch nach Antworten nicht erst hervor. Dieser Wunsch ist vielmehr in unser Gehirn eingebaut, geradeso wie der Wunsch, unter den anderen hervorzustechen, das Verlangen nach Konflikthaftem und Sexualität und so weiter.

Es stimmt, dass die These, der Markt habe zu einer *Entfremdung* des Menschen von seiner Natur geführt, ideologische Dienste leistet; sie verhindert jedoch auch die Erkenntnis, dass der Markt den Menschen *enthüllt*. Das geschieht umso leichter, als dessen Interpretation in die Richtung unserer Hoffnungen und Wünsche geht: Wir sind im Grunde mehr als das, wir sind sentimentale Massen. Problematisch ist allerdings, dass die Argumentation nicht nur logisch falsch ist, sie wird zugleich auch von zahlreichen Tatsachen widerlegt.

Überall dort, wo man eine Deregulierung des kognitiven Marktes beobachtet, und zwar ganz unabhängig von den betroffenen Medien, zeigt sich derselbe Enthüllungseffekt. Der Grund liegt darin, dass der Erfolg des Angebots von dessen Fähigkeit abhängt, die mentale Verfügbarkeit auf sich zu ziehen. Dessen Erfolge zeichnen also die Umrisse unserer mentalen Invarianten.

Das belegen zum Beispiel Längsschnittstudien zu den in den Fernsehnachrichten behandelten Themen. Wie eine Studie des Institut national de l'audiovisuel[5] ergab, erhöhte sich der Anteil der zur Rubrik «Verschiedenes» gehörenden Nachrichten von 2003 bis 2012 um 73 Prozent. Und umgekehrt, als die Nachrichtensendungen 2008–2009 gekürzt wurden, hatte die Rubrik «internationale Nachrichten» mit einem Rückgang von 20 bis 30 Prozent am stärksten darunter zu leiden.[6] Natürlich beschränkt sich dieses Phänomen nicht auf Frankreich. Überall wird die Aufbereitung der Information von der Antizipation der Nachfrage beeinträchtigt, sobald der Konkurrenzdruck steigt: weniger vertiefende Berichte, mehr Unterhaltung, mehr inszenierte Konflikte zwischen Personen, wobei die Redakteure auf klare und gegensätzliche Positionen achten. Diesem Rezept folgt CNN in den USA, seit Jeff Zucker dort 2013 die Leitung übernahm. In den wenigen Interviews, die er seit seiner Amtsübernahme gab, machte er deutlich, dass er die Kultur des Senders vollkommen umkrempeln wolle: weniger reine Nachrichten, die Objektivität erfordern, und dafür mehr starke Persönlichkeiten, mehr Unterhaltung und sogar mehr Reality-Show.

Man könnte zahlreiche weitere Beispiele anführen, aber man erinnere sich nur an die Erfahrung mit dem freien Radio. Diese in den 1970er Jahren in Europa aufgekommene Bewegung vereinte in ihren Reihen Hunderte von Aktivisten, die ein Ende des Staatsmonopols und eine Deregulierung des Radio- und Fernsehmarktes verlangten. Sie wurde geprägt von berühmten Experimenten wie dem italienischen Radio Alice und mehr noch Radio Caroline, einem britischen Piratensender, dessen Sendestation sich auf einem in internationalen Gewässern liegenden Schiff befand und der den Filmregisseur Richard Curtis zum Drehbuch seines Films *Good Morning England* inspirierte. In Frankreich zählte man damals Hunderte solcher freien Radiosender, und die Wahl François Mitterands zum französischen Staatspräsidenten 1981 ermöglichte eine Liberalisierung des Rundfunks.

Zunächst einmal kam es dort jedoch zu einer kontraproduktiven Anarchie infolge eines Wettlaufs der Sendeleistung, der dem guten Empfang der Sender schadete. Deshalb erhielt in Frankreich ab 1982 eine Institution namens Haute Autorité de la communication audiovisuelle (die Nachfolgerin des CSA) den Auftrag, die damals sehr begehrten Sendefrequenzen im UKW-Bereich zuzuteilen. Trotz der Liberalisierung wurden indessen auch einige Sender aus politischen Gründen verboten, zum Beispiel Carbone 14 oder Radio libertaire. Doch ab 1983 führte die darwinsche Selektion nach der Fähigkeit, die Nachfrage auf sich zu lenken, zu einer kräftigen Bereinigung in diesem Überangebot. Nach und nach mussten die Sender mit den anspruchsvollsten und einfallsreichsten Programmen aufgeben, weil sie keine ausreichenden Werbeeinnahmen generierten. Die Sender, die bis dahin die politische Regulierung überlebt hatten, mussten nun eine noch fürchterlichere Probe bestehen: die Selektion aufgrund des Aufmerksamkeitswettbewerbs. Die Resultate prägten die Radio- und Fernsehlandschaft, wie wir sie heute kennen. Die Sender passten sich schrittweise der kommerziellen Logik an und wurden zu den Kabelsendern von gestern und heute.

Die Gründer der berühmten Sendung *Top 50* bei Canal+ hatten ähnlich gute Absichten. Es galt, mit den gefälschten Hitparaden Schluss zu machen und eine plebiszitäre Rangfolge der Songs und Chansons zu erstellen, die wirklich den Geschmack der Franzosen widerspiegelt. Das war die Idee, die Pierre Lescure und Alain de Greef verwirklichen wollten. Und sie taten es ab 1984. «Wir wollten mit den falschen Werten aufräumen. Die echten Sänger, die angesehensten Gruppen sollen in Frankreich einen Ort finden, an dem sie sich ausdrücken können», begeisterte sich der damalige Programmchef von Canal+.[7] Das Ergebnis? Den Allzeitrekord für Platz 1 dieser neuen Hitliste, die auf den tatsächlichen Plattenverkäufen basierte, hält Jordy (ein damals Vierjähriger) mit seinem

Lied *Dur, dur, d'être un bébé* [Es ist hart, ein Baby zu sein], gefolgt von der unvergesslichen Gruppe Licence IV mit dem Lied *Viens boire un petit coup à la maison* [Komm und trink einen Schluck zu Hause], das dreizehn Wochen lang Platz 1 der Top 50 belegte. Alain de Greef zog daraus den bitteren Schluss:

> In den Jahren, in denen diese Sendung ausgestrahlt wurde, zeigte sich deutlich der beschissene Geschmack unserer Landsleute bei Songs und Chansons [...]. Ich habe aus diesem Abenteuer gelernt, dass man niemals auf den Geschmack der Mehrheit setzen sollte.

Ohne Überraschungen, aber mit einem noch stärkeren Enthüllungseffekt zeigt die Nutzung des Internets ganz direkt, auf welche Themen sich unsere Aufmerksamkeit richtet. Welche Gemeinsamkeit besteht zum Beispiel zwischen Nabilla Benattia, Dieudonné M'Bala M'Bala und Julie Gayet? Sie sind die drei Personen, deren Namen in Frankreich im Jahr 2014 die meisten Google-Suchanfragen galten. Auf die Frage, was wir Franzosen in diesem Jahr mit diesem fabelhaften Werkzeug gemacht haben, das uns den Zugang zu einem gewaltigen Teil des menschlichen Wissens eröffnet, lautet die durch eine Zusammenfassung unserer kollektiven Suchanfragen gewonnene Antwort: Wir haben nach Informationen über die damalige Lebensgefährtin des französischen Staatspräsidenten, über einen ätzenden Komiker und ein Reality-TV-Sternchen gesucht. Das Jahr 2014 habe ich ausgewählt, weil Frankreich in diesem Jahr mit zwei Nobelpreisen geehrt wurde, dem für Literatur und dem für Wirtschaftswissenschaften, und zwar in der Person von Patrick Modiano und Jean Tirole. Ist das von den beiden Nobelpreisträgern ausgelöste Interesse auch nur annähernd vergleichbar mit dem Interesse an unseren drei Siegern?

Der angesehene Nobelpreis beeinflusste die Mechanismen der kollektiven Neugier nur minimal, denn die Suchanfragen zu Tirole und Modiano sind derart gering im Vergleich mit denen zu Nabila, Dieudonné oder Julie Gayet, dass sie bei dem gewählten Maßstab nicht einmal zu sehen sind. In anderen Zeiten hätte man anführen können, dass die Men-

Relatives Suchvolumen der Google-Suchanfragen zu diesen Personen im Jahr 2014

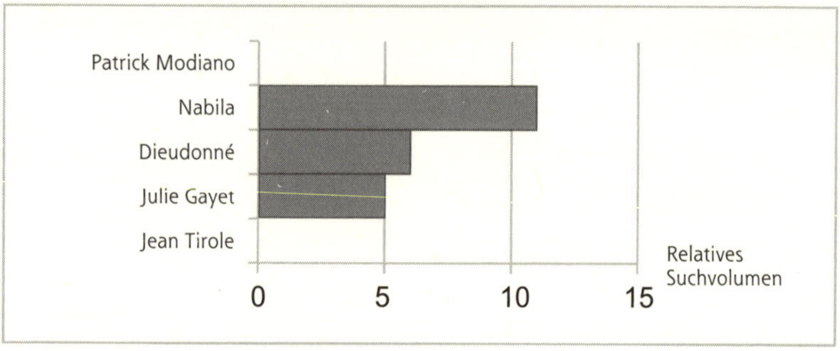

schen hinsichtlich der Themen und Personen, die ihre Neugier weckten, von den herkömmlichen Medien abhingen. Aber leider erweist sich Big Data im Blick auf unser aller Mittelmäßigkeit als ein mächtiges Enthüllungswerkzeug.

Was das Interesse an Julie Gayet betrifft, sei an Folgendes erinnert: 2014 entdeckten die Franzosen, dass ihr Präsident eine heimliche Geliebte hatte. Die Affäre wurde an einem Freitag von einem Magazin publik gemacht, doch die Internetnutzer stürzten an ihre Computer, um mehr über diese «inoffizielle» First Lady zu erfahren, noch bevor die herkömmliche Presse am folgenden Montag darüber berichten konnte. Ihr darf man daher nicht den Vorwurf machen, sie hätte dieses Interesse geweckt. Das beweisen die von den Suchanfragen im Netz hinterlassenen Spuren, da sie sich genau datieren lassen.

Die herkömmlichen Medien berichteten dennoch ausgiebig über die Affäre, was zahlreiche Kommentare auslöste. Denn in Frankreich hatte bis in die 1990er Jahre hinein ein unter allen Medien bestehendes stillschweigendes Einverständnis die Möglichkeit geschaffen, dass man sich zumindest im Blick auf das Privatleben von Politikern der misslichen Lage entziehen konnte, die der Konkurrenzdruck schuf. Man war sich einig, dass man darüber nicht redete. Genau das geschah jedoch im Fall der «Gayet-Affäre» nicht, und es wird wahrscheinlich auch nicht mehr geschehen, solange die Nachfrage ihre Rechte gegenüber dem Informationsangebot geltend macht. So wurde denn auf der Pressekonferenz

Google-Suchanfragen nach dem Suchbegriff «Julie Gayet»

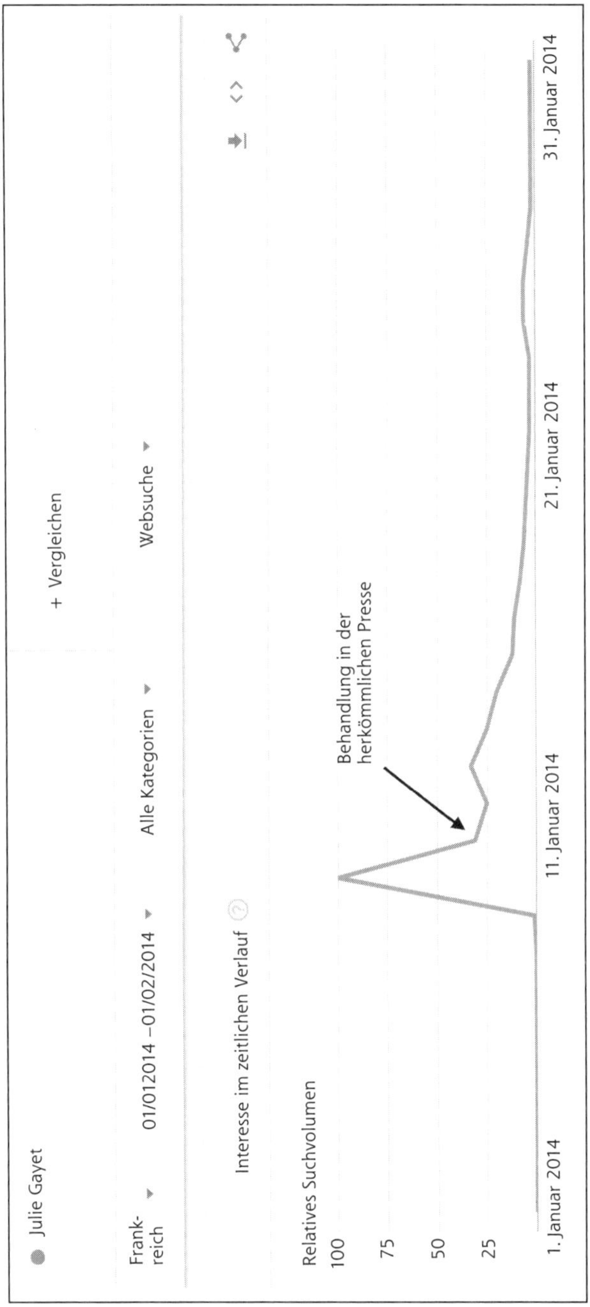

François Hollandes am 14. Januar zum ersten Mal eine Frage zum Privatleben des französischen Staatspräsidenten gestellt, und zwar gleich zu Beginn vom Vorsitzenden der Association de la presse présidentielle: «Ist Valérie Trierweiler noch die Première Dame Frankreichs?» (Der Fragesteller – eine Ironie des Schicksals – entschuldigte sich gleich darauf in einem deutlichen Tweet: «Albert Londres, verzeih mir!»). Nach dieser Eröffnung drehten sich mehr als 20 Prozent der von den Journalisten gestellten Fragen um das angebliche Verhältnis zwischen dem Präsidenten und der Schauspielerin.

Die Vereinnahmung der Politiker durch die Klatschpresse ist kein Problem einer nationalen Kultur, wie der Historiker Robert Zarestsky, Professor an der University of Houston, anmerkt, denn bis vor Kurzem galt selbst in den USA:

> Niemand interessierte sich dafür, dass Roosevelt oder Eisenhower ihre Ehefrauen betrogen. John F. Kennedys Liaisons haben niemals einen Skandal ausgelöst. Und über den ersten Präsidenten Bush gab es Gerüchte, die nie geklärt wurden […]. Dass sich die Dinge seit Bill Clinton in den USA ganz anders entwickelt haben, daran hat das Internet einen großen Anteil […], und dasselbe gilt für Kabelsender wie Fox News.[8]

Die Vereinnahmung der politischen Welt durch die Klatschpresse gehört durchaus zu den Facetten der kognitiven Apokalypse. Manche Politiker spielen dieses Spiel übrigens gerne mit, weil solche Enthüllungen aus ihrem Privatleben sich auch positiv auf ihren Bekanntheitsgrad auswirken können.

Die Spuren, die wir in der digitalen Welt hinterlassen, bieten noch weitere Hinweise auf die Art unseres Interesses an Politikern. Wenn man bei Google einen Suchbegriff eingibt, schlägt die Suchmaschine verwandte Ausdrücke vor, und diese Vorschläge basieren auf der Häufigkeit, mit der diese Begriffe von den Internetnutzern eingegeben wurden. Es handelt sich um einen Zusatzdienst mit Namen Google Suggest. Er liefert Hinweise auf Themen, die die Nutzer im Blick auf ein Wort oder auf Personen interessieren.

Als Édouard Philippe französischer Premierminister wurde, beschloss ich, mich über seinen Werdegang zu informieren, da ich nicht sonderlich viel über ihn wusste. Google Suggest präsentierte mir – in dieser Reihenfolge – die Stichwörter «Privatleben», «Frau», «Twitter» und «verheiratet». Um meine Suche etwas weiter zu treiben, dehnte ich sie auf alle 22 Mitglieder der damaligen neuen Regierung (von 2017) aus: Was suchten die Internetnutzer über sie? Interessierten sie sich zum Beispiel für ihren politischen Werdegang oder für die politischen Programme, die sie möglicherweise umzusetzen gedachten? Ja, ein wenig – aber nicht wirklich. Fragen zur Politik (etwa zur Parteizugehörigkeit) machten nur 21 Prozent der Suchanfragen aus, solche zum Privatleben dagegen 38 Prozent; 16 Prozent versuchten zu klären, ob die betreffenden Personen über einen Twitter- oder Facebook-Account verfügten oder wie man sie kontaktieren konnte; 13 Prozent entfielen auf zweifellos misstrauische Fragen nach deren Zugehörigkeit zu bestimmten Wirtschaftsunternehmen oder zu den Freimaurern; und 12 Prozent auf eher belanglose Themen wie das Einkommen, die Körpergröße oder das Alter. Wiederholt man diese Suche für die Kandidaten der letzten französischen Präsidentschaftswahlen von 2017, findet sich dieselbe Obsession für das Privatleben der Politiker, mit einer leichten zusätzlichen Neugier auf deren Aussehen, als sie noch jünger waren.

Diese Herangehensweise hinsichtlich der Frage, worauf wir unsere Aufmerksamkeit richten, ist noch etwas ungelenk, doch Seth Stephens-Davidowitz (2018), der als Forscher bei Google arbeitete, konnte die dahinterstehenden Gedanken mit sehr gutem Datenmaterial vorantreiben. Seine Stellung ermöglichte es ihm, Milliarden von Suchanfragen, die tagtäglich in die Suchmaschine eingegeben wurden, zu analysieren. Die Ergebnisse fasste er übrigens in einem faszinierenden Buch mit dem Titel *Everybody lies: Big Data, New Data, and What the Internet can tell us about who we really are* zusammen. Auch er ist der Ansicht, dass die quantitative Auswertung unserer Suchanfragen ein großartiges Instrument ist, weil sie unsere Obsessionen zu enthüllen vermag, die wir vor der Öffentlichkeit jedoch verbergen möchten. Wie wir später noch sehen werden, belegen zahleiche Daten unsere Fähigkeit, die Dürftigkeit unseres Geschmacks zu verbergen. In dieser Hinsicht zeigte, wie der ehemalige Data Scientist bei Google anmerkt, eine schon in den 1950er Jahren in Denver durchgeführte Studie, dass die Befragten hinsichtlich ihrer Spenden an Wohlfahrtsorganisationen logen, obwohl die Fragebogen anonym waren.

Über einen Zeitraum von vier Jahren analysierte Stephens-Davidowitz sehr genau die Google-Suchanfragen in den USA. Auch er beobachtete eine wahrhafte Obsession der Internetnutzer für die Sexualität. Den Männern lässt tatsächlich die Größe ihres Penis keine Ruhe, stellen sie in der Suchmaschine doch über diesen Teil ihrer Anatomie weit mehr Fragen als über andere Körperteile (Lunge, Leber, Ohren, Nase, Hals, Gehirn). Amerikanische Männer sind begieriger zu erfahren, wie sie ihr Geschlechtsteil vergrößern können, als wie man z. B. einen Autoreifen wechselt. Die Frauen beschäftigen sich dagegen kaum mit dieser Frage; auf 170 Männer kam nur 1 Frau, die eine Suchanfrage bezüglich der Größe des Penis ihres Partners eingab. Ausgeglichener ist da schon die Angst vor einer Ehe ohne Sexualität. Nach diesem Thema suchten Frauen und Männer in etwa derselben Zahl. Suchanfragen dieser Art sind drei Mal so häufig wie solche nach einer «unglücklichen Ehe» und acht Mal so häufig wie die nach einer «Ehe ohne Liebe».

Die Suchanfragen der Internetnutzer enthüllen auch deren rassistische und sexistische Vorurteile. Nach dem islamistischen Terroranschlag in San Bernardino sprang die Zahl der Suchanfragen «Muslime töten» gewaltig in die Höhe und erreichte die von banalen Anfragen etwa nach Migränesymptomen. Die Häufigkeit von Anfragen, die das (eindeutig rassistische) N-Wort enthalten – bei Google 7 Millionen Anfragen im Jahr –, ist ein Indikator für diese verborgenen Wahrheiten. Ein weiteres Beispiel sind die Anfragen von Eltern bezüglich ihrer Kinder. Die häufigste betrifft die Hochbegabung – allerdings doppelt so oft im Blick auf kleine Jungen als auf kleine Mädchen. Andererseits machen Eltern sich häufiger Sorgen über die Schönheit oder die spätere Fettleibigkeit ihrer Töchter als die ihrer Söhne, obwohl in den USA 35 Prozent der Jungen, aber nur 28 Prozent der Mädchen übergewichtig sind.

Hier wird uns also das Schreckenshaupt der Medusa präsentiert, und wir können es im Spiegel der vielfältigen Spuren anschauen, die wir in der digitalen Welt hinterlassen. Sie zeichnen zwar kein vollkommen getreues Bild dessen, was wir sind, skizzieren jedoch einige Züge unabweisbarer Realitäten.

Diese Spiegelungen zeigen auch, dass wir bereit sind, sehr viel mehr von unserer Aufmerksamkeitszeit auf Ereignisse von bloßem Unterhaltungswert zu verwenden als auf solche, bei denen es um wichtige weltpolitische Fragen geht. Vergleicht man zum Beispiel die Aufmerksamkeit für zwei gleichzeitige Ereignisse (gemessen an den in den sozialen Netzwerken hinterlassenen Spuren), gereicht uns die dabei festgestellte Rangfolge nicht immer zur Ehre.

Als man Ende August 2013 zu der Überzeugung gelangte, dass Baschar al-Assad chemische Waffen gegen seine Bevölkerung einsetzte, zeigte sich, dass der Konflikt in Syrien zu einem äußerst sensiblen und folgenschweren Thema der internationalen Politik werden würde. Zur selben Zeit fand die Preisverleihung für die MTV Video Music Awards statt, die von MTV übertragen wurde. Diese Sendung fesselt gewöhnlich die Aufmerksamkeit eines Teils der US-amerikanischen Jugend, vor allem seit die Sängerin Madonna dort Britney Spears und Christina Aguilera küsste oder Lady Gaga 2010 in einem Kleid aus Fleisch auftrat. Diese TV-Institution wird alljährlich am letzten Donnerstag im August ausgestrahlt. Ein Vergleich der auf Twitter zu verzeichnenden Aktivitäten bezüglich der beiden Ereignisse, Verschärfung des Syrienkonflikts und MTV Video Music Awards von 2013, macht ratlos. Das erste Ereignis löste im Schnitt 1533 Tweets pro Minute aus, der Twerk von Miley Cyrus dagegen 306 100 – also 200 Mal so viele.

Bei dem, was wir in kurzen Zeiträumen messen können – und was ein kognitives Produkt unter den hochgradig durch Konkurrenz bestimmten und für unsere Zeit typischen Bedingungen verlangt –, kommt es generell nicht auf die Qualität des Inhalts an, sondern darauf, dass es auf eine Reihe gleichbleibender und unmittelbarer Erwartungen unseres Geistes antwortet. Zum Leidwesen der auf Wissen basierenden Demokratien sichert nicht die Qualität der Information eine weite Verbreitung, sondern die von ihr gebotene kognitive Befriedigung.

Das erklärt einen Teil des Erfolgs der sogenannten Fake News, wie ein Aufsatz des Anthropologen Alberto Aceri (2019) darlegt, der zeigt, dass die digitale Verbreitung von Desinformation erfolgreich ist, weil sie auf «allgemeine kognitive Präferenzen» eingeht. Er analysierte 260 Artikel in verschiedenen Medien und fand heraus, dass negative oder als bedrohlich empfundene Inhalte und Elemente, die an Sexualität denken lassen oder leicht der Anschauung widersprechen, den jeweiligen Narrativen einen Wettbewerbsvorteil verschaffen. Sein Schluss lautet, dass Fake News nicht als qualitativ schlechte Informationen gelten sollten, die sich wegen der Ineffizienz der Online-Kommunikation ausbreiten, sondern als Informationen, denen aus der Sicht ihrer kognitiven Effizienz eine hohe Qualität zukommt – wobei Qualität hier nicht im Sinne von Wahrheitsnähe verstanden wird, sondern im Sinne der Anziehungskraft für unsere Aufmerksamkeit und letztlich unsere Überzeugungen.

All diese Daten haben nur Sinn, wenn man einräumt, dass es sich um Auswirkungen von Marktmechanismen handelt. Wir sollten uns hüten, den Begriff des Marktes zu essenzialisieren und etwas anderes darin zu sehen als eine Summe komplexer Interaktionen, die zu wechselseitigen Anpassungen und vor allem zu opportunistischen Reaktionen seitens der Akteure führen, deren Erfolg von ihrer Fähigkeit abhängt, Aufmerksamkeit auf sich zu ziehen. Diese neue Realität ist etwas unangenehm, und so kann es sehr verlockend erscheinen, sie durch Deutungsmodelle zu ersetzen, die von böswilligen Absichten ausgehen. Solche ideologischen Modelle haben aus denselben Gründen auf dem kognitiven Markt einen gewissen Erfolg.

Der seiner Natur entfremdete Mensch

Die Freisetzung von Gehirnzeit ist ein wichtiges Phänomen in der Geschichte der Menschheit, und dasselbe gilt für die Feststellung, dass die erweiterte mentale Verfügbarkeit keine Gesellschaft der Weisheit und des Wissens hervorgebracht hat, die intellektuell anspruchsvoller wäre und das Mögliche erforscht, um auf rationale Weise die beste aller Welten zu verwirklichen. Die Diskrepanz zwischen Wünschenswertem und tatsächlich Realisiertem lässt sich unterschiedlich interpretieren. Diese Interpretationen bestimmen, wie wir den Schatz der mentalen Verfügbarkeit nutzen können. Deshalb sind sie von großer politischer Bedeutung.

Von diesen Narrativen ist eines besonders gefährlich: das des seiner Natur entfremdeten Menschen. Es findet sich mit zahlreichen Abwandlungen in der Populärkultur, ist aber auch in der akademischen und wissenschaftlichen Welt sehr mächtig – und vielleicht sogar noch mächtiger.

Folgt man dem Ansatz des Anthropologen Wiktor Stoczkowski, geht die in diesem Narrativ steckende «Ontologie», die ich zuweilen auch als «naive Anthropologie» bezeichne, davon aus, dass die Enthüllungen der kognitiven Apokalypse akzidentielle Elemente seien und damit keine Wesensmerkmale des Menschen darstellten. Diese akzidentiellen Merkmale seien durch übles Tun in das soziale Leben gelangt. Nach diesen ontologischen Vorstellungen lässt sich auch bestimmen, worin das Übel besteht. In den meisten Fällen wird hier der Kapitalismus samt seinen modernen Begleitumständen genannt. So schreibt Jonathan Beller:

> Die Massenmedien sind eine an keinen Ort gebundene Fabrik, in der die Zuschauer sich selbst so zurichten, dass sie den libidinösen, politischen, zeitlichen, körperlichen und natürlich auch ideologischen Vorgaben eines sich ständig intensivierenden Kapitalismus entsprechen.[9]

Spuren dieses Narrativs findet man bei Herbert Marcuse, Theodor W. Adorno, Max Horkheimer und Antonio Gramsci.

Nach Marcuse ist der Einzelne in den «technischen Apparat» und dessen Steuerungs- und Herrschaftsmechanismen eingespannt.[10] Die Mediengesellschaft raubt uns die Fähigkeit, zu urteilen und Widerstand gegen die Herrschaft zu leisten, indem sie uns bis ins Privatleben hinein überschwemmt. Sie macht uns zu automatisch gehorsamen Wesen. Ein ganz ähnliches Narrativ findet man bei Theodor W. Adorno und Max Horkheimer. In einem Text mit dem Titel *Kulturindustrie* (1969) beschreiben sie den Einzelnen als ein heteronomes Wesen, geformt von der

Informationsumwelt, die ihm die industrielle und kapitalistische Gesellschaft aufzwingt.

Die beiden Autoren bemerken zu Recht, dass die ökonomische Sphäre sich der Kulturgüter bemächtigt und sie in Waren verwandelt hat. Und schon zu ihrer Zeit beobachteten sie, dass diese Kommerzialisierung zu einer qualitativen Verarmung und einer Standardisierung der Erzeugnisse führt. Statt diesen Prozess als nichtintendierte Folge des erleichterten Ausgleichs zwischen Angebot und Nachfrage zu interpretieren, sehen sie darin die Logik der Herrschaft der Starken über die Schwachen am Werk. Anfangs, vor allem Ende des 18. Jahrhunderts, habe die Logik des Marktes eine Befreiung von religiöser Bevormundung und unberechtigten Standesgrenzen ermöglicht, doch im 20. Jahrhundert diene sie als Unterdrückungsinstrument und verschleiere das wahre Wesen der sozialen Beziehungen. Hier besteht ein direkter Zusammenhang mit der Theorie der Camera obscura, die Karl Marx und Friedrich Engels in *Die deutsche Ideologie* entwickelten. Danach bestimmt die herrschende Ideologie, die aus den Klassenverhältnissen hervorgeht, unsere Vorstellungen. So dienen diese Vorstellungen ganz direkt den *Interessen* der herrschenden Klasse:

> Die Menschen sind die Produzenten ihrer Vorstellungen, Ideen pp., aber die wirklichen, wirkenden Menschen, wie sie bedingt sind durch eine bestimmte Entwicklung ihrer Produktivkräfte und des denselben entsprechenden Verkehrs bis zu seinen weitesten Formationen hinauf. […] Wenn in der ganzen Ideologie die Menschen und ihre Verhältnisse wie in einer Camera obscura auf den Kopf gestellt erscheinen, so geht dies Phänomen ebensosehr aus ihrem historischen Lebensprozeß hervor, wie die Umdrehung der Gegenstände auf der Netzhaut aus ihrem unmittelbar physischen.[11]

Diese Logik der Herrschaft entfaltet sich in äußerst bildhafter Weise, und in Wirklichkeit geizen die Theorien, die sie beschreiben und sich selbst als «kritisch» bezeichnen, doch sehr mit analytischer Durchdringung. So lässt sich kaum nachvollziehen, was sie berechtigt, von Wirkungen, die wir alle beobachten, auf Ursachen zu schließen, die sie allenfalls unterstellen. Sie verweisen immer wieder auf Strukturen oder Systeme, aber man sieht niemals recht, wie diese Herrschaftsmechanismen funktionieren, die dazu führen sollen, dass die «sentimentalen Massen» verraten und ihrer selbst entfremdet werden. Wer sich eine Vorstellung vom esoterischen Charakter der dort vertretenen Vorstellungen machen möchte, lese zum Beispiel Franco Berardi, der uns vor den Gefahren des Neurototalitarismus warnt:

> Ein Nachdenken über die Aufmerksamkeitsökonomie erfordert eine Beschreibung der Verzauberung, mit deren Hilfe der Semiokapitalismus (durch Finanzabstraktionen und die Gespenster der Mediensphäre) den sozialen Körper ergreift und den Händen des Digitalen überantwortet, in denen das Erleben einer gewaltigen Stimulierungs- und Standardisierungsmacht unterworfen wird.[12]

Oder man könnte den berühmten Guy Debord zitieren:

> Die Entfremdung des Zuschauers zugunsten des angeschauten Objekts (das das Ergebnis seiner eigenen bewusstlosen Tätigkeit ist) drückt sich so aus: je mehr er zuschaut, umso weniger lebt er; je mehr er sich in den herrschenden Bildern des Bedürfnisses wiederzuerkennen akzeptiert, umso weniger versteht er seine eigene Existenz und seine eigene Begierde.[13]

Diese Theorien geizen offensichtlich nicht mit Bildern, wohl aber mit der Beschreibung echter Kausalbeziehungen, also kausaler Zusammenhänge, wie wir sie aus der naturwissenschaftlichen Welt kennen. Helfen wir ihnen ein wenig.

Die einfachste Erklärung wäre die Unterstellung einer Intention. Die herrschenden Gruppen versuchen ganz bewusst, die Massen zu unterjochen. Doch selbst ideologischer Eifer vermag die deskriptive Schwäche solcher Theorien nicht zu verdecken, und das nicht einmal bei jenen, die sie eigentlich gerne verträten. Um die offenkundige intellektuelle Unannehmlichkeit zu verschleiern, die sich ergibt, wenn man kollektiven Gebilden Intentionen zuschreiben möchte, haben viele Autoren die Gewohnheit angenommen, an solchen Stellen zu sagen und zu schreiben: «Es ist so, als ob ...». Es ist so, als ob «die Macht» die Kriminalität hervorbrächte, um die allgemeine Überwachung ihrer Untertanen zu organisieren. Es ist so, als ob die Massenmedien Manipulationsunternehmen wären, die darauf abzielten, die Massen zu unterjochen, indem sie für deren Uniformisierung sorgten und nur eine Kultur der Flucht und Zerstreuung anböten, statt sie mit der Realität der Welt, in der sie leben, zu konfrontieren. Zu den großen Förderern dieser Wendung gehörte der Soziologe Pierre Bourdieu. Er wusste zwar um die Falle der Intentionalitätsverzerrung,[14] aber es gelang ihm erkennbar nicht immer, seine Analysen davon freizuhalten. So schrieb er über das Fernsehen, das er für ein Instrument der Aufrechterhaltung der symbolischen Ordnung hielt:

> Und wenn wertvolle Minuten verschleudert werden, um derart Unwichtiges zu sagen, so deswegen, weil diese unwichtigen Dinge in Wirklichkeit sehr wichtig sind, und zwar insofern, als sie Wichtiges verbergen.[15]

In einem ähnlichen Sinne schreibt Alain Acardo (2017), ein Soziologe und Aktivist, der für eine Abkehr vom Wachstum kämpft und sich in seiner Sozioanalyse des Journalismus auf Bourdieu bezieht: «Die herrschenden Medien und ihr Personal sind nur noch mehr oder weniger zustimmende und eifrige Propagandainstrumente, die die herrschende Klasse braucht, um ihre Hegemonie zu sichern.»

Selbst mit sehr viel gutem Willen lässt sich die Intentionalitätsverzerrung kaum übersehen, unter der solche Urteile leiden. Zudem ist die von Bourdieu vorgetragene These der Ablenkungsstrategie in den sogenannt kritischen Medientheorien sehr präsent. So erschienen in Frankreich zwei Bände mit dem Titel *Divertir pour dominer* (Unterhaltung zum Zweck der Herrschaft), die sich für eine Abkehr vom Wachstum einsetzen. Der Titel dieses Bestsellers ist ebenso klar wie der Inhalt des Buchs, in dem man die von der Frankfurter Schule entfalteten Themen wiederfindet. Danach entwickelte der Kapitalismus den kognitiven Markt, um die Massen zu entfremden und für die Konsumlogik zugänglich zu machen. Die Freizeitkultur ermögliche die Domestizierung der Völker. Die These des durch den Markt entfremdeten Menschen wird ungeschminkt vorgetragen. Die Sucht nach digitaler Befriedigung, «banalisierte Pornografie», das bulimische Verhältnis zur Fiktion, der Narzissmus – all das habe nichts mit tiefliegenden Dispositionen unserer Spezies zu tun, sondern sei lediglich Ausdruck des Willens, einen neuen Menschen zu produzieren, der den Interessen des «hypermodernen» Kapitalismus diene.

Am seriösesten – das heißt anhand empirischer Daten – befasst sich mit diesem Thema meines Erachtens das Buch von Noam Chomsky und Edward Herman mit dem Titel *Manufacturing Consent: The Political Economy of the Mass Media* (1988). Die beiden Autoren haben es nicht einmal nötig, auf eine Art von Krypto-Intentionalität zu verweisen, sondern äußern sich da ganz eindeutig. Pikant ist allerdings, dass Noam Chomsky, der in diesem Buch die These vertritt, dass Dissidenten in Demokratien einer Zensur ausgesetzt seien, zugleich zu den weltweit am häufigsten zitierten Autoren gehört. Solche Paradoxien nehmen die Autoren indessen selbst vorweg, indem sie behaupten, die Massenmedien seien «kein monolithischer Block» und könnten «ein gewisses Maß an Dissens» vertragen.[16] Durch solche Argumente wird ihre These unwiderlegbar, was kaum als wissenschaftlich gelten kann. So könnte man fragen, ob es denn tatsächlich Leute gibt, die entscheiden, in welchem Maße und unter welchen Bedingungen Dissidenz akzeptabel ist. Und wenn es keine Entscheider gibt, wie stellt sich dann spontan dieses Gleichgeweicht her? Wenn Chomsky selbst zu jenem Teil der Dissidenz gehört, den das System absorbiert, so weil die Enthüllungen in seinem Buch nicht gar so stark und unbequem sind. In dieser Art Theorien gibt es stets Teile, die sich selbst widerlegen.

Dennoch belasten sich die beiden Autoren nicht mit analytischer Vorsicht. In ihren Augen erfolgt die Aufbereitung der Welt ganz bewusst im Sinne der Interessen der Mächtigen. Damit knüpfen sie an die Thesen Antonio Gramscis an, in dessen Augen die Medien die kulturelle Hegemonie des Bürgertums über die Gesellschaft organisieren. Zur Begründung ihrer Thesen verweisen sie hauptsächlich auf zwei Argumentationsstränge, die deshalb interessant sind, weil sie Mechanismen beschreiben, die durchaus zu solch einer Hegemonie führen könnten.

Der erste bezieht sich auf die Werbeausgaben, die ihres Erachtens eher an solche Medienunternehmen fließen, die im Interesse der Mächtigen agieren. Zur Bekräftigung ihrer These betreiben die beiden Autoren Rosinenpickerei in der Realität und finden einige Beispiele,[17] die zeigen, dass die Werbeausgaben in der Geschichte gelegentlich vorzugsweise an konservative Zeitungen gingen, statt an die mit der größten Leserschaft. Daraus ziehen sie eine Schlussfolgerung, die, wie wir gesehen haben, zahlreichen Fakten widerspricht: Bei einer Finanzierung durch Werbung bringe «der freie Markt kein neutrales System hervor, in dem die Wahlentscheidung des Endverbrauchers die entscheidende Rolle» spiele.[18] Die Verkehrung von Ursache und Wirkung führe sogar zu absonderlichen oder zumindest tautologischen Behauptungen: «Ein nichtkommerzielles Fernsehen wäre deutlich im Nachteil und könnte ohne öffentliche Finanzierung nicht hoffen, wettbewerbsfähig zu sein».[19]

Nach der Faktenlage kommen die öffentlichen Gelder eher dem Sieger zugute als umgekehrt. Um bei dem Beispiel Fernsehen zu bleiben: In Frankreich hat der private Fernsehsender TF1 eher ein Breitenpublikum, und er setzte sich nicht deshalb durch, weil die herrschende Bourgeoisie das so gewollt hätte, sondern weil der Sender sich durch Versuch und Irrtum an den antizipierten Geschmack der großen Zahl herantastete. Und genau deshalb profitierte er dann vom Manna der öffentlichen Gelder.

Doch statt nun eine endlose Debatte über die Frage nach der Henne oder dem Ei zu beginnen, brauchen wir uns nur anzuschauen, wie die Werbung im Internet organisiert wird. Heute weiß jeder, dass die Tendenz zur Personalisierung zu den zentralen Merkmalen der Reorganisation des Werbemarktes gehört und dass sie deutlich mehr der Vereinfachung des Ausgleichs zwischen Angebot und Nachfrage verdankt als dem bewussten oder unbewussten Ausdruck der Interessen einer herrschenden Klasse. Und schlimmer noch für die These des seiner Natur entfremdeten Menschen, die Mechanismen zur Allokation der Werbegelder werden heute von Algorithmen gesteuert, die auf Gebote eingehen, deren Ergebnisse in einer Zehntelsekunde feststehen. Die von den Algorithmen getroffenen Entscheidungen basieren auf den digitalen Spuren, die wir Internetnutzer im Netz hinterlassen. Diese Art der Verteilung von Werbeausgaben ist deutlich effizienter. Und zudem zeigt sie: Selbst wenn die wirtschaftlichen Akteure Träger einer Ideologie sind und dazu neigen könnten, die Aufbereitung der Welt mehr oder weniger erfolgreich durch Werbung zu beeinflussen, am Ende – und das scheint unter Marktbedingungen weitaus logischer – siegt doch das kurzfristige Interesse.

Der zweite von Noam Chomsky und Edward Herman verwendete Argumentationsstrang lautet, dass die Manipulation der Information durch die in den Medien anzutreffende Kapitalkonzentration ermöglicht wird. Das ist nun eine reale Tatsache, und ich teile den Gedanken, dass sie für die Demokratie etwas Beunruhigendes hat. Fast überall – und Frankreich bildet da keine Ausnahme[20] – befinden sich die privaten Medien inzwischen in den Händen von Milliardären. Dennoch ist die Vorstellung, diese Konzentration beweise, dass die Journalisten sich den Besitzern der Medien, bei denen sie arbeiten, unterordnen müssten, zwar verführerisch, aber schwach.

Und schwach ist sie aus mehreren Gründen. Einerseits unterschätzt sie die Komplexität, die eine Redaktion für jeden darstellen kann, der Einfluss auf sie ausüben möchte. Das Verhältnis der Journalisten zur Macht ist in diesem Fall keineswegs mit dem in einem totalitären Regime möglichen Verhältnis vergleichbar, in dem ihre Arbeitsmittel dem Staat gehörten und sie mit größter Sicherheit für jede ideologische Abweichung bestraft würden. Man müsste schon wenig Ahnung von der Welt des Journalismus haben, wenn man meinte, Einfluss und selbst wohlwollender könnte dort eine effiziente Handlungsanweisung sein. Wer es einmal gewagt hat, Anrufe zu tätigen, um in irgendeiner Weise Druck auf einen Redakteur oder einen investigativen Journalisten auszuüben, wird wissen, wie selten solche Versuche von Erfolg gekrönt sind. Ich setze hier nicht auf eine höhere Moral bei Journalisten, sondern lediglich auf die Tatsache, dass die symbolischen Belohnungen, die es ihnen erlauben, sich in der Ausübung ihres Berufs hervorzutun, nicht auf deren Korrumpierbarkeit schließen lassen. Für Journalisten liegt die Hauptgefahr vielmehr darin, dass sie sich in ein kognitives Oligopol einschließen und sich nur noch aus Quellen informieren, die in dieselbe Richtung weisen. In dieser Gefahr stehen wir alle, doch für Journalisten wäre sie ein grobes berufliches Versagen.

Nicht dass es solche Beeinflussungsversuche gar nicht gäbe, im Gegenteil. So soll Vincent Bolloré, Chef der Vivendi-Gruppe, zu der auch Canal+ gehört, versucht haben, eine unangenehme Dokumentation über die französische Genossenschaftsbank Crédit Mutuel und Steuerbetrug, die in diesem Kabelkanal gesendet werden sollte, zu zensieren. Doch solche Versuche werden häufig aufgedeckt, und das zur Freude … der Medien. Solche Geschichten haben alle nötigen Zutaten, um unsere mentale Verfügbarkeit auf sich zu ziehen: die böse Absicht eines Mächtigen, Empörung, Manipulationsversuche. In Wirklichkeit ist es der Konkurrenzkampf, der die Zensur auf dem kognitiven Markt so riskant macht. Er erzeugt vielfach einen *Streisand-Effekt*. Was ist das?

Im Jahr 2003 kam es zu einem Rechtsstreit zwischen Barbra Streisand und Kenneth Adelman, der an der Küste in Malibu ein Foto aufgenommen hatte, mit dem er angeblich die Küstenerosion dokumentieren wollte. Problematisch daran war der Umstand, dass die dort gelegene Luxusvilla des Hollywoodstars auf dem Foto deutlich zu erkennen war. Sie beschloss nun, unter Verweis auf das kalifornische Anti-Paparazzi-Gesetz gerichtlich gegen diese Unverschämtheit vorzugehen, und hoffte so, die Verbreitung des Fotos einzuschränken. Das bekam ihr allerdings gar nicht gut, denn das genaue Gegenteil geschah. Als die Affäre sich nach und nach entfaltete, wurde das Foto auf mehreren Websites abgebildet und im nachfolgenden Monat 420 000 Mal angeschaut. Dieser Vorfall gilt heute als Prototyp eines Kommunikationsphänomens, das der Parabel vom zündelnden Feuerwehrmann gleicht und als Streisand-Effekt bezeichnet wird. Es kann geschehen, dass Versuche, die Verbreitung einer Information zu verhindern, diese Verbreitung noch verstärken.

Aber auch wenn solche Zensurbemühungen seitens der Eigentümer von Zeitschriften vorkommen, haben sie doch nicht alle dieselben Interessen, und es gibt immer auch konkurrierende Medien, die diese Zensurversuche gerne ausschlachten werden. Dass diese banale Realität nicht gesehen wird, liegt daran, dass man das Geschehen ganz im Sinne von Klasseninteressen interpretiert. Da all diese Leute zur Klasse der Mächtigen gehören, unterstellt man ihnen allen dieselben «Systeminteressen» und verleiht diesem «System» anschließend eine Art von Kohärenz, die zu den Äußerungsformen der Intentionalitätsverzerrung gehört. Die eigentliche Gefahr scheint mir hier nicht in der Zensur zu liegen, die es in selten Fällen durchaus gibt, sondern in der Selbstzensur der Journalisten, die in bestimmten Fällen kein Missfallen erregen möchten. Der Qualität der Information drohen also durchaus reale Gefahren, allerdings nicht die von der Theorie des seiner Natur entfremdeten Menschen beschriebenen.

In gewisser Weise sind all diese Autoren Kinder Rousseaus, der gleichsam die philosophische Inkarnation dieser naiven Anthropologie darstellt. Er geht von dem Gedanken aus, dass die Vielen den Einzelnen pervertierten. Wir dürfen annehmen, dass er seine Zeit verachtete und von einem Zustand vor der Zivilisation träumte, in dem der Mensch noch Selbstversorger war, wie er ihn in seiner *Abhandlung über den Ursprung und die Grundlagen der Ungleichheit unter den Menschen* beschrieb. Das in der wachstumsfeindlichen Ideologie so präsente Thema der Selbstversorgung ist ein klares Zeichen für die Verachtung der Gegenwart – einer Gegenwart, die aufgrund einer intensiven Arbeitsteilung ganz unter der Herrschaft einer Automatisierung und sogar Algorithmisierung unseres Handelns stehe.

So empfinden sie denn die Welt als entmenschlicht, obwohl das Bild, das sie sich von der Menschheit machen, kaum realistisch ist. Das veranlasst sie, die Lehren der kognitiven Apokalypse abzulehnen, die enthüllen, dass ein Teil der verachteten Mechanismen in uns selbst angelegt ist. Sie wollen einfach nicht, dass die Welt so ist. Sie wollen, dass die Massen sentimental sind. In dieser Hinsicht hat ihr Narrativ durchaus Ähnlichkeit mit dem religiösen Diskurs, der zum Beispiel nicht wahrhaben will, dass die Menschen sich sehr stark für die Sexualität interessieren. Deren Anziehungskraft wird jedoch gnadenlos von den gewaltigen Datenmengen enthüllt, die auf dem kognitiven Markt anfallen. Doch statt diesen

Teil unseres Menschseins zu akzeptieren, erfanden die Religionen einen paradiesischen Zustand der Unschuld und eine spätere Entartung aufgrund des Sündenfalls. Statt zu versuchen, mit potenziell verhängnisvollen Trieben umzugehen, verleugnen sie lieber deren Natürlichkeit.

Jenseits dieses anthropologischen Tabus verfolgen die Anhänger der Entfremdungsthese auch ideologische Ziele. Sie leistet ihnen große Dienste bei der Erklärung eines Rätsels: Warum ist der Kapitalismus entgegen ihren Voraussagen nicht zugrunde gegangen? Warum entwickeln sich die Dinge nicht so, wie der von Marx im dritten Band des *Kapitals* beschriebene tendenzielle Fall der Profitrate dies voraussagte? Weil die herrschende Klasse mehr als nur ein Ass im Ärmel hat. Und das gefährlichste dieser Asse ist die Herrschaft über die Geister, die die Beherrschten dazu zwingt, das System, das sie unterdrückt, zu lieben. Ihr eschatologisches Narrativ ist gerettet. Mit der Fantasie eines übermächtigen Gegners lässt sich leichter erklären, warum er noch nicht gestürzt worden ist. Der Tag des Sturms wird kommen, wenn auch erst später. Paradoxerweise bietet gerade der polymorphe Charakter der Herrschaft die Möglichkeit, an der Hoffnung festzuhalten. Ja, der Geist der Menschen ist domestiziert worden, so sagen sie, aber es ist möglich, ihre wahre Natur ans Licht zu holen …

Der Preis, den wir zu zahlen haben

Ich habe nicht die Absicht, die Verehrer eines wörtlich genommenen Rousseau zu ärgern,[21] aber es zeigt sich, dass die Vorstellung eines sich selbst versorgenden, von Natur aus eigentlich guten, dann aber von der Zivilisation verdorbenen Menschen offensichtlich falsch ist. Sie ist falsch, weil der Mensch niemals Selbstversorger war. Er ist ein soziales Wesen, das zu seinem Überleben immer schon auf andere Menschen angewiesen war, und eine Arbeitsteilung lässt sich schon sehr früh in der Menschheitsgeschichte beobachten. War der Mensch einst gut und friedfertig? Das hängt davon ab, was man unter «einst» versteht. Vor 10 000 Jahren war er es jedenfalls nicht. Die Paläanthropologie erkennt nach und nach, dass die Gewalt schon sehr früh in der menschlichen Geschichte auftauchte und dass keineswegs erst mit der Entstehung des Privateigentums das volle Ausmaß der von ihr ausgelösten Dramen sichtbar wurde.

Fast durch Zufall stieß Pedro Ebeya, Assistent von Marta Mirazón Lahr, der Leiterin des Duckworth-Labors in Cambridge, unweit des Turkanasees im kenianischen Teil des Großen Afrikanischen Grabenbruchs auf eine Ansammlung menschlicher Gebeine, die er ausgrub und untersuchte. Sein in der Zeitschrift *Nature* erschienener Forschungsbericht verweist auf ein veritables Massaker, das an der Ausgrabungsstätte in Nataruk stattgefunden haben muss: die Überreste von 27 Menschen, die vor etwa 10 000 Jahren starben. Die minutiöse Untersuchung dieser menschlichen Überreste lässt keinen Zweifel zu. Ihr Tod ging nicht auf einen Kampf mit Tieren oder eine Naturkatastrophe zurück. Man fand Pfeilspitzen, zertrümmerte und eingeschlagene Stirn- und Schläfenknochen, von stumpfen oder scharfen Objekten hinterlassene Spuren, und bei einem der Skelette steckte sogar eine Obsidianklinge im Schädel. Außerdem fand man die Gebeine einer jungen, schwangeren Frau, die zum Zeitpunkt ihres Todes gefesselt war. Diese Individuen, die zu einer Gruppe nomadisch lebender Jäger und Sammler gehörten, fielen offensichtlich einem Massaker zum Opfer.

Die Vorstellung, dass Gewalt einen ständigen Bestandteil des menschlichen Lebens darstellt, mag banal erscheinen, ist aber nicht für alle Prähistoriker selbstverständlich,[22] und bis heute bestreiten manche, dass es sie auch schon vor dem Neolithikum gegeben habe. Auf vielen Gebieten haben diese Rousseauschen Vorstellungen eines seiner Natur entfremdeten Menschen unser Bild der Welt geprägt. Sie verleiten sogar zu der Ansicht, dass alle vom kognitiven Markt enthüllten Invarianten nur Artefakte seien. Wir haben uns bereits angesehen, welche ideologischen Dienste die Unterscheidung zwischen wesentlichen und akzidentiellen Merkmalen leistet, aber sie dient auch noch anderen Zwecken. Wenn man das Reich des Akzidentiellen gegenüber dem des Wesenhaften erweitert, berechtigt das zu einer großen Hoffnung, nämlich dem Gedanken, dass es möglich sei, alles zu verändern, weil die Welt formbar ist. Je mehr wir unsere Anstrengungen auf den Nachweis konzentrieren, dass bestimmte Elemente unseres Lebens – einschließlich biologischer – lediglich soziale Konstruktionen darstellen, desto weiter schiebt man die Grenzen politischen Handelns hinaus. Dann sind alle Utopien möglich, man muss sich nur dafür entscheiden. Das ist eine erfreuliche Perspektive, die allerdings niemals frei von Absichten ist, und wie man befürchten muss, sind diese Absichten eher politischer als wissenschaftlicher Natur.

Die Konstruktivisten glauben vielfach auch zu Unrecht, es sei unerlässlich, gegen jegliche Invariante der Spezies Mensch anzugehen, selbst unter Missachtung wissenschaftlicher Tatsachen. Sie sind dieser Auffassung, weil sie fürchten, aus solchen Invarianten folge eine Art von politischem Fatalismus. Auch hier irren sie sich, denn zu verstehen, dass die Geschichte einige Möglichkeiten unserer Spezies hat Wirklichkeit werden lassen, ist eine Sache; aber einzuräumen, dass sie für unsere gesamte Spezies stehen, ist ein ganz andere. Leicht zugeben kann man dagegen, dass die Logik des Marktes nicht gerade die bewundernswertesten Aspekte unserer Spezies enthüllt. Das sollte einen aufrichtigen Progressiven indessen nicht dazu verleiten, so zu tun, als gäbe es sie gar nicht, und jegliche Äußerungsform des sozialen Lebens auf die Idee einer sozialen Konstruktion zurückzuführen – um den Preis jener Strafe der Realität, die naive Anthropologien noch stets ereilt hat.

Die Strafe der Realität gehört zu den Kosten aller Utopien. Man könnte leicht zeigen, zu welchen Blutbädern die Idee geführt hat, einen neuen, von seinen alten Kleidern befreiten Menschen zu schaffen. Man denke nur an die Schrecken des Pol-Pot-Regimes der Roten Khmer, das Ende der 1970er Jahre im Namen der Schaffung eines neuen Menschen mehr als 20 Prozent der kambodschanischen Bevölkerung auslöschte.[23] Doch in einer ruhigen Diskussion greift man besser nicht zu Argumenten, die auf moralischer Einschüchterung basieren. Die Strafe der Realität läuft nicht immer auf ein Blutbad hinaus. Oft ereilt sie nur jene, die daran geglaubt haben. So gingen denn im Laufe der Geschichte zahlreiche Utopien unter der Last ihrer eigenen Widersprüche unter.

Auf einer etwas bescheideneren Ebene lese man etwa den Bericht, den Michel Besson und Bernard Vidal (1976), Gründer einer in den 1970er Jahren in Frankreich aktiven utopischen Gemeinschaft, über ihre

Erfahrungen schrieben. Ihr Tagebuch gibt uns einen lebhaften Eindruck von den hässlichen Seiten dieser kleinen Gemeinschaft. Nach einer Annonce in der Tageszeitung *Libération* gelang es den beiden Initiatoren, eine Gruppe junger Leute zusammenzubringen und einen Bauernhof zu kaufen. Sie einigten sich darauf, nach egalitären und libertären Regeln zu leben. Zunächst einmal stellte man die Gütergemeinschaft her: «Gestern Abend hatten wir eine sehr lebhafte Diskussion, in der sich alle zur Frage des ‹Eigentums› äußern konnten. Wir sind übereingekommen, ALLES gemeinsam zu besitzen, einschließlich der Kleidung, der Bücher, der Musikinstrumente, der Werkzeuge, des von den einzelnen mitgebrachten Geldes usw.».[24] Desgleichen verfügte man die vollkommene Gleichheit der Arbeitsaufgaben, und das ausdrücklich unabhängig vom Geschlecht.

Die Autoren berichten von ihrem Willen, das Joch der Normen ihrer Kultur abzuwerfen und neue Lebensformen zu erproben: «Wir waren etwa dreißig Leute, doch der ‹Kern› der wirklich ständigen Mitglieder war das eigentlich aktive Zentrum dieser kollektiven Zärtlichkeit bis hin zum Tausch der Sexualpartner».[25] Eine weitere bemerkenswerte Tendenz innerhalb dieser Gemeinschaft war ihre Aversion gegen die Technik, die einige Leidenschaften unserer heutigen Zeit vorwegnimmt: «Während des Mittagessens regten wir uns über die Automatisierung auf: Einige wollen überhaupt keine Maschinen benutzen – was anderen wiederum abwegig erschien».[26] Wenig später wurde der Streit fortgesetzt: «Angesichts der Rechtfertigungen einiger Kameraden hatte ich wieder einmal einen Zornausbruch: Respekt vor der Stille, vor der Natur, die totale, ideologische Ablehnung der kapitalistischen Technologie – ich kann es nicht mehr ertragen».[27] Der Streit illustrierte lediglich die unüberwindlichen Schwierigkeiten, die sich innerhalb dieser kleinen Gemeinschaft auftaten. Ein libertäres Leben, ja, aber muss man so weit gehen und deshalb auch akzeptieren, dass einige sich nicht waschen und die anderen mit ihrem Gestank belästigen? Die ersten Risse in dieser Gemeinschaft waren schon gleich zu Beginn erkennbar. Realität und Utopie traten in Konkurrenz zueinander. Und auf ihrem Gebiet geht stets die Realität als Siegerin aus diesem Kampf hervor: «Die anfängliche Idee einer kollektiven Verwaltung des gesamten gemeinschaftlichen und vor allem wirtschaftlichen Lebens hat Bestand, aber drei oder vier von uns dominieren, ohne es zu wollen, schon jetzt die Gruppe, weil sie als erste Initiativen formulieren – die revolutionäre Idee der ‹Selbstverwaltung› ist, wie uns scheint, schwerer zu leben als zu proklamieren».[28] Darin muss man zweifellos eine Bestätigung der von Georges Balandier vor allem in seiner *Politischen Anthropologie* vertretenen Auffassung erblicken, wonach es keine soziale Gruppe ohne Macht gibt:

> Politische Macht ist ein Merkmal jeder Gesellschaft. [...] Eine vollkommen homogene Gesellschaft, in der jeder Gegensatz und jeder Bruch zwischen den Einzelnen und den Gruppen durch reziproke Beziehungen ausgeschlossen wäre, scheint unmöglich zu sein.[29]

Die beschriebene Gemeinschaft bestand etwa ein Jahr lang. Die Gründe für ihr Scheitern sehen die beiden Autoren in der Unsicherheit, die in dieser kleinen Gesellschaft herrschte und wo jede Veränderung den Alltag fragil werden ließ: «Wir stellen fest, dass schon die Ankunft einer einzelnen Person, und sei es nur für einen kurzen Besuch, die Gruppe vollkommen aus dem Gleichgewicht bringt».[30] Solche spontanen Besuche führten zu Spannungen. Die Spannungen blieben begrenzt, wenn sich die Gruppe um Planung bemühte, doch letztlich gelangten die Autoren zu einem luziden Eingeständnis des Scheiterns:

> Die Instabilität, der Mangel an klaren Wünschen und an Initiative bei vielen Mitgliedern, Unterschiede der Persönlichkeit, des Alters und der bisherigen Erfahrungen, die anstrengend große Zahl von Besuchen, all das führte zu vielfältigen menschlichen Auseinandersetzungen [...], hielt uns aber auch in einer lähmenden Widersprüchlichkeit gefangen, und das auf allen Ebenen, der ökonomischen (die Unmöglichkeit, auf einer landwirtschaftlichen oder anderen Grundlage wirklich auf eigenen Füßen zu stehen), der politischen (Isolierung, Verzicht auf Ausdruck) und der affektiven (ständige beängstigende Unsicherheit).[31]

Das Scheitern war absehbar, obwohl die kleine Gesellschaft, die sie zu gründen versuchten, auf Freiwilligkeit und Überzeugung basierte und nicht auf dem diktatorischen Zwang eines Staates. Mir scheint, dieses Scheitern war vor allem die Folge der grausamen Diskrepanz zwischen einer von naiver Anthropologie geprägten Weltsicht und der Welt der Wahrscheinlichkeiten, wie sie von den Invarianten der Spezies vorausgesagt wird.

Diese Diskrepanz erlebten auch schon vor den 1970er Jahren die zahllosen hoffnungsfrohen und zur Gründung einer neuen Gesellschaft entschlossenen Menschen, von denen es in der Geschichte der Menschheit nur so wimmelt. Der Anarchismus war eine der fruchtbarsten Bewegungen für Versuche zur Schaffung solcher alternativen Gemeinschaften. Diese Gemeinschaften verfolgten nicht das Ziel, sich von der Menschheit zu isolieren, wie es die der Hippies taten. Im Gegenteil, sie verstanden sich als Speerspitze einer weltweiten Erneuerung der Gesellschaft. Der Ausdruck ist nicht übertrieben, denn die Anarchisten wollten sämtliche Aspekte des Lebens reformieren: Erziehung, Sexualität, Kleidung (manche priesen die Nacktheit), Abschaffung der gesellschaftlichen Hierarchien … Ab dem Ende des 19. Jahrhunderts erprobten sie alternative Lebensformen in Paraguay, in Costa Rica, in Französisch-Polynesien und vielerorts in Europa oder den USA.

Manche dieser Utopien hatten einige Jahre Bestand, allerdings nie in der anfänglichen Gestalt der reinen Prinzipien, die sie verwirklichen wollten. Ein Beispiel von vielen ist die Colonia Nueva Australia, die 1893 in Paraguay gegründet wurde und 237 Kolonisten zählte, darunter die bekannte Schriftstellerin Marie Gilmore, die 1902, enttäuscht von der Realität des utopischen Lebens, wieder ins alte Australien zurückkehrte. Innerhalb der Kolonie kam es zu Autoritätskonflikten und endlosen Streitereien über die dort praktizierte Orthorexie, vor allem das Alkoholverbot. Erstaunlicherweise findet man in dieser anarchistischen Ideologie sehr oft eine überbetriebene Betonung des Körpers und der Reinheit. Der Gründer der nach ihm benannten neuen Stadt, William Lane, beschloss im Mai 1898 selbst, die neue Stadt zu verlassen und sich gemeinsam mit 58 weiteren Kolonisten 72 Kilometer weiter niederzulassen.

Das ist ein bewegendes Merkmal solcher Gemeinschaften. Sie teilen sich immer wieder und versuchen, etwas weiter entfernt erneut ihr Glück zu versuchen, in der festen Überzeugung, dass es ihnen diesmal gelingen werde. Doch das geschieht nie. Bestenfalls überleben sie in verkümmerter Form, und ihre Mitglieder sind verbittert oder sogar traumatisiert und in einer Lebensweise gefangen, die sie nicht mehr wollen, weil sie die Erfahrung gemacht haben, dass sie nicht lebenswert ist.

Von diesen zahlreichen Versuchen ist einer im kollektiven Gedächtnis geblieben: die von Giovanni Rossi in Brasilien gegründete Colonia Cecilia. Vier Jahre lang versuchte diese Kolonie, Religion, Hierarchien und das Geld abzuschaffen und freie Liebe zu praktizieren. Das Abenteuer begann im Februar 1890, als sich eine Gruppe anarchistischer Kolonisten vom Hafen von Genua nach Brasilien einschiffte. Damals wussten diese hoffnungsfrohen Menschen noch nicht, dass ihr Experiment vier Jahre später vollkommen scheitern würde. Die Grundlagen ihrer neuen Gesellschaft waren sehr klar: keinerlei Organisation, keine Bürokratie, weder Regeln noch Disziplin. Die Ökonomie wurde kollektiviert, das traditionelle Familienleben abgeschafft. Man wollte den neuen Menschen schaffen und ihn vom Joch der bürgerlichen Gesellschaft befreien. Auch hier ließ die Strafe der Realität nicht lange auf sich warten. Die Menschen sind nicht dafür gemacht, unter solchen Bedingungen zu leben, oder zumindest können sie dort nicht glücklich leben. Die Colonia Cecilia scheiterte wie so viele andere Gemeinschaften dieser Art an der Unerbittlichkeit der individuellen Ansprüche. Mangelnde Intimität, die Abschaffung des Privateigentums, die Zwänge der freien Liebe – all das verursachte viel persönliches Leid.

Die Gründe für das Scheiten dieser konkreten Utopien sind vielfältig, und wenn man die Argumente der Beteiligten in Ruhe studiert, zeigt sich, dass sie einander stets gleichen. Die Diskrepanz zwischen dem erträumten Leben und der Realität ihrer individuellen Sehnsüchte ist so grausam, dass die Beteiligten nur noch Bitterkeit empfinden. Unter diesen Umständen ist das Leben in solchen Gemeinschaften am Ende nur noch von Konflikten geprägt. Das vermag indessen deren Vorkämpfer nicht von der Sinnlosigkeit ihrer Experimente zu überzeugen. So schrieb der Anarchist Jean-Pierre Gault über die Colonia Cecilia:

> In diesem vergeblichen Versuch spiegelt sich dennoch die Richtigkeit unserer Ideen, denn nicht alles war negativ, und das Scheitern liegt nicht an den libertären Ideen, sondern vielleicht an der Tatsache, dass sie schlecht umgesetzt oder falsch verstanden wurden. Dieser verfluchte anarchistische Kommunismus, der uns immer noch verführt, wird am Ende leben.[32]

Die Realität vermag den Glauben nur selten zu widerlegen, und so stellten die anarchistischen Denker die Grundlagen ihrer naiven Anthropologie trotz der reihenweise erlebten Misserfolge nicht infrage. In ihren Augen lag das Übel im Herzen des Einzelnen. Um dieses Übel an der Wurzel zu bekämpfen, machten sich die Anarchisten zu pädagogischen Denkern: Weil die bürgerliche Schule den Kindern die autoritären Prinzipien von Anfang an einimpfe, zerstöre sie deren Fähigkeit, voll und ganz in einer anarchistischen Welt zu leben. Damit sind wir wieder beim Mythos des seiner Natur entfremdeten Menschen und der Notwendigkeit, Märchen zu erfinden, um weiterträumen zu können …

Die Anarchisten erfanden diverse Formen alternativer Pädagogik, die in der Lage sein sollten, die libertären Fähigkeiten der Kinder angesichts der Angriffe des entfremdenden gesellschaftlichen Kontextes zu bewahren. Es galt, vor der neuen Gesellschaft erst den neuen Menschen zu schaffen, und so erkundeten Sébastien Faures Internatsschule La Ruche, Paul Robins Waisenhaus in Cempuis oder auch die von Francisco Ferrer in Spanien gegründete moderne Schule parallel zu den utopischen Experimenten die Möglichkeit einer anderen Erziehung. In diesen Experimenten finden sich bemerkenswerte Grundsätze wie etwa gleiche Bildung, unabhängig vom Geschlecht oder der sozialen Herkunft, und weitere, zweifellos fragwürdigere Prinzipien, aber man dürfte Einigkeit darüber erzielen können, dass aus diesen schönen Versuchen jedenfalls keine neue Frau und kein neuer Mann hervorgingen. Gewiss hat es nichts Utopisches, wenn man die Menschen mit Werkzeugen ausstatten möchte, die es ihnen ermöglichen, geistige Unabhängigkeit zu erlangen, doch aus dem Gedanken, man könnte die grundlegenden Merkmale unserer Spezies ausmerzen, wird schnell eine Form von Entfremdung.

Kein libertäres Erziehungsprojekt kann von der Existenz der großen Invarianten absehen, die uns kennzeichnen. Kollektive Unternehmungen, die sie verleugnen, enden in Tyrannei, so gut die Absichten auch sein mögen. Nicht dass diese Invarianten Schicksal wären (darauf werden wir noch zurückkommen), aber sie verschwinden nicht schon deshalb, weil wir sie für unerwünscht halten. All diese utopischen Versuche wurden zweifellos von zahlreichen Dingen untergraben: von der Macht der Reaktion, von politischem Druck, von Kriegen – doch in Wirklichkeit waren sie vor allem wegen der dort herrschenden naiven Anthropologie zum Scheitern verdammt.

Schon der Gedanke, menschliche Gemeinschaften könnten ohne irgendeine Form institutionalisierter Autorität dauerhaften Bestand haben (und das ist die Grundüberzeugung aller anarchistischen Gesellschaftsprojekte), stellt ein zweifellos unüberwindliches Hindernis dar. Tatsächlich ist unser Gehirn physiologisch darauf ausgelegt, mit nur einer begrenzten Zahl anderer Menschen zu interagieren. Ich habe auf die Arbeiten des Anthropologen Robin Dunbar von der Universität Oxford hingewiesen, der diese Zahl auf etwa 150 Personen beziffert.[33] Er zeigt, dass die Größe des Neocortex bei den Primaten in einem proportionalen Verhältnis zur Größe ihrer sozialen Gruppe steht.[34] Bei den Schimpansen etwa besteht eine soziale Gruppe im Durchschnitt aus 55 Individuen. Diese Ergebnisse wurden übrigens vielfach empirisch bestätigt, und Dunbar konstatiert, dass beim Menschen die typische Gruppengröße von der Vorgeschichte bis heute messbar konstant geblieben ist. Ob sich diese Zahl nun auf die Größe der Gruppen in heutigen Jäger-und-Sammler-Gesellschaften bezieht, auf die Länge von Adressenlisten für den Versand von Grußkarten[35] oder auf unsere Interaktionen in sozialen Netzwerken[36] (selbst wenn wir dort Tausende von «Freunden» zählen), beschreibt sie in jedem Fall den Umfang unserer realen sozialen Welt. Jenseits dieser Zahl ist es nicht mehr möglich, ohne Unterstützung durch Institutionen dauerhafte soziale Beziehungen zu unterhalten. Daraus folgt, dass die Zahl der Menschen, die in einem sozialen Raum zusammenleben können, ohne auf eine Hierarchie – also ein Zwangsinstrument – zurückzugreifen, bei höchstens 200 Personen liegt.[37] Hier handelt es sich offenbar um eine stählerne Decke für das kollektive Leben. Diese Daten zeigen, zu welch unerbittlicher Enttäuschung die naive Anthropologie führen kann.

Ethologen haben sogar herausgefunden, dass es auch bei Affen Polizisten gibt.[38] In diesen Gesellschaften haben manche Individuen die Aufgabe, die soziale Gewalt zu kontrollieren: Sie versuchen, Konflikte zu verhindern, oder dämmen sie zumindest ein. Ihre Anwesenheit führt insgesamt zu einer Reduzierung der Gewalt in ihrer Gesellschaft. Sie ermuntern auch zu positiven und friedlichen Beziehungen zwischen den Mitgliedern der Gruppe. Das hat zur Folge, dass diese «Polizisten» es den Affengesellschaften ermöglichen, die stählerne Decke von 55 Individuen zu durchstoßen. Ihre Anwesenheit erlaubt es, dauerhaft größere und damit auch mächtigere Gesellschaften zu bilden. Damit diese Gesellschaften nicht unter der Last ihrer Mitgliederzahl zusammenbrechen, bedarf es einer Stärkung des sozialen Zusammenhalts und der Integration ihrer Mitglieder, doch jenseits einer bestimmten Größe ist das ohne eine Institutionalisierung von Autorität nicht mehr möglich.[39]

Die naiven Anthropologien sind an sich keine Überzeugungen, die sich wesentlich von anderen unterscheiden, aber sie sind vielgestaltig und finden stets Gründe, um sich gegen eine Widerlegung zu immunisieren: Es heißt: «Wir sind es falsch angegangen», oder: «Die historischen Bedingungen waren nicht günstig», und dergleichen. Sie haben indessen die Besonderheit, dass sie die Menschen zu zwingen vermögen, die Vorzüge des neuen Menschen vorzutäuschen, um nicht eliminiert, ausgemerzt oder kurz: massakriert zu werden. Und dazu sind wir sehr gut in der Lage, das heißt, wir können bestens Einstellungen eines Menschen mimen, der sich von der sentimentalen Masse gelöst hat, einen ganz besonderen Geschmack besitzt und daher der Entfremdung durch die Gesellschaft entgangen ist. Als Einzelne verstehen wir es, die Spuren zu verwischen, die unser kollektives Handeln hinterlässt.

Private Lüge, öffentliche Wahrheit

Wir alle erinnern uns noch an die schrecklichen Anschläge vom 13. November 2015 in Paris, aber wer erinnert sich an die zwei Selbstmordanschläge, die am Tag zuvor in Beirut 43 Menschenleben kosteten? Die Libanesen, gewiss. Aber wir? Im Zeitalter sozialer Netzwerke findet man leicht ganze Heere von Leuten, die sich über dieses Ungleichgewicht des Mitgefühls empören, bei dem wir offensichtlich zweierlei Maß anlegen. So klagte ein Tweet des Accounts JackJones, der 50 000 Mal geteilt wurde, damals schon, dass die Presse nicht auf das Blutbad in Beirut hingewiesen habe. Auch die ungleiche Sichtbarkeit der Anschläge im pakistanischen Lahore, denen 2016 70 Menschen, darunter zahlreiche Kinder, zum Opfer fielen, und der Anschläge in Brüssel wenige Tage später, die 32 Menschenleben kosteten, löste Empörung aus und führte zu einer Auseinandersetzung über die Berichterstattung der Medien bei terroristischen Anschlägen. Warum widmen die Medien manchen Opfern des Terrorismus mehr Raum und Zeit als anderen?

Zunächst sei daran erinnert, dass die Medien in beiden Fällen sehr wohl auch über die fernen Anschläge berichteten. In Wirklichkeit zeigen die Daten, dass es die Leser waren, die die Artikel zu den Anschlägen in Beirut und Pakistan unbeachtet ließen. Viele beklagen sich in den sozialen Netzwerken oder in ihrem Bekanntenkreis über diese unausgewogene Behandlung der Informationen, aber die meisten von ihnen lesen keine Artikel zu Themen, die ihnen räumlich fern liegen oder zu denen sie eine kulturelle oder symbolische Distanz besitzen. Der Journalist Max Fisher erzählt dazu eine Geschichte, die diese Situation sehr gut veranschaulicht.[40] Er hatte 2010 einen Artikel über einen Anschlag in Bagdad geschrieben, dem 85 Menschen zum Opfer gefallen waren. Als er mit dem Chefredakteur der Zeitschrift *The Atlantic* darüber sprach, wie der Text präsentiert und mit welchen Fotos er illustriert werden sollte, erwiderte der, das alles sei völlig belanglos, da niemand den Artikel lesen werde. Wie sich herausstellte, hatte er Recht. Wie man das Thema auch aufbereitete, und obwohl man es auf die Titelseite setzte und sogar mehrfach präsentierte, um die Aufmerksamkeit darauf zu lenken, es nützte nichts: Niemand oder fast niemand interessierte sich für diesen Artikel.

Dieses Phänomen ist weder neu noch originell. So erinnerte der Journalist Johan Hufnagel daran, dass die Verkaufszahlen der Zeitschrift *Libération* drastisch zurückgingen, als sie den Krieg in Bosnien auf die Titelseite rückte. Diese allseits bekannten Fakten interessieren uns hier nur, weil sie zeigen, dass wir manche Dinge, die wir privat – durchaus aufrichtig – für gut und richtig halten, durch unsere in der Öffentlichkeit hinterlassenen Spuren desavouieren. Die Spuren verweisen auf die Gehirnzeit, die wir einem bestimmten Artikel zu widmen bereit sind und die dessen redaktionelles Schicksal bestimmen. Volker Hanusch, Professor für Journalismus an der Universität Wien, schreibt dazu:

> Beunruhigend ist die Tatsache, dass die Aufnahme beim Publikum inzwischen gemessen wird und diese Daten empirische Beweise darstellen. Früher konnte man den Journalisten leicht vorwerfen, sie hätten ihre eigenen Stereotype zur Geltung gebracht [...], aber heute können sie unter Verweis auf all diese Daten über das Publikum behaupten [...], sie reagierten lediglich auf die menschliche Natur.[41]

Die kollektiven Spuren erlauben eine Umkehrung der alten Maxime der politischen Philosophie: private Wahrheit, öffentliche Lüge.[42] Aufgrund der Transparenz der kollektiven Daten und unserer Abneigung, den fragwürdigen Charakter unserer Vorlieben anzuerkennen, wird daraus nun: private Lüge, öffentliche Wahrheit.

Natürlich sind wir zum Beispiel von der Ungleichheit schockiert, doch unser individueller Egoismus sorgt für ihren Fortbestand. So versuchen in Frankreich viele, die Logik der Schulbezirke zu umgehen, die eine soziale Durchmischung der Bevölkerung fördern soll. Die am besten informierten Eltern (oft zugleich die mit dem höchsten Bildungsstand) verstehen es auch am ehesten, ihre Kinder in solchen Schulen anzumelden, die ihnen die größten Erfolgsaussichten bieten. Die Logik, die besagt, dass Eltern für ihre Kinder das Beste wollen, ist leicht zu verstehen, doch die Konvergenz beider Logiken führt zu unerwünschten gesellschaftlichen Effekten.[43] Unter den Strategen der Schulauswahl finden sich indessen auch oft Verehrer der Gleichheit – Bürger, die sich vielleicht über Äußerungsformen solcher Ungleichheit empören oder sogar dagegen kämpfen. Das tun sie in den sozialen Netzwerken, in ihren Freundeskreisen – an all den Orten, die Ähnlichkeit mit dem privaten Raum haben. Die Spuren, die sie im sozialen Leben hinterlassen und die zu den Spuren all der anderen, einer ähnlichen Logik folgenden Menschen hinzukommen, reproduzieren hingegen in blinder Weise einen Teil dieser Ungleichheit.

Die Menschen sind keine heteronomen Wesen, die von den bösen Absichten eines mysteriösen Herrschaftssystems hin- und hergerissen werden, sondern vielfach strategisch Handelnde, die ihre materiellen und symbolischen Interessen durchzusetzen versuchen. Nach außen hin stellen sie zuweilen eine Tugendhaftigkeit zur Schau, der sie im Alltag keineswegs entsprechen. Manche tun dies aus reiner Heuchelei, aber auch in diesem Fall müssen wir nicht unbedingt auf eine misanthropische Deutung verfallen. Wir brauchen uns nur daran zu erinnern, dass es auch tief in unserem Gehirn Konflikte gibt. Wir lösen diese Konflikte oft, indem wir uns auf eine kurzfristige Befriedigung einlassen und den Vorsatz fassen, das Problem langfristig zu lösen.

In diesem Zusammenhang verweist Massimo Piatelli Palmarini auf ein amüsantes Experiment. Man bittet zwei Gruppen von Probanden, ihr Mittagessen im Voraus zu planen. Die erste Gruppe soll die Mahlzeit für den ganzen nächsten Monat vorausplanen, die zweite nur jeweils von einem Tag zum nächsten. Auf diese Weise möchte man herausfinden, wie die Menschen ihre Wünsche in Abhängigkeit von dem dafür ins Auge gefassten zeitlichen Rahmen zum Ausdruck bringen. In der ersten Gruppe wählten die Probanden eine vielfältige und ausgewogene, gleichsam gesunde Diät, in der zweiten dagegen eine für die betreffende Person jeweils monotone und gesundheitlich fragwürdige Ernährung. Anders gesagt, falls man uns, wenn wir gerade hungrig sind, fragt, was wir essen möchten, entscheiden wir uns eher für Fett und Zucker oder beides. Wenn wir dagegen einen längeren Zeitraum ins Auge fassen, kommt eher eine Logik der Ausgewogenheit zum Zuge. Wie es scheint, ist das beim Konsum von Kulturprodukten nicht anders.

Ein von drei Psychologen durchgeführtes Experiment zeigt das recht deutlich.[44] Dabei sollten die Probanden für denselben Abend oder aber für den des folgenden Tages einen Spielfilm ausleihen, der entweder in die Kategorie «Unterhaltung» (z.B. *Die Maske*) oder in die Kategorie «anspruchsvoll» fiel (z.B. *Der Duft der grünen Papaya*). Die Teilnehmer wählten für denselben Abend eher Unterhaltungsfilme, für den folgenden Tag eher anspruchsvolle Filme. Hier zeigt sich erneut, dass wir oft edlere Wünsche zu haben glauben, als dies tatsächlich der Fall ist. Einen ganz ähnlichen Vergleich stellten die Ökonomen Kathrine Milkman, Todd Rogers und Max Bazerman 2009 an, und zwar zwischen den geäußerten Wünschen der Nutzer einer Online-Videothek und den tatsächlich abgerufenen Filmen. Die Wünsche gingen in Richtung von Autorenfilmen, Dokumentationen und recht anspruchsvollen Produktionen, in der Wirklichkeit wurden jedoch hauptsächlich populäre, für ein Breitenpublikum hergestellte Spielfilme abgerufen.

Alle Studien zeigen, dass die Befragten generell angeben, als anspruchsvoll geltende Fernseh- oder Radiosender oder sonstige Medien zu bevorzugen, während ihr kultureller Konsum durchaus nicht dieser Aussage entspricht.[45] Weniger freundlich ausgedrückt: In Frankreich behaupten die Leute, sie liebten Arte, aber schauen TF1.

Solche öffentlichen Wahrheiten kommen ans Licht, sobald man in der Lage ist, die aus unseren privaten Entscheidungen resultierenden Daten zu sammeln und zusammenzuführen. Seit die digitale Welt in unserem Leben einen so großen Raum einnimmt, ermöglicht die Zusammenfassung dieser Daten zwar die kognitive Apokalypse, stellt uns zugleich aber auch vor ein neues Größenordnungsproblem. Die Informationen und Wahlmöglichkeiten, die uns in den sozialen Netzwerken und auf den Plattformen für den Kauf von Büchern oder den Konsum von Filmen geboten werden, hängen von den Spuren ab, die wir bereits mit der Verfolgung unserer Interessen in diesem Universum hinterlassen haben. Daher besteht eine große Gefahr, dass die Algorithmen die Mittelmäßigkeit unserer Wahlentscheidungen verstärken und uns darin einschließen, statt zu helfen, uns davon zu befreien und uns geistig weiterzuentwickeln.

Das zeigt die Mathematikerin Cathy O'Neil in ihrem international beachteten Buch *Angriff der Algorithmen. Wie sie Wahlen manipulieren, Berufschancen zerstören und unsere Gesundheit gefährden* (2017). Darin beschreibt sie, wie Algorithmen, die sie in Anlehnung an den Begriff der Massenvernichtungswaffen auch als «mathematische Vernichtungswaffen» bezeichnet, einen Teil unseres Lebens organisieren, ob nun in der Erziehung, auf dem Gebiet der Sicherheit oder im Bankwesen. Darauf ausgerichtet, Profit aus den sozialen Spuren zu ziehen, die wir allenthalben hinterlassen, verstärken sie noch die Unvernunft der Logik dieser Spuren und erzeugen dabei gelegentlich sogar besorgniserregende widersinnige Effekte. So zeigt Cathy O'Neil, dass die automatisierte Notengebung in der Schule die Ungleichheit, die sie eigentlich ausgleichen sollte, noch verstärkt oder dass die Genehmigungsprozesse für Kredite die Tendenz haben, die darin herrschende Diskriminierung noch zu vergrößern.

Diese kognitive Apokalypse zeigt uns also ein fratzenhaftes Bild unserer selbst – wie eine Karikatur. Ich habe darauf hingewiesen, dass es schädlich wäre, wenn wir diese Karikatur vollständig für ein Artefakt hielten. Jetzt wäre dem hinzuzufügen, dass sie zwar wie jede Karikatur Wesensmerkmale enthüllt, aber auch kein getreues Bild unserer Spezies zeichnet. Alle hervorstechenden Merkmale, die zum Beispiel durch den Cocktailparty-Effekt sichtbar werden, sind durchaus real, aber es wäre falsch, wenn man meinte, es gäbe da eine unabwendbare Schicksalhaftigkeit. Ebenso falsch wäre es, wenn man allen Ausdrucksformen unserer kognitiven Spontanität politische Legitimität zuschriebe. Genau das tun all jene, die in dem durch die kognitive Apokalypse enthüllten fratzenhaften Gesicht die Züge eines verratenen Volkes erblicken möchten, das endlich seinen Willen gegen die Elite durchzusetzen vermag.

Es stimmt, dass die Deregulierung des Informationsmarktes bislang verborgene Sehnsüchte sichtbar macht. Der Wille, direkt zum «Volk» zu sprechen und das «Volk» ganz direkt sprechen zu lassen, gehört zu den weiteren möglichen Narrativen über die Erleichterung des Ausgleichs von Angebot und Nachfrage. Die Themen dieser politischen Fiktion sind alt und bekannt, die Methoden dagegen sehr modern. Deshalb können wir all jene, die auf diese Interpretation der Situation zurückgreifen, als Neopopulisten bezeichnen.

Formen des Neopopulismus

Am Freitag, dem 20. März 2020, hielt Donald Trump, Präsident der größten Weltmacht, mitten in der Coronavirus-Pandemie eine Pressekonferenz ab. Zu den Themen des Tages gehörte das Medikament Hydroxychloroquin, das gerade auch in Frankreich für eine nationale Debatte sorgte. Hinter seinem Rednerpult im Weißen Haus gab sich Trump zuversichtlich. Die Folgezeit sollte zeigen, wie sehr er sich irrte, entscheidend ist hier jedoch, welche Worte er im Blick auf dieses Molekül wählte: «Das ist eine starke Behandlung [...]. Es ist nur ein Gefühl. Ich bin intelligent. Ich spüre es deutlich. Und wir werden sehen.»

Man dürfte schwerlich eine Person und eine Erklärung finden, die den Neopopulismus besser veranschaulichen. Ich verstehe darunter ein Narrativ, das als treibende Kraft in erster Linie auf die unmittelbarsten Intuitionen setzt, die uns in den Sinn kommen – samt der sie kontaminierenden Wünsche. Werden diese Intuitionen zur politischen Legitimation verwendet, besteht eindeutig die Gefahr des Populismus.

Durch zahlreiche Studien in vielen Demokratien und insbesondere auch in Frankreich sind die Meinungsforscher zu der Überzeugung gelangt, dass unsere Mitbürger kein Vertrauen mehr zu Autoritätspersonen haben. Das gilt in besonderem Maße für die Politiker, die «Abscheu» erregen und «Misstrauen» wecken.[46] Das ist nicht sonderlich erstaunlich, denn die Demokratien schaffen schon seit ihrem ersten Erscheinen in der Geschichte einen mehr oder weniger formalen Raum zur Kontrolle der Politiker, die stets im Verdacht stehen, das Volk zu verraten. Nach Anacharsis Cloots, der eine aktive Rolle in der Französischen Revolution spielte, muss diese Überwachung der Macht durch das Volk selbst erfolgen. Das Volk muss gleichsam Argus sein, der mythologische Riese mit hundert Augen, der alles sieht und niemals schläft. Cloots schien die Entstehung einer politischen Notwendigkeit vorauszuahnen (ohne sie zu fürchten), der erst die Technologie der Zukunft materielle Gestalt verleihen sollte (wie er nicht wissen konnte).

Da das Misstrauen gegenüber der Macht konsubstanziell mit der Geschichte der Demokratie ist, verstärkt es, sobald hier Rekordwerte erreicht sind, bei manchen unserer Mitbürger die Anziehungskraft demagogischer Reden. Diese Anziehungskraft ist keine bloß abstrakte Gefahr, demonstriert sie doch bei Wahlen immer wieder ihre Stärke, wie sich in der aktuellen Politik zahlreicher Länder zeigt. Diese Länder bleiben zwar Demokratien, doch ihre politischen Führer leugnen zum Beispiel die Realität des Klimawandels oder die Wirksamkeit von Impfstoffen. Die Macht der Wähler äußert sich in einem Diskurs, der in der Politikwissenschaft und anderswo als Populismus bezeichnet wird. Er lässt sich minimal als eine begrifflich recht magere Ideologie definieren,[47] die in den Mittelpunkt ihrer Analyse die Idee eines Verrats am tugendhaften Volk durch korrupte Eliten stellt. Dagegen helfe nur der direkte politische Ausdruck eines rächenden Volkes ohne jedes weitere institutionelle Gegengewicht.[48] Diese Idee ist weniger ein Programm im eigentlichen Sinne als eine politische Matrix, weshalb denn auch die extreme politische Rechte wie auch die extreme Linke daraus schöpfen können. Die politischen Ausdrucksformen des Populismus sind zwar vielgestaltig, ruhen aber stets auf drei Säulen: der Idee eines homogenen Volkes; dem Willen, sein Recht ohne Vermittler auszuüben; und symmetrisch dazu, der konsubstanziellen Bösartigkeit der Eliten.[49] Neben diesen drei konstitutiven Elementen entlehnt der Neopopulismus seine Argumente häufig der kognitiven Demagogie.

Die klassische Lexikondefinition des Ausdruck *Demagogie* lautet: «Eine Politik, die den Leidenschaften der Massen schmeichelt und sie aufpeitscht» (*Le Robert*). Der so beschriebene Diskurs zielt darauf ab, die natürlichen Neigungen der Psyche der Zuhörer auszubeuten. Dabei setzen die meisten auf die emotionalen Aspekte des Diskurses (Zorn, Hass auf andere und dergleichen). Dennoch deckt der Begriff gleichermaßen affektive wie auch rationale Elemente ab.[50]

Nehmen wir ein klassisches Beispiel für Propaganda. Ein Slogan der

Naziideologen lautete: «500 000 Arbeitslose: 400 000 Juden». Warum kann dieser Slogan den Geist verwirren? Ein Teil seiner Verführungskraft gründet in der Verwechslung von Korrelation und Kausalität, ein klassischer Fehlschluss, den ich bereits angesprochen habe. Ideologien nutzen gerne unsere Neigung aus, in einem bloßen Zusammentreffen ein Zeichen oder sogar einen Beweis für einen kausalen Zusammenhang zu erblicken. Nach diesem Argumentationsmuster verfahren typischerweise Verschwörungstheorien. Sie warten oft mit einer Flut disparater Argumente auf, um Verwirrung bei Menschen zu stiften, die geneigt sind, an der historischen Realität zu zweifeln, und einige dieser Argumente können überzeugend klingen, ohne richtig zu sein. Das berühmte Argument *fecit cui prodest* (der Nutznießer ist der Täter), den alle Verschwörungstheorien gerne als Motto benutzen, ist besonders charakteristisch für die kognitive Demagogie, die sich in der heutigen Welt ausbreitet. Hier nur ein Beispiel: Die Soziologin Monique Pinçon-Charlot, emeritierte Forschungsdirektorin des Centre national de la recherche scientifique (CNRS), hat mehrfach Theorien entwickelt, die eher den Verschwörungsmythen als der Wissenschaft angehören.[51] So vertrat sie in einem Interview folgende, gelinde gesagt verwunderliche These:

> Das bewusste und entschlossene Ziel [der Kapitalisten, deren Chef, was Frankreich angeht, im Élysée-Palast sitzt] dieser Klasse, dieser Kaste, dieser Mafia, dieser Wirtschaftskriminellen – man kann sie nicht anders nennen – ist es, die ärmere Hälfte der Menschheit auszurotten, und zwar mit der schrecklichen Waffe des Klimawandels. [...] Das ist ein Klimaholocaust.[52]

Einerseits ist es nicht unbedingt logisch, anzunehmen, diese «unheilvolle Oligarchie» hätte ein Interesse daran, die ärmere Hälfte der Menschheit auszurotten, und andererseits beweist die Annahme, dass sie bereits am Werk sei, zweifellos einen gewissen Rationalitätsverfall, und sei es nur, weil der Klimawandel die gesamte Menschheit betrifft.

Kognitive Demagogie ist das ideale geistige Verfahren, um einen Menschen aus der Frustration hin zum Populismus zu führen. Sie nährt durch unmittelbar anschauliche, aber fragwürdige Argumente das vage Gefühl, enteignet worden zu sein. Angeblich geht es darum, einem fantasierten Volk die Stimme zurückzugeben, und zwar mithilfe von Scheinargumenten wie dem eines Präsidenten, der behauptet, ein Molekül und dessen therapeutische Wirksamkeit deutlich «spüren» zu können. Eine in der angesehenen Zeitschrift *PNAS* veröffentlichte Studie ist in dieser Hinsicht besorgniserregend.[53] Mit den Mitteln der Computerlinguistik fand sie heraus, dass sich die analytische Qualität der politischen Sprache in den USA während des gesamten 20. Jahrhunderts verschlechtert hat. Parallel dazu ist die von den Politikern geäußerte Zuversicht (nach der Analyse ihres Wortschatzes) im selben Zeitraum offenbar gewachsen. All das entspricht dem Symptombild der kognitiven Demagogie. Eine spezielle Analyse der Rhetorik Donald Trumps zeigt, dass er neben all seinen Vorgängern am wenigsten analytisches Denken erkennen lässt und am kühnsten redet. Dieser Präsident ist also keine historische Ausnahme, sondern eher eine karikaturistisch überzogene Fortsetzung eines allgemeinen Trends.

Das Bemühen, die unmittelbarsten Reaktionen unseres Gehirns anzusprechen, kann bei manchen ein Gefühl der Nähe auslösen, denn eines der vom Neopopulismus aufgeworfenen Probleme ist die politische Proxemik – ein Ausdruck, den ich von dem Anthropologen Edward T. Hall (1976) übernehme. Danach bezeichnet der Ausdruck die Mindestdistanz, die Menschen untereinander bei ihren Interaktionen einhalten. Der Ausdruck «politische Proxemik» verweist auf einen eher symbolischen als räumlichen Abstand. Wenn Wähler und Gewählte, die für das demokratische Leben zentralen Gestalten, fantasierte Vorstellungen voneinander haben, erreicht die politische Proxemik ein kritisches Niveau.

Wo sich dieses Problem zeigt, versucht man der Krise meist mit zwei Lösungen Herr zu werden. Die erste geht von dem Gedanken aus, dass sich die zwischen Regierenden und Regierten bestehenden Missverständnisse durch Transparenz beseitigen lassen. Die zweite möchte unsere politischen Systeme reformieren, indem sie die Ausdrucksformen durch die Einführung einer partizipativen Demokratie erneuert – gelegentlich ein Versuch, Experten zu delegitimieren und wieder an das gesunde Volksempfinden anzuknüpfen. Beide Lösungen sind aus demokratischer Perspektive legitim, aber im Blick auf ihre praktische Umsetzung durchaus problematisch.[54] Ist es sicher, dass alles, was man aus der Perspektive der Prinzipien gutheißt, auch unter dem Blickwinkel der Folgen glücklich ist?

Der Neopopulismus behauptet, die Störungen in der Proxemik durch den Einsatz kognitiver Demagogie zu beheben, und setzt dazu das Arsenal der modernsten Technologien ein. So bemerkte der für die Wochenzeitung *Time* arbeitende Journalist David von Drehle während des US-amerikanischen Präsidentschaftswahlkampfs 2016, Donald Trump verfüge im Grunde nur über eine einzige Strategie: die Ausschaltung vermittelnder Instanzen.[55] Ob in Italien, Brasilien oder anderen Ländern, in denen sich der Neopopulismus durchzusetzen versucht, überall bedient man sich der sozialen Netzwerke, um sich direkt ans «Volk» zu wenden und traditionelle Vermittlungsinstanzen wie Parteien, Gewerkschaften oder Medien zu umgehen.

Solch eine Ausschaltung der vermittelnden Instanzen findet sich auch beim US-amerikanischen Präsidenten. Zu Beginn seines Wahlkampfs folgten ihm 12 Millionen Menschen in den sozialen Medien, am Ende waren es mehr als 83 Millionen allein auf Twitter. Er wurde selbst zu einem zwanghaften Nutzer, der bei jeder Gelegenheit twitterte, ohne irgendjemanden um Rat zu fragen. Allein 2018 tweetete und retweetete er 3578 Mal – eine Zahl, die sich im folgenden Jahr noch verdoppelte. Das waren nahezu 20 Tweets pro Tag, obwohl er ein Amt bekleidete, in dem er eigentlich keine Zeit für so etwas hätte haben sollen.[56]

Der Italiener Matteo Salvini, ein weiterer Vertreter des Neopopulismus, sagte einmal, das Tablet sei zu einer Verlängerung seiner Finger geworden.[57] Genau dasselbe meinte die ehemalige französische Ministerin Nadine Morano, die gerne von sich behauptet, für das Volk zu sprechen, als sie tweetete: «Ich tippe schneller als meine Finger.» Dieser Satz ist sehr aufschlussreich: Der Neopopulismus wendet sich oft an den automatischsten, von dem Nobelpreisträger Daniel Kahneman System 1 genannten Teil des Gehirns, der im Gegensatz zu dem langsameren und stärker analytischen System 2 unseren Geist verleitet, sich von unseren unmittelbarsten Intuitionen leiten zu lassen. In Frankreich prangert ein Teil der extremen Linken den Verrat am Volk an und behauptet, auch sie schalte alle vermittelnden Instanzen aus und wende sich direkt an die Menschen. Genau deshalb wollte Jean-Luc Mélenchon seine eigene Informationsplattform *Le Média* gründen, allerdings ohne den erhofften Erfolg.

Solche Bemühungen sind indessen nicht immer zum Scheitern verurteilt. So errang der Schauspieler Wolodymyr Selenskyj 2019 bei den Präsidentschaftswahlen in der Ukraine mit 73 Prozent der abgegebenen Stimmen einen triumphalen Wahlsieg, obwohl er seinen Wahlkampf lediglich in den sozialen Netzwerken führte und jedes Interview mit der Presse verweigerte, die in seinen Augen am Verrat beteiligt war. Außerdem bestritt er seinen Wahlkampf eher auf der Bühne als in klassischen Wahlkampfveranstaltungen. Bei diesen Auftritten brachte er Zuschauer gerne zum Lachen, indem er sich über seine Gegner lustig machte, etwa über den scheidenden Präsidenten Petro Poroschenko oder die ehemalige Premierministerin Julija Tymoschenko. Ein reinigendes Lachen, das die Korruption oder die Langsamkeit der Bürokratie anprangerte und den besonders frustrierenden Aspekten der ukrainischen Demokratie galt. Das Lachen vermittelt ein illusorisches Gefühl von Gemeinsamkeit und damit von Nähe. Es ist das ideale Instrument zur Ausschaltung vermittelnder Instanzen. Eine weitere starke Figur des Neopopulismus, Beppe Grillo, macht davon in Italien bekanntlich reichlichen Gebrauch. Donald Trump oder Jair Bolsonaro zögern nicht, Witze zu erzählen oder Beleidigungen von sich geben, die ihren Anhängern ein befreiendes Gefühl geben und bei ihnen den Eindruck erwecken, dass ihnen Gerechtigkeit zuteilwürde. Das ist das monströse Gegenteil der *political correctness* und des von moralischer Einschüchterung eingeengten Wortes.

All die Neopopulisten, die vermittelnde Instanzen ausschalten, stehen für eine der politischen Formen des erleichterten Ausgleichs von Angebot und Nachfrage auf dem kognitiven Markt. Gerade der Wille, Vermittlungsinstanzen und Regulierung abzuschaffen, verleiht der kognitiven Demagogie ihre gewaltige Macht. Statt wie die Anhänger der Theorie des seiner Natur entfremdeten Menschen angesichts der massiven Auswirkungen der Deregulierung dieses Marktes zu verzweifeln, geben die Neopopulisten ihnen eine politische Legitimation. Wie wir gesehen haben, tritt diese Emotion auch gegen unseren Willen und auf unvernünftige Weise aus dem Lärm der globalen Cocktailparty hervor, zu der unsere heutige Welt geworden ist. Manche meinen dagegen, diese Emotion bilde den Kern des Politischen, weshalb es vollkommen legitim sei, sie anzusprechen. So schrieb Simon Olivennes im *Figaro*:

> Eine der Eselsbrücken des antipopulistischen Diskurses besteht in dem Versuch, die Glaubwürdigkeit des Populismus mit dem Hinweis auf dessen offenkundig unheilvolle Verwendung der Angst als politischer Emotion zu erschüttern. Jeder Politiker, der das Unglück hat, den unschuldigen Ohren der Wohlmeinenden ein unangenehmes Thema zu Gehör zu bringen, wird sogleich beschuldigt, mit der Angst zu spielen, sie zu schüren oder, schlimmer noch, hervorzurufen [...]. Wer nicht sehen will, dass die Angst auf die eine oder andere Weise Anteil an der Bildung jeder politischen Meinung hat, der will einen der mächtigsten Antriebe unseres Verhaltens nicht verstehen.[58]

Es geht natürlich nicht darum, die Tatsache zu ignorieren, dass Angst die politische Agenda zu bestimmen vermag, sondern ihr diese Macht im Namen des Gemeinwohls zu nehmen, falls sie sich rational nicht begründen lässt. Die Angst ist eine für das Überleben der Menschheit unerlässliche Emotion, doch auf einem deregulierten kognitiven Markt verleiht sie bestimmten Vorstellungen eine Popularität, die sie nicht verdienen. Diese Emotion hat ihren Sitz in einer Hirnregion, die als «Amygdalakomplex» bezeichnet wird und durch die Ausschüttung von Adrenalin die Verhaltensreaktion des Organismus auslöst.[59] Vor dieser physiologischen Reaktion durchläuft die Information den Thalamus, dann die höheren Strukturen der Hirnrinde und den Hippocampus. Der Durchgang der Information durch diese Hirnregionen kann zu Hemmungen unterschiedlicher Art führen, aber wenn die sensorische Information, die unsere Aufmerksamkeit erregt, weil sie eine mögliche Gefahr signalisiert, zuvor in ein entsprechendes Narrativ eingebettet wird, dann muss man mit einer massiven Reaktion des Organismus rechnen, und zwar unabhängig davon, ob die Gefahr nun begründet ist oder nicht.

Wer dieser Emotion einen Status politischer Legitimität verleiht, weil sie tief in intuitiven Gefühlen wurzelt, der regt die Menschheit nicht dazu an, das Beste zu geben. Im Gegenteil, dadurch schließt man sie in ein kognitives Schicksal ein, das sie zum Schlimmsten führt. Angesichts des schrecklichen Hauptes der Medusa sagen die Neopopulisten nicht wie die Anhänger des Mythos vom entfremdeten Menschen: «Das ist ein täuschendes Spiegelbild.» Sie sagen vielmehr: «Das ist die Wahrheit des Menschseins, mit der wir uns abfinden müssen. Und dieser Stimme des Volkes gehört die demokratische Legitimation.»

Solch eine Logik führt zur Übernahme eines politischen Modells, das unser Menschsein nach und nach in Suchtkreisläufe verstrickt – mentale Automatismen und Reaktionsreflexe, die ihren Herrschaftsbereich mit wachsender Deregulierung des kognitiven Marktes erweitern. Die Neopopulisten verleihen also den negativen Auswirkungen des kognitiven Marktes Legitimität, die wiederum ihre Wahlaussichten erhöhen. So erleben wir immer wieder, dass etwa der «gesunde Menschenverstand» dem Zynismus der Experten entgegengestellt wird. Zweifellos aus demselben Grund konnte auch eine Gestalt wie Didier Raoult während des weltweiten Lockdowns solche Prominenz erlangen. Während der in den Medien geführten Debatte über den Einsatz von Hydroxychloroquin machte dieser Medizinprofessor einem Journalisten in einem Interview den Vorschlag, man solle eine Meinungsumfrage durchführen, um zu klären, ob er oder Gesundheitsminister Olivier Véran in dieser Frage Recht hätten.[60] Der Gedanke, die wissenschaftliche Wahrheit ließe sich mithilfe eines Applausometers messen, ermunterte selbst (weniger von Skrupeln belastete) Wissenschaftler zu scharfen Erklärungen und intellektuellen Äußerungen, die gleichfalls auf Mittel der kognitiven Demagogie zurückgriffen.

So kann denn das Molekül, das als Einleitung zu diesem Abschnitt diente, auch für dessen Abschluss herhalten. Wie man sich erinnern dürfte, erregten sich unsere Landsleute in den sozialen Netzwerken über Hydroxychloroquin und die Person des Prof. Raoult. Das Ifop unternahm im April 2020 sogar eine Umfrage, um in Erfahrung zu bringen, ob Chloroquin ein wirksames Medikament zur Behandlung von Covid-19 sei.[61] Fast alle Befragten (98 Prozent) hatten bereits von der Behandlung gehört, und 59 Prozent glaubten, dass sie wirksam sei, während 21 Prozent vom Gegenteil überzeugt waren. Nur 20 Prozent unserer Mitbürger enthielten sich der Stimme – die angesichts des Fortschritts der wissenschaftlichen Erkenntnis eigentlich einzig vernünftige Position.

Auf der Ebene der sozialen Netzwerke erscheint die Debatte über dieses Molekül wie eine wissenschaftliche Kontroverse, die eine objektive Ungewissheit und eben deshalb auch eine therapeutische Hoffnung zum Ausdruck brachte. Bei einer Ungewissheit dieser Art wird das Glauben oft durch Wünsche kontaminiert. Im Zweifelsfall glaube das, was du für wahr halten möchtest! Wir alle hätten uns gewünscht, dass dieses Molekül den Erwartungen entspricht. Doch angesichts zahlreicher Bedenken und Dementis hinsichtlich der Wirksamkeit des Hydroxychloroquin reichte der Wunsch schon bald nicht mehr aus, um den Glauben zu stützen. Nun begann der medizinische Populismus, wie manche ihn nennen, die Wirksamkeit des jetzt von Didier Raoult verkörperten Moleküls um jeden Preis zu verteidigen, wobei sich jeder ohne jede Vorsicht und unter Missachtung jeglicher methodologischer Verfahrensvorschriften medizinischer Daten bediente, die er nicht wirklich verstand.

Eine Studie zu diesem Thema hat gezeigt, dass eine stärker intuitiv als analytisch geprägte Denkweise signifikant die Wahrscheinlichkeit erhöhte, den Thesen des in Marseille arbeitenden Professors zu glauben.[62] Raoult, der in der breiten Öffentlichkeit kaum bekannt war, wurde rasch zu einer Figur heroischen Widerstands und bezeichnete sich in *Paris Match* selbst als «Renegaten». Er gab vor, das Volk zu verkörpern, gegen die Elite, die das Volk verachte, Marseille gegen Paris – womit er eine altbekannte demagogische Leier aufgriff. In seinen Erklärungen bemühte er sich, als Verteidiger einer wissenschaftlichen Heterodoxie zu erscheinen, die auf Aktion, gesundem Menschenverstand und dem Willen zum Dienst am Volk basiert, im Unterschied zur wissenschaftlichen Orthodoxie, die sich vorgeblich an Verfahren orientiere, langsam sei und vor allem im Dienst industrieller Interessen stehe. Solch eine Position besitzt natürlich großen Reiz für alle, die «gegen das System» sind.

Das ist auch in den verschiedenen Analysen greifbar, die zu den Unterstützern Didier Raoults erstellt worden sind. So ergab die Ifop-Umfrage, dass die Sympathisanten von La France insoumise und dem Rassemblement national eher als die anderen an die Wirksamkeit von Hydroxychloroquin glaubten. Der Stoff war schon fast zu einem Oppositions- oder sogar Widerstandsmolekül geworden. Davon zeugt die Tatsache, dass die Anhänger der Gelbwestenbewegung unter den Befragten den Professor in besonders großer Zahl (80 Prozent) unterstützten. Eine andere, von Harris Interactive im Mai 2020 durchgeführte Umfrage ergab ähnliche Ergebnisse.[63] Während 45 Prozent aller Befragten erklärten, eine «gute Meinung» von dem Professor zu haben, stieg seine Beliebtheit bei Sympathisanten des Rassemblement national und von La France insoumise auf 72 Prozent.

Die Politisierung dieses Moleküls zeigte sich auch in einer Analyse von Twitter-Daten, die Florian Capfiero und Laurent Cordonier gemeinsam mit mir unternahmen.[64] Die Twitter-Daten sammelten wir, indem wir den gewählten Vertretern der verschiedenen großen politischen Parteien in Frankreich und dem ersten Kreis ihrer Sympathisanten folgten (das heißt solchen Accounts, die einer großen Zahl von Mandatsträgern ein und derselben Partei und zugleich Personen folgten, die ihrerseits diesen Mandatsträgern folgten). Als die an das Medikament geknüpften Hoffnungen aufkamen, war die Begeisterung bei Twitter recht groß. Abgesehen von einer gewissen Vorsicht bei Vertretern der République en marche war die politische Landschaft Frankreichs weitgehend von solcher Begeisterung geprägt. Im Laufe der Wochen behielten jedoch vor allem die Sympathisanten des Rassemblement national und mehr noch die von La France insoumise ein starkes Interesse an dieser Debatte und sammelten sich weiterhin um Raoult. Einen Monat nach der Veröffentlichung seines ersten Videos konzentrierten sich die Twitter-Aktivitäten der Sympathisanten des Rassemblement national nahezu doppelt, die der Sympathisanten von La France insoumise sogar nahezu fünf Mal so stark auf das Thema Chloroquin wie die der Sympathisanten der République en marche.

Die Berichte über Hydroxychloroquin riefen, wie zu erwarten, die bei den Gelbwesten überrepräsentierten Verschwörungstheoretiker auf den Plan, und man warf der mächtigen Pharmaindustrie vor, sie wolle verhindern, dass wir von den Vorzügen des Medikaments profitierten, ganz wie zuvor schon das Schreckensgespenst eines Virus an die Wand gemalt worden war, das absichtlich erschaffen worden sei, um uns zu vergiften.[65] Eine Analyse der Didier Raoult verherrlichenden Facebookgruppen kommt zu einem ähnlichen Ergebnis: ein von der Vorsehung geschickter Mann, Verschwörungsmythen, Empfänglichkeit für politischen Populismus.[66] Abschließend können wir sagen, das Hydroxychloroquin ist lediglich die Abwandlung einer ideologischen Karte, deren Umrisse wie mit unsichtbarer Tinte gezeichnete Linien unter der Flamme jeder neuen Kontroverse immer deutlicher hervortreten.

Es ist daher kein Zufall, dass weltweit zahlreiche Neopopulisten, von Donald Trump bis Jair Bolsonaro, für dieses Medikament warben. Darin wird ein anderes Großnarrativ sichtbar, das auf seine Weise der kognitiven Apokalypse Rechnung zu tragen vorgibt. Wenn die Neopopulisten vom «Volk» sprechen, zeigen sich darin in Wirklichkeit nur die neuen Formen des Erfolgs der kognitiven Demagogie, und diese neuen Formen resultieren aus dem erleichterten Ausgleich zwischen Angebot und Nachfrage auf dem kognitiven Markt. Die vielfältigen Auswirkungen dieser Erleichterung vereinigen sich nicht notwendig zu politischer Macht. Wo es dazu kommt, geschieht das jedoch oft in Form eines raschen, unerwarteten Aufstiegs wie bei der Wahl Donald Trumps 2016 oder bei der Gelbwestenbewegung 2018.

Gemeinsam haben diese politischen Erscheinungen, dass sie sich jenseits der üblichen Instrumente zur Beobachtung neu entstehender sozialer Bewegungen entwickeln. Ob man diese Bewegungen nun mag oder nicht, sie sind jedenfalls schwer zu kontrollieren – fast wie eine Ansammlung von Gehirnen, die ganz ihren unmittelbarsten Intuitionen überlassen blieben und frei von jeglicher Hemmung wären.

Solch eine Gefahr wurde zum Beispiel in der dritten Staffel der Serie *Le Baron noir* geschildert, die angeblich sogar im Élysée-Palast für Beunruhigung sorgte.[67] Diese Staffel der französischen Politserie führte eine neue Figur namens Christophe Mercier ein, die darauf aus ist, die Fünfte Republik zu destabilisieren, indem sie den Volkszorn verkörpert und zu einer Wahl der Volksvertreter durch Losentscheid aufruft. In dem Film spricht diese Figur, die eine Kreuzung aus Beppe Grillo und Étienne Chouard darstellen soll, direkt zu ihren Wählern und sorgt gleichfalls für eine vollkommene Ausschaltung vermittelnder Instanzen. Wäre es denkbar, dass ganz unerwartet solch ein Christophe Mercier auftauchte? Vielleicht lächeln wir über die Befürchtungen im Élysée-Palast, schließlich handelt es sich um eine bloße Fiktion. Dennoch sollten wir uns davor hüten, die Macht der Narrative zu unterschätzen.

Kampf der Narrative

In der Antarktis erstach 2018 ein Mann einen anderen, weil der ihm das Ende eines Romans verraten hatte. Die gewaltige Einsamkeit im Eis hat wahrscheinlich gleichfalls Anteil an diesem Vorfall, wie auch der Konsum von Wodka, doch inzwischen kann man sich in vielen Bereichen eines Verbrechens schuldig machen, dass als *Spoilern* bezeichnet wird und schon zahlreiche Freundschaften in den sozialen Netzwerken zerstört hat. Ein *Spoiler* ist eine Information, die Details oder auch das Ende einer Serie, eines Films oder eines anderen Mediums verrät, bevor eine andere Person das Medium konsumieren konnte, und durch diese Vorwegnahme den Spaß und die Spannung zerstört.

Spoiler alerts findet man vielerorts. Die Uraufführung von *Star Wars VII* gab Anlass zu einem beispiellosen Ereignis. Vor dem Kinostart dieses Blockbusters ließ die Tageszeitung *Le Monde* wissen, dass sie keine Kritik dieses Films bringen werde. Warum? Weil die Produzenten des Films für den Besuch der Vorpremiere Bedingungen gestellt hatten, die der Zeitung inakzeptabel erschienen. Die bemerkenswerteste unter diesen Bedingungen war die Verpflichtung, nichts über die Handlung des Films zu enthüllen. In dieser Klausel hieß es, es handele sich dabei um «ein Präjudiz, das zu Schadensersatzforderungen berechtigt», und es war zweifellos das erste Mal, dass *Spoilern* als Grund für eine gerichtliche Auseinandersetzung angesehen wurde.

Dieser Vorfall zeigt, welche Bedeutung fiktive Narrative in unserem Leben erlangt haben. Die Verlängerung unserer mental verfügbaren Zeit wird weitgehend für fiktive Narrative in all ihren Formen verwendet (Romane, Filme, Serien, Comics, Videospiele und dergleichen). Die letzte Staffel von *Game of Thrones* war zweifellos das weltweit meistkommentierte Ereignis des Jahres 2019, und die Sicherheitsmaßnahmen, die man traf, um eine Enthüllung des Endes zu verhindern, übertrafen alles, was man bis dahin erlebt hatte. Gegenwärtig entsteht eine Art neuer Katechismus für den Umgang mit fiktiven Narrativen. Wo jedoch Tabus aufkommen, finden sich stets auch kriminelle Geister, die dagegen verstoßen. So ließ es sich jemand aus Bordeaux nach der Ausstrahlung der ersten Episode der Serie angelegen sein, in der Stadt Plakate aufzuhängen, die Schlüsselelemente der Handlung verrieten. In den sozialen Netzwerken waren viele sich einig: Dieser Mensch verdiente den Tod. Er hatte gegen das Elfte Gebot verstoßen: Du sollst nicht spoilern.

Innerhalb einiger Jahrhunderte hat die Zeit, die Menschen fiktiven Narrativen widmen, schwindelerregend zugenommen, und das ist durchaus nicht erstaunlich, da wir einen ganz natürlichen Durst nach solchen Narrativen haben. Sie bilden für unser Gehirn eine nahezu lebensnotwendige Nahrung. Die Arbeiten von Jonathan Gottschall (2013), einem leidenschaftlichen Forscher am Schnittpunkt zwischen Literatur und Evolutionstheorie, stellen den Menschen als «erzählendes Tier» dar und sehen in fiktiven Narrativen ein Element, das für den Menschen ebenso bedeutsam ist wie Wasser für den Fisch. Der namhafte Neurowissenschaftler Michael Gazzaniga (2015) sagt nichts anderes in seinem jüngsten Buch, *Tales from Both Sides of the Brain*. Dort beschreibt er, wie sich das Gehirn geradezu zwanghaft einer unablässigen Erzählung über seine Umwelt überlässt.[68]

Die Frustration, die wir angesichts kognitiver Unvollständigkeit empfinden, ist das offenkundigste Symptom der Anziehungskraft, die Erzählungen auf uns ausüben.[69] Es gibt fast keine rätselhafte Situation, für die unser Geist nicht nach Lösungen suchte. Fiktion ist die erholsame Seite dieses kognitiven Zwangs, Sinn in unsere Umwelt zu bringen. Selbst wenn klar ist, dass es sich um Fiktion handelt (das heißt um ein Narrativ, das nicht vorgibt, Tatsachen wiederzugeben, sondern lediglich das Vorstellbare zu erkunden), kann sie für ihre Verbreitung auf dem kognitiven Markt fest mit dieser Invariante unserer Spezies rechnen.

Dennoch unterhält die Fiktion recht zwiespältige Beziehungen zur Realität und vermag sie in vielfältiger Weise zu stören. Ich nehme an, hier handelt es sich um einen der Schlüssel zu der kognitiven Apokalypse, die wir gerade erleben. Da diese Apokalypse uns rätselhaft erscheint, berechtigt sie zu konkurrierenden Narrativen, die ihr angeblich einen Sinn verleihen. Und da Narrative keineswegs tote Buchstaben bleiben, sondern von sozialen Akteuren getragen werden, verwandeln sie sich in Handlungen, kollektive Bewegungen, Forderungen, Normen usw. Sie können sich selbst verwirklichen oder sich selbst zerstören. Diese Fiktionen gründen also in der Welt, wie sie ist und wie sie in Zukunft sein könnte.

Klären wir ein wenig die komplexen wechselseitigen Beziehungen zwischen Fiktion und Realität. Zunächst einmal könnte man sagen, diese Beziehungen beruhten möglicherweise auf reinem Zufall. So wird darauf hingewiesen, dass die Fiktion die Realität gelegentlich auf irritierende Weise vorwegnimmt. Man könnte sogar so weit gehen und in solchen Zufällen einen Beweis für die Existenz paranormaler Mächte bei manchen visionären Autoren sehen. Morgan Robertsons Roman *Titan. Eine Liebesgeschichte auf hoher See*, der 1898 erschien, gehört zu jenen Texten, welche die Fantasien der Pseudowissenschaft nähren. Der Roman berichtet von dem größten jemals von Menschen erbauten Passagierschiff, das ein ähnliches Schicksal ereilt wie die *Titanic*. Robertson erfand einen Schiffbruch, der unter ganz ähnlichen Umständen wie beim Untergang der *Titanic* 14 Jahre später stattfand. Ich habe an anderer Stelle (Bronner, 2013) gezeigt, dass es sich um eine Reihe überschätzter Zufälle handelt, die durchaus nichts Erstaunliches haben, wenn man sie in ihren Kontext rückt.

Einer der großen Irrtümer all derer, die an die Existenz visionärer (das heißt hier paranormal begabter) Autoren glauben möchten, liegt in einem einfachen Umstand: Sie vergessen, dass diese Autoren ein oft beträchtliches Werk geschaffen haben, das selbst zu einer ganzen Reihe nicht minder bedeutender, in die Zukunft blickender Werke gehört. Dass einige dieser Werke Möglichkeiten erkunden, die später zum Teil Realität werden, hat nichts Überraschendes, wenn man sich die Mühe macht, die Stichprobe zu rekonstruieren, der diese Werke entnommen sind. Noch weniger erstaunlich sind solche Zufälle, wenn die Werke einem leidenschaftlichen Interesse der betreffenden Autoren an der Technologie ihrer Zeit entspringen. Das gilt zum Beispiel für Robertson, der sich mit Seefahrt und Schiffbau sehr gut auskannte. Als Kapitänssohn, der selbst als Schiffsjunge und Bootsmann fast ein Jahrzehnt lang zur See gefahren war, spezialisierte er sich als Schriftsteller auf maritime Abenteuer. Die meisten dieser Autoren brauchten lediglich Tangenten an die Entwicklungstrends einer ihnen gut bekannten Gegenwart zu legen, und einige von ihnen trafen damit letztlich die spätere Realität.

Ein Beispiel aus jüngerer Zeit, das weniger übernatürlich erscheint, wäre der 1. Mai 2018, an dem die chinesische Regierung ein neues Kontrollsystem einführte, das mit seiner «Note für das soziale Verhalten» das Leben der Bürger erleichtern oder aber beträchtlich erschweren wird. Wenn jemand dort die chinesische Wirtschaft kritisiert oder eine Ampel bei Rot überquert, verschlechtert sich seine Note, mit der Folge, dass der Kauf einer Zugfahrkarte oder selbst der Zugang zum Internet nun plötzlich schwieriger für ihn wird. Diese Maßnahmen erinnern jeden, der die britische TV-Serie *Black Mirror* verfolgt, an die Episode mit dem Titel «Abgestürzt», die vom sozialen Abstieg einer jungen Frau in einer dystopischen Welt erzählt, die große Ähnlichkeit mit der in China angestrebten besitzt. Auch hier ist die Übereinstimmung zwischen Realität und Fiktion nicht wirklich erstaunlich. Da die Serie *Black Mirror* die erschreckendsten Anwendungen der modernen Technologie vorwegzunehmen versucht, ist es nicht verwunderlich, dass sie zuweilen die Realität trifft.

Solche Fiktionen können die Ausrichtung der Realität beeinflussen. Das gilt insbesondere für den Bereich der Technologie. Elon Musk und Jeff Bezos schätzen Science-Fiction bekanntlich sehr, und zahlreiche Unternehmer aus der Technologiewirtschaft geben an, sich bei ihren technologischen Unternehmungen von deren fantasievollen Erkundungen anregen zu lassen. Der Erfinder des Mobiltelefons Martin Cooper verhehlt nicht, dass die Fernsehserie *Star Trek* für ihn eine wertvolle Quelle darstellte. Michael Abrash, der für die Forschung zur virtuellen Realität bei Facebook verantwortlich ist, erzählt gern, dass Neal Stephensons 1992 erschienener Roman *Snow Crash* ihn beim Nachdenken über virtuelle Experimente wie *Second Life* beeinflusste. Neben einer Fülle weiterer Beispiele könnte man hier auch erwähnen, dass die zu ihrer Zeit revolutionäre Benutzeroberfläche des iPhones ganz direkt der Handlung des Films *Minority Report* nachempfunden wurde.[70]

Die wechselseitige Durchdringung von Fiktion und Technologie dürfte sich allerdings noch weiter verstärken, wenn man den wissenschaftlichen Publikationen zur Wechselwirkung zwischen Mensch und Maschine glauben darf, in denen Bezugnahmen auf die Science-Fiction-Literatur immer größere Bedeutung erlangen.[71] Manche Beratungsgesellschaften stützen ihre Voraussagen explizit auf die Aussagen von Science-Fiction-Autoren. So bietet die PricewaterhouseCooper GmbH (PwC) ihre Dienste den 500 reichsten Unternehmen der Welt an, darunter Visa oder Pepsi, und verweist dabei auf Zukunftsromane, um sich für Innovationen einzusetzen. Diese neuen Planungsinstrumente für Unternehmen tragen aussagekräftige Namen wie *future casting* oder auch *world building*.[72] Es kommt daher zu einer Übereinstimmung zwischen Fiktion und dem Möglichen, weil sich unsere Fantasie unter allen erkundbaren Welten an denen orientiert, die ihre Aussagekraft in der Fiktion bereits bewiesen haben.

Schließlich und vor allem sorgt die Fiktion oft für eine Aufbereitung der Welt: Wie ein Rankgerüst für Pflanzen lässt sie uns an disparate Tatsachen denken, indem sie diese Tatsachen entlang einer narrativen Achse anordnet. In dieser Hinsicht kann man sagen, die Fiktion bereitet unsere kollektive Aufmerksamkeit vor, wie mehrere Fachleute auf diesem Gebiet angemerkt haben. So konnte der Glaube an die «antiken Astronauten» nur deshalb so erfolgreich sein, weil er von der Fantasie einiger Romanschriftsteller vorbereitet wurde. Worum geht es? Nach dieser Theorie wurde die Spezies Mensch von Außerirdischen geschaffen, die unseren

Vorfahren halfen, die ersten Zivilisationen zu gründen und Bauwerke (wie die Cheops-Pyramide, Tiahuanaco usw.) zu errichten, die sie ohne deren technische Unterstützung niemals hätten bauen können. Nach diesem Glauben sind die Religionen lediglich wirre Niederschriften von bruchstückhaften Erinnerungen an diese Ereignisse und die in den heiligen Schriften genannten Götter nichts anderes als unsere fernen Vorväter aus dem All. Diverse Autoren haben solche Spekulationen vorgetragen (in Frankreich Robert Charroux mit seinem Buch *Phantastische Vergangenheit. Die unbekannte Geschichte der Menschen seit hunderttausend Jahren*, oder auch Jacques Bergier und Louis Pauwels mit *Aufbruch ins dritte Jahrtausend. Von der Zukunft der phantastischen Vernunft*), doch am erfolgreichsten sind zweifellos (mit weltweit 40 Millionen verkauften Exemplaren) die Bücher Erich von Dänikens. Hinzu kommen unzählige Bücher, Zeitschriften und Filme, die sich im 20. Jahrhundert von diesem Thema inspirieren ließen.

Wie der Anthropologe Wiktor Stoczkowski darlegt,[73] ging dem weltweiten Erfolg dieser Theorie, die den Anspruch erhebt, unsere gemeinsame Geschichte darzustellen, ein ganzer Schwung von Science-Fiction-Erzählungen voraus, die das gesamte Repertoire der für die Theorie der antiken Astronauten erforderlichen Themen abhandelten. Dasselbe könnte man vom Spiritismus behaupten, dem in den 1830er Jahren eine Welle fantastischer Literatur vorausging, wie Renard (2011) zeigt, oder auch vom Glauben an fliegende Untertassen, dessen Kielwasser sich nach Méheust (1978) mit der Science-Fiction-Literatur der 1930er Jahre kreuzte.

Nicht dass diese Science-Fiction-Erzählungen von ihren Lesern für bare Münze genommen wurden, doch sie bereiteten den Boden für Überzeugungen, die später dann einen Wahrheitsanspruch erhoben. Vielleicht verwendeten auch diese Romane Vorstellungen, die in der Gesellschaft bereits vorhanden waren, doch sie verstärkten zumindest deren Wirkung, da sie nun kohärenter waren und sich somit leichter behalten ließen. Fiktive Narrative helfen, Undenkbares zu denken, und leisten so einen Beitrag, es glaubwürdig zu machen.

Solche Darstellungen können auch Handlungsbedeutung erlangen, vor allem wenn sie sich an unser Selbstbild richten, denn auf ihre eigene Art weisen sie uns ein Schicksal zu. Zwei Beispiele zeigen sehr gut, wie vergiftet manche dieser sich selbst verwirklichenden Prophezeiungen sind.

Die Astrologie arbeitet mit Erzählungen, die den Anspruch erheben, unsere Persönlichkeitsmerkmale zu beschreiben. Um die Triftigkeit ihrer psychologischen Analysen zu testen, unternahmen ein Psychologe und ein Astrologe gemeinsam eine spannende Studie. Der Psychologe, Hans Eysenk, der Ende der 1990er in den psychologischen Fachzeitschriften am häufigsten zitiert wurde, führte eine Reihe von Tests durch, die es ermöglichten, psychologische Typologien zum Beispiel hinsichtlich Extrovertiertheit oder neurotischer Dispositionen zu erstellen. Der in Großbritannien berühmte Astrologe Jeff Mayo, Gründer einer recht erfolgreichen Schule, erklärte sich bereit, mit 2000 seiner Klienten und Studenten solche von Eysenk inspirierte Tests durchzuführen. Mit diesem Experiment wollten sie klären, ob die Hypothese einer astrologischen Determinierung der Persönlichkeit haltbar war. Die Ergebnisse verwirrten rationalistische Geister und erregten große Freude bei den Astrologen.[74] Tatsächlich fand man einen statistischen Zusammenhang zwischen einigen von der astrologischen Tradition mit Extrovertiertheit verbundenen Tierkreiszeichen und den entsprechenden Indizes der Tests. Insgesamt schienen die typischen psychologischen Merkmale, welche die Astrologie bestimmten Tierkreiszeichen zuordnet, mit den empirischen Befunden übereinzustimmen. Die Verteidiger der Magie der Sterne machten diese Ergebnisse bekannt, soweit sie nur vermochten, und behaupteten ein wenig vorschnell, sie hätten den Beweis für die Existenz eines astrologischen Determinismus erbracht.

In Wirklichkeit hatte ihre Begeisterung sie blind für die dennoch evidente Tatsache gemacht, dass sich die Personen, die den Test gemacht hatten, gut mit den astrologischen Theorien auskannten und zudem noch fest daran glaubten. Das war offensichtlich ein ganz entscheidender Umstand. Um das zu beweisen, versuchte Eysenk herauszufinden, ob die den Astrologen so teuren Korrelationen auch dann erschienen, wenn man die Tests in einer Population durchführte, die nichts über die astrologische Kausalität wusste und diesen Vorstellungen nicht anhing. Und so führte er denn zwei weitere breit angelegte Testreihen durch.[75] Die erste in einer Population aus 1000 Kindern, die nichts von Astrologie verstanden. Die Ergebnisse fielen ganz anders aus, denn diesmal ließ sich keine Korrelation zwischen den Tierkreiszeichen und den psychosozialen Merkmalen der Probanden beobachten. Noch interessanter ist die zweite Studie, die ausschließlich mit Erwachsenen durchgeführt wurde und klar zwischen Probanden, die sich gut mit den astrologischen Vorstellungen auskannten, und solchen unterschied, die keinerlei Ahnung von dieser Materie hatten. Zum Missfallen der Astrologen erwiesen sich die Testergebnisse hinsichtlich Extrovertiertheit oder neurotischer Dispositionen als vollkommen unabhängig von den jeweiligen Tierkreiszeichen. Hier können wir sehen, dass Narrative die Fähigkeit besitzen, sich ihre eigene Realität zu schaffen.

Auch andere handlungsorientierende Narrative können den Geist – ganz buchstäblich – vergiften. So gehören die Symptome der Elektrosensibilität nach Ansicht der Schulmedizin in den Bereich der Psychosomatik.[76] Dennoch bedeuten sie reales Leiden für all jene, die fest an solche Narrative glauben. Eine von Neurowissenschaftlern mithilfe der funktionalen Magnetresonanztomographie durchgeführte Studie hat gezeigt, dass Menschen, die sich als elektrosensibel bezeichnen, tatsächlich deutlich stärker als andere auf eine fiktive Exposition reagieren, und zwar durch eine spezifische Veränderung der Aktivität im anterioren cingulären Cortex und dem Inselcortex.[77] Mit anderen Worten, die Tatsache, dass jemand an das Narrativ einer Hypersensibilität für elektromagnetische Wellen glaubt, stimuliert eine, wie Fachleute sagen, «Neuromatrix zur Schmerzwahrnehmung». Und Psychologen haben gezeigt, dass ein Fernsehbericht über die schädlichen gesundheitlichen Auswirkungen elektromagnetischer Felder bei den Betrachtern nicht nur Angst auslöst, sondern auch eine nach eigenen Angaben verstärkte Wahrnehmung einer fiktiven WLAN-Reizung.[78]

So bleiben denn beängstigende Narrative auf diesem Gebiet nicht immer ohne Wirkung, weshalb das Sprichwort «Vorbeugen ist besser als Heilen» nicht ganz so weise erscheint, wie es klingt. Vorbeugen kann zuweilen auch krank machen oder zumindest das Gefühl vermitteln, dass man es sei. Warnungen zum Thema öffentliche Gesundheit sind manchmal nützlich, können unter Umständen aber auch folgewidrig eine Epidemie zu Unrecht empfundener Symptome auslösen. Das belegt auf andere Weise auch eine Studie von Forschern der School of Public Health an der University of Sydney. Darin wurde ein Zusammenhang zwischen der räumlichen und zeitlichen Verbreitung gesundheitlicher Klagen und der Aktivität von Gruppen festgestellt, die sich gegen den Bau von Windparks wenden.[79] Diese Gruppen tragen zur Verbreitung von Narrativen bei, die den Noceboeffekt begünstigen (der Noceboeffekt ist das Gegenstück zum bekannteren Placeboeffekt).

Solche Narrative können in geringer Lautstärke dem sozialen Leben unterlegt sein und unsere Aufmerksamkeit vorbereiten. Sie konditionieren uns, die Welt in einer bestimmten Weise zu sehen. Der Neurowissenschaftler Jean-Philippe Lachaux (2013) schreibt dazu:

> Unsere Aufmerksamkeit wird spontan von den Dingen angezogen, mit denen unser Denken sich beschäftigt. Wenn Sie auf der Straße einen Beatles-Song vor sich hin summen, besteht eine große Wahrscheinlichkeit, dass Sie im Schaufenster einer Buchhandlung, an der Sie gerade vorbeigehen, ein dort ausgestelltes Buch mit einem Bild Paul McCartneys auf dem Umschlag wahrnehmen werden, und zwar ganz einfach deshalb, weil das Foto Sie an den Song erinnert, den Sie gerade im Kopf haben.

Im vorderen Bereich des Temporallappens gibt es Neuronen, die für im Hintergrund bleibende Gedanken empfindlich sind und deren Bereitschaftszustand zunimmt, sobald ein an diese Gedanken erinnernder Reiz in der Realität auftaucht.[80] So werden auch die Mechanismen besser verständlich, die Narrativen solche performative Kraft verleihen können und die bei für das Selbstbild relevanten Narrativen gleichfalls am Werk sind. Mehrere Studien haben gezeigt, dass es ängstlichen Menschen schwerer fällt, bedrohliche Worte wie «Tod» oder «Krankheit» zu überhören.[81]

Narrative, die wir in uns tragen oder an die wir aus der Fiktion oder wegen ihrer Präsenz im öffentlichen Raum gewöhnt sind, sorgen also ganz generell für eine Ausrichtung unseres Blicks oder der geistigen Modelle, die sich uns spontan aufdrängen, wenn wir unsere Welt verstehen wollen. Solche Narrative lenken nicht nur unsere Aufmerksamkeit, sondern in manchen Fällen auch unsere Überzeugungen, und das zuweilen sogar im Widerspruch zu den Tatsachen. So hat eine gut gemachte Erzählung größeren Einfluss auf unser Denken als Statistiken oder Daten, die ihr widersprechen.[82] Wir sind für objektive Daten empfänglicher, wenn sie an ein Narrativ angelehnt sind, das sie verkörpert. Die Werbung berücksichtigt diese Tatsache übrigens längst, denn die präskriptive Wirkung verbessert sich beträchtlich, wenn die Werbung für ein Produkt von einer Handlung oder einem Enthüllungseffekt begleitet wird statt nur von Tatsachen, die für das Produkt sprechen.[83]

Aus all diesen Gründen dürfen wir die praxeologische Macht der Narrative nicht unterschätzen, und es ist keineswegs bedeutungslos für unsere gemeinsame Zukunft, diejenigen genauer zu untersuchen, die möglicherweise tödliche Folgen haben.

Der Mythos des seiner Natur entfremdeten Menschen verengt ebenso wie die Losungen der Neopopulisten die öffentliche Debatte und die Möglichkeiten der Welterkenntnis. Die Notwendigkeit, sie zu diskutieren, resultiert in erster Linie aus der Tatsache, dass sie falsche Vorstellungen über die menschliche Natur darstellen. In zweiter Linie machen sie uns blind für die Schlussfolgerungen, die wir aus der kognitiven Apokalypse, eine der wichtigsten Tatsachen unserer Zeit, ziehen müssen, zumal sie beträchtliche politische Folgen haben können – und bereits haben. Deshalb gilt es, einen narrativen und analytischen Raum zwischen diesen beiden Neigungen zu schaffen. Genau dafür setzt sich dieses Buch ein – und das ist keineswegs wenig.

Der Kampf der Narrative findet tagtäglich vor unseren Augen statt. Bei jedem Ereignis, dessen Bedeutung dazu berechtigt, ihm einen Sinn zu geben, geraten die beiden Narrative in Streit, und zwar sowohl in den Medien als auch in den sozialen Netzwerken. Die weltweite Coronapandemie führt uns das übrigens sehr deutlich vor Augen.

Die Neopopulisten neigen fast überall dazu, die Existenz der Krankheit zu leugnen oder sie zumindest zu verharmlosen. Sie protestieren gewalttätig gegen Kontaktbeschränkungen, gegen das Tragen von Masken und sogar gegen Tests (Donald Trump forderte mehrfach, die Zahl der Tests in den USA zu reduzieren, und löste damit bei rationalen Geistern Entsetzen aus). Oder sie glauben an irgendein Wunderheilmittel und verbinden diesen Glauben mit der Vorstellung, die mächtige Industrie wolle uns diese einfachen Lösungen verheimlichen. Den Vogel schoss dabei der belarussische Präsident Alexander Lukaschenko ab, der gegen alle verfügbaren Daten behauptete, sein Land sei frei von diesem Virus. Er riet der Bevölkerung, nicht in Panik zu geraten und Wodka zu trinken, um sich vor Covid-19 zu schützen. Sowohl Trump als auch Lukaschenko appellierten an die Intuition und nutzten die Kontaminierung des Glaubens durch Wünsche, um ihre gewohnte Darstellung durchzuhalten oder an die jeweiligen Umstände anzupassen.

Die Verfechter der Idee eines seiner Natur entfremdeten Menschen nutzten die dramatischen Ereignisse ihrerseits zur Verbreitung der Vorstellung, unsere heutige Zeit befinde sich in einer Sackgasse, sie sei auf einem Irrweg und wir müssten umkehren. Zahllose Propheten verkünden die Ankunft einer Welt, in der der Mensch die Weisheit besäße, sich auf das Wesentliche zu besinnen. Die einen, wie Nicolas Hulot oder der Science-Fiction-Autor Bernard Werber, meinten, man könne darin eine Art Strafe der Natur erblicken, während andere wie der Philosoph und Aktivist für eine Abkehr vom Wachstum Dominique Bourg glaubten, die Covid-19-Krise sei der Beginn einer Destabilisierung, und es werde gar kein Danach geben. Die Untergangspropheten, die das nahe Ende unserer Zivilisation ankündigen, gestanden ein, sie seien fast schon erstaunt, so rasch Recht zu bekommen, und mahnten uns, zu einer Welt zurückzukehren, in der der Mensch wieder zum Selbstversorger würde und endlich wieder mit seiner vom Kapitalismus entstellten Natur versöhnt sei. Kurz, beide legten einen ideologischen Opportunismus an den Tag, der als moralisch fragwürdig gelten muss, wenn man daran denkt, dass die Pandemie Hunderttausende von Menschenleben gefordert hat.

Beide Narrative sind gefräßig. Sie reißen alles an sich, besetzen heimlich den öffentlichen Raum und sorgen dafür, dass die Rationalisten zwischen Hammer und Amboss geraten. Auch die kognitive Apokalypse wird von diesen Ideologien, wie wir gesehen haben, mit Beschlag belegt, auch wenn sie in ihrem Denken nur marginale Bedeutung besitzt. Das rationalistische – oder, wenn man so will, neorationalistische – Narrativ stellt die kognitive Apokalypse dagegen ins Zentrum seines Denkens, weil die Erfolgsaussichten dieses Narrativs gerade davon abzuhängen scheinen, wie die Information organisiert und verarbeitet wird. Da solche Narrative auch eine performative Kraft besitzen, ordnen sie die Welt vor allem in den Demokratien, die ihrem Wesen nach sensibel für die öffentliche Meinung ist. Wie sich zeigt, stehen diese Meinungen bereits unter dem Bann dieser todbringenden Narrative. So glaubt eine große Mehrheit der Franzosen, dass die politische Welt rundum korrupt sei, und 65 Prozent von ihnen schätzen, dass «die Zivilisation, wie wir sie kennen, in den kommenden Jahren zugrunde gehen wird».[84] Diese Umfrageergebnisse sind nur zwei Tatsachen von vielen, die zeigen, welchen Einfluss diese beiden Narrative besitzen.

In manchen politischen Forderungen können sie sich sogar überkreuzen – was durchaus verständlich ist, da es paradoxerweise einige Übereinstimmungen gibt. Und die wichtigste Gemeinsamkeit ist die zuweilen unausgesprochene Verachtung für die Vernunft.

Dass die Vernunft einmal für ein Übel der Zeit gehalten wird, hätte Diderot, Buffon und Condorcet tief betrübt, sahen sie in deren methodischem Einsatz doch den sichersten Weg zum Fortschritt. Die Philosophie der Aufklärung, die viel zur wissenschaftlichen und politischen Vorstellungswelt beigetragen hat, wurde jedoch schon zu Beginn von einem reaktionären Denken bekämpft, das sein Wasser aus der Verachtung für die Gegenwart und ihrer möglichen Zukunft schöpfte. Und da unsere Zeitgenossen voller Angst in die Zukunft blicken und die Gegenwart als Hölle auf Erden empfinden, tritt die Verachtung für die Vernunft massiv in der öffentlichen Debatte zutage, wo sie von den Akteuren der reaktionären Rechten wie auch denen einer nicht minder reaktionären Linken getragen wird.

Wir erinnern uns an die Aversion eines Edmund Burke oder eines Joseph de Maistre gegen die Aufklärung. De Maistre glaubte, wer die Vernunft zu einem Element gesellschaftlicher Legitimation mache, der vergesse die Geschichte und die Tradition, die uns geprägt hätten. Der Universalismus des Vernunftmenschen führt nach Ansicht dieser Autoren zur Idee eines fleischlosen, entwurzelten Menschen, wie Maurice Barrès gesagt hätte, oder zur Plage unserer Gegenwart, wenn man Éric Zemmour folgt, der sich in diese Denktradition einreiht und glaubt: «Der totalitäre Universalismus opfert die europäischen Volker auf dem Altar der allgemeinen Vermischung.»[85] Der Gedanke, dass die Vernunft ein Übel darstellen könne, findet sich auch bei einer bestimmten Linken, vor allem seit sich die Gründer der Frankfurter Schule gegen die Idee des Fortschritts und der Technologie wandten. Und eine bestimmte Linke, die sich als antikolonialistisch bezeichnet, nutzt gleichfalls diese Denkfigur. Sie behauptet, der auf einer universellen Vernunft basierende gemeinsame politische Raum basiere in Wirklichkeit auf einer ethnozentrischen Sicht der Welt. Die vom fortschrittlichen Lager geforderte Gleichheit sei, da sie sich auf die Idee einer gemeinsamen Vernunft stütze, lediglich Ausdruck im Westen entstandener moralischer Normen und zwinge damit den unterdrückten Völkern nur in anderer Weise ihre Herrschaft auf.

Außer den vielgestaltigen, gegen die Aufklärung gerichteten Diskursen hat die Vernunft auch die Angriffe derer abzuwehren, die der Ansicht sind, der Einsatz der rechten Mittel zur Verfolgung von Zwecken, wie die alte Definition der Vernunft durch Aristoteles lautet, habe eine verachtenswert technikbestimmte Welt hervorgebracht, in der der Mensch der Umwelt seinen Stempel aufprägt. Dieselben Leute, die von den Errungenschaften unserer Moderne profitieren, suchen nach den denkbar härtesten Worten, um die durch den Einsatz der Vernunft geförderte Suche nach einer Optimierung in Landwirtschaft und Industrie zu verdammen.

Doch vom Charakter der Narrative, die sich unserem Geist aufdrängen, wird abhängen, welchen Gebrauch wir vom kostbarsten aller Schätzen machen werden. Ich denke sogar, dieser Gebrauch bestimmt die Zukunft aller Zivilisationen.

Schluss

Der Endkampf

> «Die Vernunft ist nur ein Blitz in der Dunkelheit, aber dieser Blitz ist alles.»
>
> *Henri Poincaré*

Der Wert der Wissenschaft

Es lässt sich nur schwer sagen, ob Enrico Fermi, der 1938 den Nobelpreis für Physik erhielt, damals ahnte, dass die Frage, die er an diesem Sommertag des Jahres 1950 nach einem Essen mit Kollegen in Los Alamos so unschuldig stellte, solch eine Bedeutung erlangen sollte, dass sogar ein Paradoxon nach ihm benannt wurde. Die Frage lautete: «Wo sind sie denn?»[1]

Zu dieser Zeit redete man in den USA und fast überall auf der Welt viel über dieses Thema, seit 1947 ein reicher Industrieller namens Kenneth Arnold behauptet hatte, er habe, am Steuerknüppel seines Privatflugzeugs sitzend, außerirdische Raumschiffe gesehen und sei ihnen gefolgt. Am 24. Juni jenes Jahres war Arnold über das Kaskadengebirge im Bundesstaat Washington geflogen und hatte neun fliegende Objekte gesichtet. Sie irritierten ihn sogleich, da sie eine seltsame Form hatten: vorn scheibenförmig und hinten dreieckig. Er sah sie recht deutlich, konnte ihnen jedoch nicht folgen, da ihm diese Maschinen mit einer Geschwindigkeit von gut 2000 Stundenkilometern zu fliegen schienen. Kenneth Arnold hatte den Eindruck, sie träfen in Sprüngen auf die Atmosphäre wie Untertassen auf eine Wasseroberfläche. Sein Bericht ging um die Welt. Er sagte in Wirklichkeit nie, er hätte «fliegende Untertassen» gesehen, aber schon bald sahen Tausende von Menschen an zahlreichen Orten der Erde fliegende Untertassen statt Maschinen, die Arnolds Beschreibung entsprochen hätten – eines der recht amüsanten Missverständnisse, von denen es in der Geschichte der Glaubensvorstellungen nur so wimmelt. Wie alle, die Zeitung lasen, war Enrico Fermi beeindruckt von der Zahl der Berichte über Sichtungen solcher Raumschiffe aus dem All. Er nahm sie nicht unbedingt ernst, doch die Frage, die sie aufwarfen, schien ihm interessant: «Wo sind sie denn?» Und damit meinte er zweifellos unsere hypothetischen außerirdischen Nachbarn.

Als Virtuose auf dem Gebiet der überschlägigen Berechnung von Größenordnungen gelangte Fermi zu folgender Einschätzung: Angesichts der großen Zahl von Sternen innerhalb unserer Galaxie, der möglichen Zahl von Planetensystemen um diese Sterne und der Zahl der für Leben geeigneten Planeten sowie einiger anderer Parameter müsste die Zahl der außerirdischen Zivilisationen, die in der Lage wären, uns zu besuchen, eigentlich sehr groß sein. Seine Berechnungen waren nur Näherungswerte, doch sie ermöglichten es ihm, das Problem zu formulieren, das schon bald den Namen Fermi-Paradoxon erhielt: Wenn die Zahl der außerirdischen Zivilisationen so groß ist, weshalb haben sie noch nicht Kontakt zu uns aufgenommen, und warum haben wir keine überzeugenden Beweise für ihre Existenz? Diese Frage wurde nun allerdings so ernst genommen, dass sie die Durchführung eines Forschungsprojekts mit Namen SETI (Search for Extraterrestrial Intelligence) ermöglichte, in dem man nach Signalen intelligenter außerirdischer Zivilisationen suchte.

Bis heute hat das Abhören des Weltalls keinerlei Hinweise auf solche Zivilisationen erbracht. Von allen Hypothesen, die zur Lösung dieses Paradoxons erdacht worden sind, erscheint am überzeugendsten – aber auch am beunruhigendsten – die Annahme, dass die Zivilisationen, wo immer sie sich befinden mögen, einen gewissen Reifegrad erreichen müssen, um in der Lage zu sein, den Weltraum zu erkunden. Und wenn noch gar keine Zivilisation diesen zivilisatorischen Entwicklungsgrad erreicht hat?

Diese Sorge präzisierte der von solchen Fragen faszinierte Radioastronom Franck Drake, der eine nach ihm benannte Gleichung ersann, die das Problem in einfacher Form zum Ausdruck bringt:

N = R x fp x ne x fl x fi x fc x L

R ist die Anzahl der Sterne in der Galaxie; fp der Anteil dieser Sterne, die ein Planetensystem besitzen; ne der Anteil dieser Planeten, die sich für Leben eignen; fl der Anteil dieser Planeten, auf denen sich tatsächlich Leben entwickelt hat; fi x fc ist der Anteil dieser Planeten, auf denen sich intelligentes Leben entwickelt hat, das in der Lage ist, Signale auszusenden, die in sehr großer Entfernung empfangen werden können; und L ist die Dauer, während der diese Zivilisationen nachweisbar sind. Angesichts des Fortschritts der Wissenschaft kann man inzwischen mit einiger Gewissheit sagen, dass die ersten Faktoren der Gleichung weitaus größer sind, als man eine Zeitlang annahm. Vor allem die kürzlich erfolgte Entdeckung zahlreicher Exoplaneten spricht *für* die Existenz anderer Lebensformen. Die wahrscheinlichste Auflösung des Paradoxons läge damit, wie Mathieu Agelou (2017) dargelegt hat, in der endemischen Instabilität der intelligenten Zivilisationen. Oder um die von Alexandre Delaigue (2017) formulierte Hypothese aufzugreifen:

> Der Weltraum schweigt, weil alle, die einen ähnlichen Weg wie wir gegangen sein könnten, zugrunde gegangen sind.

In Drakes Gleichung wird die Größe L, die durchschnittliche Lebensdauer einer Zivilisation, auf 10 000 Jahre geschätzt. Der Physiker Gabriel Chardin (2017) sieht darin eine sinnvolle Schätzung der Zeit, die eine Zivilisation braucht, um ein technologisches Niveau zu erreichen, das eine Erforschung der Sonnensysteme ermöglicht. Das ist allerdings deutlich länger als die auf der Erde beobachtete durchschnittliche Lebensdauer von Zivilisationen. So untersuchte Michael Shermer (2002) gut 60 menschliche Zivilisationen und stellte fest, dass ihre durchschnittliche Lebensdauer 420 Jahre betrug. Alle gingen zugrunde, bevor sie ein Stadium erreichten, in dem sie auch nur eine Vorstellung von interplanetaren Reisen hätten entwickeln können. Das Haupthindernis, so vermutet Shermer, liegt in der Tatsache, dass unsere Spezies von der Evolution dafür ausgestattet wurde, in Gemeinschaften von maximal 200 Personen zu leben. Wir sind also von Natur aus nicht mit der Fähigkeit begabt, mit so großen Populationen umzugehen, wie Zivilisationen sie erfordern.

Ähnlich argumentiert der Historiker Joseph Tainter (1988), der sich für den Zusammenbruch komplexer Gesellschaften interessiert. Er zeigt am Beispiel der Mayakultur wie auch des Römischen Reiches, dass mit der gesellschaftlichen Komplexität auch die für die Verwaltung des Gemeinwesens erforderlichen Ressourcen zunehmen. An einem gewissen Punkt scheinen die Vorteile wachsender gesellschaftlicher Komplexität deren Kosten nicht mehr aufwiegen zu können. Die Komplexität frisst immer mehr Ressourcen und nimmt dem System die Fähigkeit, sich an neue Herausforderungen anzupassen. Damit wächst bei den verschiedenen Teilen die Versuchung, mit dem Ganzen zu brechen und wieder Unabhängigkeit zu erlangen – bis hin zur Zerstörung dieses Ganzen.

Die Gefahren, die unserem gemeinschaftlichen Leben drohen, sind offenkundig: der Klimawandel, die zunehmende Erschöpfung unserer Ressourcen, unsere Fähigkeit zur Selbstzerstörung durch Massenvernichtungswaffen, die beunruhigendsten Symptome der von mir sogenannten kognitiven Apokalypse und zahlreiche andere Gefahren, die wir noch gar nicht sehen. Man kann sich also vorstellen, dass es für Zivilisationen gewisse Obergrenzen gibt, die jedoch nicht notwendig unübersteigbar sein müssen. Darin hat unsere Situation etwas Neuartiges und Beispielloses.

So sind wir die einzige bekannte Zivilisation, die begonnen hat, den Weltraum zu erkunden, oder die internationale Institutionen zum Umgang mit weltweiten Konflikten oder auch mit Gesundheitsproblemen geschaffen hat. Wir haben daher eine besondere Verantwortung, nicht zugrunde zu gehen. Wie auch immer man den Wert der Größe L in Drakes Gleichung ansetzen mag, zeichnet sich doch ein Konsens ab: Die Überschreitung der genannten zivilisatorischen Obergrenze kann nur durch die Nutzung geistiger Ressourcen gelingen, das heißt durch unsere Fähigkeit, eine kollektive technische Intelligenz zu entwickeln, die es uns erlaubt, die Grenzen unseres individuellen Verstandes zu überschreiten. Die gesellschaftlichen Institutionen liefern uns zahlreiche Beispiele dafür. Die Sache ist also keineswegs unmöglich, doch mit zunehmender Globalisierung werden buchstäblich übermenschliche Regulierungsbemühungen unerlässlich. Wir dürfen sicher sein, dass sich dieses Hindernis überwinden lässt, aber es ist auch klar, dass dies nur gelingen kann, wenn wir dazu die unschätzbare Ressource anzapfen, die unsere verfügbare Gehirnzeit darstellt. Gerade deshalb ist sie unser kostbarster Schatz.

Doch auch dieser Schatz hat seine physischen Grenzen. Die Bevölkerungswissenschaftler sind übereinstimmend der Ansicht, dass die Weltbevölkerung ab etwa 2100 nicht weiter wachsen wird. Selbst wenn man die maximalistische (und ein wenig unrealistische) Annahme machte, dass der technologische Fortschritt (Produktivität, künstliche Intelligenz usw.) die Möglichkeit eröffnete, in dieser Zeit die Gesamtheit unseres wachen Gehirns freizusetzen, ergäbe sich daraus dennoch der Schluss, dass dieser Schatz sich nicht unendlich vergrößern ließe.

Und da diese Ressource endlich ist, müssen wir einen vernünftigen Gebrauch von ihr machen und den Aufmerksamkeitsdiebstahl als politischen Tatbestand werten. Es geht nicht darum, die Figur eines halb imaginierten Bösen neu zu erfinden, sondern die Lehren aus einer nichtnaiven Anthropologie zu ziehen. Nur wenn wir das einsehen, werden wir die Obergrenzen der Zivilisation überschreiten können. Eines der Haupthindernisse dafür hängt mit den unerwünschten Nebenfolgen der Deregulierung des kognitiven Marktes zusammen. Durch die Erleichterung des Ausgleichs zwischen Angebot und Nachfrage verwickelt sie uns in Suchtkreisläufe, die tief in unserer Natur wurzeln. Und wir stehen vielleicht erst am Anfang dieses Prozesses.

Um nur ein Beispiel für die Gefahren herauszugreifen, die den Aufmerksamkeitsschatz bedrohen, kann man sich fragen, was geschehen wird, wenn die von der digitalen Welt angebotenen Befriedigungen dereinst mit denen der realen Welt konkurrieren können. Es ist keine übertrieben dystopische Vorstellung, dass die virtuelle Realität bald hinreichende Fortschritte machen wird, um unsere mentale Verfügbarkeit noch stärker absorbieren zu können als Fiktion oder Videospiele heute. Müssen wir uns damit abfinden, dass die durch die Externalisierung algorithmischer Arbeiten freigesetzte Gehirnzeit von den Vergnügungen einer fantasierten alternativen Welt mit Beschlag belegt wird? Wer sind die Newtons, Einsteins oder Darwins, die nicht das volle Potenzial ihrer geistigen Fähigkeiten einzusetzen vermögen, weil ein Teil ihrer Träumerei von mentalen Süßigkeiten statt von harten Bemühungen um die methodische Erforschung des Möglichen in Anspruch genommen wird? Das klingt vielleicht übertrieben beunruhigend, doch was man hier wegnimmt, kann man dort nicht ausgeben.

Das ist das Thema eines Romans von Ernest Cline, den Steven Spielberg 2018 für einen Film mit dem Titel *Ready Player One* adaptierte. Die Welt des Menschen wird dort von Katastrophen aller Art heimgesucht, während sich die Bewohner der Erde den Vergnügungen der virtuellen Realität hingeben und sie sogar der realen Welt vorziehen. Die Geschichte geht gut aus, führt jedoch pikanterweise zur Abschaltung dieses globalen Spiels für jeweils zwei Tage in der Woche. Obwohl sich der Autor des Romans selbst als Computerfreak versteht, sind ihm dennoch die Gefahren bewusst, die der Menschheit durch ein Spielsystem drohten, das Anlass zu großer Besorgnis gäbe, weil es Befriedigungen zu bieten vermöchte, die dem realen Leben überlegen wären.

Diese Gefahren verlegt der Science-Fiction-Autor in das Jahr 2045. Ich weiß nicht, ob das wirklich realistisch ist, doch der Gedanke, dass die Entwicklung und Perfektionierung der virtuellen Realität zu einer immer stärkeren Inanspruchnahme unserer mentalen Verfügbarkeit beitragen werden, erscheint mir durchaus vernünftig.[2] Das ist nur eine der zahlreichen Versuchungen, die sich unserem Geist in naher Zukunft bieten werden. Bildschirme und deren Zerstreuungsangebote belegen schon jetzt einen Teil dieses Aufmerksamkeitspotenzials mit Beschlag. In öffentlichen Verkehrsmitteln, im Wartezimmer, ja selbst in unseren Betten beim Aufwachen oder Einschlafen vergeht kein Augenblick der Ruhe, in dem wir nicht versucht wären, uns die Leere durch einen Blick auf diese Geräte zu vertreiben.

Leere und Langeweile kommen uns wie Folter vor. Eine verblüffende, 2014 in *Science* publizierte Studie hat gezeigt, dass sich die Versuchspersonen lieber Elektroschocks zufügen ließen als gezwungen zu sein, einen Augenblick der Stille (von 6 bis 15 Minuten Dauer) zu ertragen, die sie doch einfach mit Nachdenken hätten verbringen können.[3] So wird die Anziehungskraft der Smartphones, Tablets und Computer verständlicher, die ständig künstlich das Gefühl eines möglichen Ereignisses erzeugen. Augenblicke der Langsamkeit und Langeweile sind jedoch sehr wichtig für unser psychisches Leben. Unsere Kreativität – der kognitive Bereich, in dem wir nicht nur alle anderen Arten, sondern auch künstliche Intelligenz übertreffen – ist darauf angewiesen, dass wir uns immer wieder aus den Suchtkreisläufen der unmittelbaren Befriedigung befreien. Dank solcher Kreativität konnte die Menschheit in Kunst, Technik und Wissenschaft ihre schönsten Werke erschaffen. Jede Verringerung der einer träumerischen Erkundung des Möglichen gewidmeten Zeit bedeutet einen Verlust an Chancen für die Menschheit. Diese Zeit wird niemals ganz verschwinden, doch deren optimaler Gebrauch, von dem Jean Perrin träumte, rückt in immer weitere Ferne, wenn die kognitiven Waren den tiefen Sehnsüchten unserer Spezies immer besser entsprechen. Wir stehen also objektiv im Begriff, Chancen zur Überschreitung der zivilisatorischen Obergrenzen zu verspielen.

Dieser Chancenverlust ist auch in der Ungeduld spürbar, die aus der Vereinfachung des Ausgleichs zwischen Angebot und Nachfrage zu resultieren scheint. Britische Soziologen haben gezeigt, dass die junge Generation bei bestimmten Aufgaben nur ein Drittel der Zeit zu warten fähig ist, die die übrigen Altersgruppen dafür aufzuwenden bereit sind.[4] Diese Ungeduld geht mit einer Verringerung der Konzentration auf eine Information bei den Jüngeren, deren Aufmerksamkeitsspanne nur 35 Prozent der bei der vorangegangenen Generation anzutreffenden beträgt, einher.

Diese Daten rechtfertigen zwar keine Katastrophenstimmung, geben jedoch auch kaum Anlass zu Optimismus. Analytisches Denken, ein kritischer Geist und der Gebrauch dessen, was wir ganz allgemein Vernunft nennen, erfordert einen langsameren, energieintensiveren und daher schmerzhafteren mentalen Weg, der nicht immer erfolgreich mit den unmittelbaren kognitiven Vergnügungen zu konkurrieren vermag.

Wie alle sprichwörtlichen Weisheiten haben wir auch diese überall in der Welt gelernt: Die Fähigkeit, Lusterfüllung aufzuschieben, ist der Schlüssel zum Erfolg jeglicher Unternehmung. Unser Gehirn besitzt die nötige Ausstattung, um zwischen kurzfristiger Lusterfüllung und längerfristigen Erwägungen zu wählen. Folglich macht nichts in unserer Natur die fatale Tyrannei der Suchtkreisläufe und des Aufmerksamkeitsdiebstahls unvermeidlich. Deshalb ist jedem Diskurs zu widersprechen, der den bedauerlichsten, aber sehr realen Ausdrucksweisen unseres Gehirns eine politische Legitimation verleiht. Dieser anthropologische Fatalismus des Populismus darf nicht mit Respekt vor dem Volk verwechselt werden. Er ist nichts anderes als eine Aufforderung, die schlechtesten unserer Möglichkeiten zu verwirklichen. Zudem sind wir hinsichtlich mentaler Versuchungen keineswegs gleich. Folglich kann diese Aufforderung nur zum Fortbestand oder sogar zur Verstärkung dieser Ungleichheit führen.

Der Hang zur kognitiven Demagogie, zur Faszination durch das Negative oder ganz allgemein zu den Aspekten, die der dunklen Seite der kognitiven Apokalypse zum Sieg verhelfen, ist zwar stark, aber, das sei hier nochmals mit aller Entschiedenheit gesagt, wir können ihm auch widerstehen.

Unsere wichtigste Waffe gegen das Schicksal ist die gewaltige Komplexität unseres Gehirns. Die Beobachtung unseres ganz alltäglichen mentalen Lebens hat gezeigt, dass es in jedem Augenblick von einer intraindividuellen Konkurrenz geprägt ist: in den kurzfristig wie auch den langfristig zu treffenden Entscheidungen, in den Handlungen, die wir vollziehen und unterlassen, in der Aufmerksamkeit, die wir einem Hinweisschild, einem Geräusch, einem Gesprächsfetzen widmen müssen usw. All das bildet eine riesige Welt der Möglichkeiten, mit der unser Gehirn unablässig umgeht. Noch die geringste Veränderung in unserer Umgebung enthüllt die Fähigkeit des menschlichen Geistes, mentale Routinen mit anderen Handlungs- oder Urteilsweisen auszutarieren. Die Fähigkeit, mentale Objekte miteinander konkurrieren zu lassen, das heißt, *gleichzeitig* mehrere *gegensätzliche* Wege zu betrachten, gehört zu den Grundmerkmalen des menschlichen Gehirns.

Wenn wir uns auf eine bestimmte Aufgabe konzentrieren, können wir, wie mehrere Studien gezeigt haben, dank gewisser Schaltkreise im Gehirn unsere Aufmerksamkeit auch auf externe Elemente richten, sofern das als nötig empfunden wird.[5] Im Gehirn stehen außerdem reale und virtuelle Welt in einem Wettbewerb, bei dem der mittlere Schläfenlappen, der zugleich für Erinnerungen an vergangene und für die Vorstellung zukünftiger Situationen zuständig ist, die Oberhand zu gewinnen versucht.[6] So identifizieren Marcel Brass und Patrick Haggard (2007) eines der an der Selbstkontrolle beteiligten Hirnareale (dorsaler frontomedialer Cortex), das die motorische Vorbereitung hemmt – eine Form der Kontrolle «von oben», die ihres Erachtens jeden radikalen Determinismus unmöglich macht. Unsere Fähigkeit zu willentlicher Kontrolle lässt sich übrigens künstlich verändern. So kann man durch transkranielle Magnetstimulation eine Verletzung des präfrontalen Cortex simulieren, ohne die Versuchsperson zu schädigen. Unter dem Einfluss magnetischer Impulse verliert das Gehirn seine Flexibilität, und die Versuchsperson ist nicht mehr in der Lage, ihre Aufmerksamkeit willentlich zum Beispiel von einem Bild auf ein Geräusch umzulenken.[7]

Manche Teile unseres Gehirns, vor allem der Hippocampus oder die Amygdala, reagieren auf kurzfristige Befriedigungen, während der Orbitofrontalcortex für langfristige Ziele zuständig ist und durch seine Aktivität dem Verlangen nach sofortiger Befriedigung entgegenzuwirken vermag. Auch dies ist eine Art intraindividueller Konkurrenz etwa im Kontext der Entscheidung, ein Stück Torte zu essen oder davon Abstand zu nehmen. Die Aktivität des Orbitofrontalcortex, des Sitzes unserer geistigen Plastizität, erlaubt es uns zudem, unsere Präferenzen zu überdenken, falls sich einige Elemente der Situation verändern. Manche Menschen, die unter einer Läsion dieses Gehirnareals leiden, geraten übrigens in Schwierigkeiten, wenn sie abstrakte Befriedigungen bewerten müssen, etwa solche, die sich nur langfristig realisieren lassen. Viele soziale Situationen sind problematisch für sie, weil sie die möglicherweise damit verbundenen Risiken nicht einzuschätzen vermögen, da sie nur einen begrenzten zeitlichen Horizont überblicken können.[8]

Bei der Berücksichtigung langfristiger Ziele kommen zweifellos noch weitere zerebrale Instanzen ins Spiel. So erlaubt uns der anteriore cinguläre Cortex, bestimmten Formen der Ablenkung zu widerstehen. Keine dieser Instanzen stellt allerdings für sich allein sicher, dass wir den Verlockungen der Umgebung nicht erliegen. Tatsächlich gelingt ihnen das nur durch eine fein austarierte Kooperation innerhalb eines Netzwerks, das die Neurowissenschaftler als «Ausführungssystem» bezeichnen. Wie wir heute wissen, macht jede Dysfunktion dieses Systems deutlich, dass wir ohne dessen Funktionen von unserer Umwelt determiniert würden, weil wir aufgrund eines blinden Strebens nach direkter Befriedigung deren Verlockungen in stereotyper Weise erlägen. Deshalb betont Jean-Philippe Lachaux: «Der Schlüssel zur willentlichen Kontrolle scheint in der Fähigkeit des Präfrontalcortex zu liegen, das Verhalten in Abhängigkeit langfristig erwarteter Vorteile und nicht nur in Abhängigkeit von Gewohnheiten oder kurzfristigem Gewinn zu motivieren. Die Aufmerksamkeit wird also von einer strategischen Vision geleitet».[9]

Die Berücksichtigung konkurrierender Strebungen und allein schon die Überprüfung einer Intuition oder der Widerstand gegen eine natürliche Neigung unseres Geistes sind natürlich mit Kosten verbunden. Diese Kosten sind erheblich, wenn es darum geht, von einer mentalen Aufgabe zu einer anderen überzugehen,[10] oder auch wenn es darum geht, den kognitiven Rahmen zu wechseln, um ein Rätsel zu lösen. Diese geistige Anstrengung zeigt sich insbesondere im Glukoseverbrauch. Unser Nervensystem ist ein Großverbraucher von Aldohexose, und dieser Verbrauch steigt noch, wenn unsere mentale Aktivität mehr Bewusstsein und Aufmerksamkeit erfordert. Wenn unser Gehirn so oft auf Routinen zurückgreift, die nicht von unserem Bewusstsein gesteuert werden müssen, so liegt darin durchaus eine gewisse «biologische Vernunft». Wir alle wissen, wie anstrengend es sein kann, wenn wir unser volles Bewusstsein für eine Aufgabe mobilisieren müssen, die wir sonst routinemäßig erledigen. Gazzaniga berichtet von einem Experiment, das die Kosten verdeutlicht, die auftreten, wenn man bestimmte Aufgaben ganz bewusst auszuführen versucht. Eine Versuchsperson wird gebeten, so schnell wie möglich auf einen Knopf zu drücken, sobald sie eine Lampe aufleuchten sieht.[11] Nach einigen Versuchen gelingt es ihr, im Durchschnitt nach 220 Millisekunden zu reagieren. Bittet man sie jedoch, ihre Reaktion ein wenig zu verzögern, das heißt, ihre Aktivität dem Bewusstsein zu unterstellen, ist sie nicht in der Lage, in weniger als 550 Millisekunden zu reagieren.

Durch einige Studien hat man eine Hirnregion identifizieren können, die für die Einschätzung des Gesamtwerts einer ausgeführten Aktion oder einer mentalen Investition zuständig ist.[12] Die Anstrengungen erscheinen dort offenbar als Kosten innerhalb einer neuralen Kalkulation. Es ist daher nicht realistisch, zu hoffen oder auch nur zu wünschen, dass unser Gehirn sich endgültig von dieser automatischen Informationsverarbeitung und diesen Suchtkreisläufen befreien könnte. Wir brauchen beides. Die automatische Informationsverarbeitung ist absolut unerlässlich, auch wenn sie gelegentlich zu Fehlern führt, denn wenn die Menschheit alle Informationen mit vollem Bewusstsein und vollkommen analytisch verarbeitete, wäre sie längst verschwunden, noch bevor sie auch nur ansatzweise eine Zivilisation hätte hervorbringen können.

Auch die Suchtkreisläufe bilden zwar den Ursprung unserer kognitiven Gefräßigkeit, sind aber für den Fortbestand des Lebens gleichermaßen bedeutsam. Mehrere Experimente haben gezeigt, wenn man bei Mäusen das dopaminerzeugende Netzwerk im Striatum ausschaltet, sterben die Tiere schließlich. Das Prinzip des Lebens, unseres Hungers auf das Mögliche, erfordert eine Form von Motivierung, die zum Teil auf kurzfristigen Belohnungen und nicht ausschließlich auf strategischer Planung basiert.

Damit sind wir wieder bei den beiden oben angesprochenen narrativen Irrtümern: dem einen, der behauptet, unsere mentale Spontanität (mit ihren kognitiven Intuitionen und ihrer Gefräßigkeit) müsse als heilig angesehen werden; und dem anderen, wonach diese Spontanität ein schädliches Artefakt darstellt, das der gesellschaftliche Kontext (in diesem Fall die kapitalistische Gesellschaft) geschaffen habe. Wenn wir dagegen unsere gemeinsame Geschichte mit einem anderen Narrativ zu erfassen versuchen, werden wir das Schreckenshaupt der Medusa furchtlos anblicken können. Die Existenz der potenziellen Suchtkreisläufe unseres Gehirns zu leugnen, wäre ebenso vergeblich wie die Behauptung, sie seien alles, was wir sind. Die Lehre daraus ist ganz einfach. Es gilt, darauf zurückzukommen, was wir längst wissen, aber aufgrund der täuschenden

Narrative über unsere Zeit vergessen haben: Wir verfügen in unserem Gehirn und unserem kollektiven Leben über genügend Mittel, um das Schlimmste zu verhindern.

Die Fähigkeit, kurzfristigen Versuchungen zu widerstehen, illustriert auch ein berühmtes Experiment Walter Mischels von der Stanford University. Darin bot man Vorschulkindern eine Süßigkeit (Marshmallows) an, sagte ihnen aber zuvor, wenn sie mit dem Verzehr der Süßigkeit einige Minuten warteten, erhielten sie eine zweite. Dann ließ man das Kind mit seinem Dilemma allein und beobachtete es von außen durch einen Einwegspiegel. Zwischen 1969 und 1974 absolvierten insgesamt 550 Kinder diesen Marshmallow-Test, bei dem es um Selbstkontrolle ging, also um die Fähigkeit, eine Befriedigung kurzfristig aufzuschieben, um mittelfristig eine größere Belohnung zu erlangen. In solch ein Dilemma geraten wir in unserem alltäglichen Tun immer wieder – vom Studierenden, der sich fragt, ob er lieber mit Freunden feiern oder für die Prüfung lernen soll, bis hin zu dem Menschen, der in einem erbitterten Kampf gegen das Regime steht. Die Fähigkeit, kurzfristiger Befriedigung zu widerstehen, falls das in unserem Interesse liegt, steht auch in einem Zusammenhang mit der Tatsache, dass die Deregulierung des Informationsmarktes uns ständig mit Verlockungen konfrontiert, die leicht auch Auswirkungen auf die Physiologie unseres Suchtverhaltens haben können.

Weniger als die Hälfte der Kinder bestand den Marshmallow-Test. Walter Mischel verfolgte deren Werdegang weiter und stellte fest, dass die Testergebnisse die Möglichkeit eröffneten, den zukünftigen Erfolg oder Misserfolg der Kinder vorherzusagen. Einige Jahre später zeigte sich, dass diejenigen, die über eine bessere Kontrolle ihres Ausführungssystems zu verfügen schienen, weniger anfällig für den Konsum von Rauschmitteln waren, bessere Ergebnisse bei Intelligenztests erzielten oder auch größeren schulischen Erfolg hatten.

Walter Mischels Interpretationen sind nicht unwidersprochen geblieben.[13] Ein Einwand lautete, die Fähigkeit, den Test zu bestehen, hänge weniger mit dem Temperament als mit der sozialen und ökonomischen Vorgeschichte der Kinder zusammen. Gerade Armut hat Einfluss auf unsere Wahrnehmung eines unmittelbar verfügbaren Guts. Wer wenig hat, ist eher versucht, das sprichwörtliche Verhältnis gegenüber kurzfristiger Befriedigung einzunehmen: «Besser ein Spatz in der Hand als eine Taube auf dem Dach.» Wer in größerer materieller Unsicherheit lebt, für den stellt der Aufschub von Befriedigung ein größeres Risiko dar als für jemanden, der sich einer stabilen Umwelt erfreut und objektive rationale, mathematische Erwartungskalküle anstellen kann (zwei Marshmallows sind besser als eines, falls man dafür nur zehn Minuten warten muss). Anders gesagt, Armut beeinträchtigt die Fähigkeit zu langfristiger Planung, wie Sendhil Mullainathan und Eldar Shafir (2013) gezeigt haben, weil oft dringlichere Bedürfnisse im Vordergrund stehen.

Diese Fähigkeit muss erlernt werden, und die soziale Umwelt beeinflusst sogar den Aufbau unseres Gehirns. Der frontale Cortex, der den Aufschub von Belohnungen in unseren mentalen Horizont einführt, vermag den zwanghaften Drang unseres Striatums nach unmittelbarer Befriedigung zu hemmen. Diese Hemmung erfolgt über sogenannte frontostriatale Regelkreise. Heute ist gut belegt, dass sich die hemmende Wirkung unseres frontalen Cortex, die so unerlässlich ist, wenn wir nicht in die Abhängigkeit der kognitiven Apokalypse geraten wollen, in Kindheit und Jugend entwickelt.[14] Je nach Umfang der Reize kann sie auch verkümmern. Jiska Peper (2013) und ihr Forschungsteam haben die Marshmallow-Experimente reproduziert, diesmal jedoch unter Einsatz bildgebender Verfahren, um festzustellen, ob sich die Fähigkeit, kurzfristigen Verlockungen zu widerstehen, auch physiologisch identifizieren lässt. Sie fanden heraus, dass die Kinder den Test umso besser bestanden, je stärker ihr frontostriatales Bündel entwickelt war.

Es ist noch ein weiter Weg zurückzulegen, bis die Forschung die komplexen Beziehungen zwischen der Funktionsweise unseres Gehirns und seiner sozialen Umgebung vollständig aufgeklärt hat. Andererseits steht zweifelsfrei fest, dass manche Umgebungen weniger geeignet sind als andere, dem Gehirn die Möglichkeit zu bieten, sein Bestes zu geben. Solch ein Chancenverlust ist nicht nur für den Einzelnen beklagenswert, sondern bedeutet auch eine Vergeudung unseres kollektiven Kapitals. Wenn eine Gesellschaft nicht die wirksamsten Mittel nutzt, um allen Wohlmeinenden die Möglichkeit zu bieten, die besten Potenziale ihres Gehirns zu entfalten, lässt sie zu, dass ihr kostbarster Schatz Schaden nimmt. Anders gesagt, wenn man Menschen wegen ihres Geschlechts oder ihrer sozialen oder ethnischen Herkunft die nötigen sozialen Voraussetzungen für ihre geistige Entwicklung vorenthält, spielt man im morbiden Kasino einer Vergeudung von Talenten, die für das Gemeinwohl nützlich sein könnten.

Abgesehen vom Gleichheitsprinzip, geht es hier auch um unser aller Interessen. Wer weiß, was die Menschheit in den Milliarden Stunden mentaler Verfügbarkeit verloren hat, die auf der Müllhalde der Aufmerksamkeit gelandet sind? Unsere gemeinsame Geschichte hat unvermeidlich ganze Heere verkannter Genies dahingerafft und wird dies auch weiterhin tun. Wie viel Gehirnzeit muss für die rechten Zwecke eingesetzt werden, um die zivilisatorischen Obergrenzen zu überschreiten – sofern das denn überhaupt jemals möglich sein wird? Für jede Zivilisation sollte es die oberste Priorität sein, den bestmöglichen Gebrauch von ihrem Aufmerksamkeitsschatz zu machen und einen Teil ihrer Ressourcen darauf zu verwenden, besondere Talente aufzuspüren, wo immer sie zu finden sein mögen.

Zweifellos ist das auch der Grund, weshalb Bill Gates, Steve Jobs oder auch Chamath Palihapitiya, der einst in leitender Funktion bei Facebook arbeitete, großen Wert darauf legen, ihre Kinder von Bildschirmen fernzuhalten, sie also vor Aufmerksamkeitsdiebstahl zu schützen. Im Silicon Valley gibt es sogar eine Schule – die Waldorf School of the Peninsula –, die den Gebrauch von Bildschirmgeräten verbietet und nur Bücher aus Papier sowie Stifte erlaubt. Wie sich zeigt, gehen viele Kinder von Beschäftigten von Google, eBay oder Apple dort zur Schule.[15] Während der Besitz eines Computers und der Zugang zu entsprechenden Technologien noch vor einigen Jahren den Bessergestellten vorbehalten war, sind es nach allen vorliegenden Studien inzwischen Angehörige der unterprivilegierten Schichten, die die meiste Zeit vor Bildschirmen verbringen. Die soziale Kluft in der Nutzung der neuen Medien verläuft also nicht in der einstmals vorgestellten Richtung.

Die damit umrissene politische Zielsetzung (*die sozialen Mittel zur*

Optimierung des Aufmerksamkeitsschatzes zu schaffen) mag potenziell freiheitsvernichtend erscheinen. Das ist sie indessen nur, wenn man die Lehren der kognitiven Apokalypse unberücksichtigt lässt. Ich stelle mir keineswegs vor, wir könnten in einer Gesellschaft glücklich sein, die uns der Unterhaltung und Zerstreuung beraubte oder in irgendeiner Weise versuchte, unsere kollektive Mittelmäßigkeit zu bestreiten. Wir können die tief in unserer evolutionären Vergangenheit wurzelnden Invarianten unserer Spezies nicht einfach verleugnen.

Es ist vielmehr von lebenswichtiger Bedeutung, uns klarzumachen, dass die voraussehbaren Evolutionsbedingungen des kognitiven Marktes den prähistorischen Menschen wieder auf der öffentlichen Bühne erscheinen lassen werden. Deshalb sollten wir die Voraussetzungen dafür schaffen, dass jeder seine mentale Unabhängigkeit zu erklären vermag. Dabei geht es nicht nur darum, unsere Fähigkeit zum Aufschub unmittelbarer Befriedigung zu schulen (auch wenn das sehr wichtig ist),[16] sondern auch, den riesigen Bereich unserer irrigen Intuitionen zu domestizieren. Außer Lesen, Schreiben und Rechnen sollten wir in Zukunft auch lernen, selbst zu denken, und jedem die Möglichkeit geben, nicht allzu systematisch der um uns herum herrschenden kollektiven Gefräßigkeit zu verfallen. Dieser Machtkampf ist umso schwerer zu gewinnen, als wir für unser Überleben auf diesen Teil unserer selbst angewiesen sind, auch wenn er uns in die Selbstvernichtung führen könnte.

Diese zivilisatorische Herausforderung hängt natürlich nicht nur vom individuellen Willen ab. Fast überall in der Welt unternimmt man inzwischen Anstrengungen, um die Exzesse der Deregulierung des kognitiven Marktes einzudämmen. Einige davon habe ich im Schlusskapitel meines Buchs *Déchéance de rationalité* [Verfall der Vernunft] aufgezeichnet und möchte mich deshalb hier auf die anthropologischen Umrisse des Problems beschränken.

Die kognitive Apokalypse fällt nicht zufällig mit dem Augenblick zusammen, da sich die freiheitlichsten Gesellschaftssysteme um eine Abschaffung der vermittelnden Instanzen bemühen. Das hat die simple Folge, dass die individuellen Mängel auf die kollektive Ebene gehoben werden. So kann die Versuchung zu einer kurzfristigen Orientierung, die so schwer auf unserem Gehirn lastet, leicht zu einem Kennzeichen kollektiver Entscheidungen werden. Noch charakteristischer ist die häufige Blindheit für die Nebenfolgen unseres Handelns.

Oft stehen die gesellschaftlichen Folgen eines Handelns im Widerspruch zu den damit verfolgten Absichten. Dieses bekannte und von der analytischen Soziologie umfassend untersuchte Phänomen wird gelegentlich als *Kobra-Effekt* bezeichnet. Der Ausdruck verweist auf Ereignisse aus dem Indien der Kolonialzeit. In Delhi vermehrten sich damals die für ihre Gefährlichkeit bekannten Kobras ganz beträchtlich, und die Regierung kam auf die glänzende Idee, eine Prämie für jeden auszusetzen, der die Haut eines getöteten Tiers vorwies. Die primären Folgen dieser Entscheidung entsprachen durchaus den damit verfolgten Absichten: In Delhi wurden massenhaft Kobras getötet. Die sekundären Folgen waren indessen nicht beabsichtigt. Manche Einwohner begannen, Kobras zu züchten, um die Prämie regelmäßig einstreichen zu können. Die politischen Entscheidungsträger erkannten das recht bald und schafften die Prämie ab. Die Folgen ließen nicht auf sich warten. Die Leute, die diese Schlangen gezüchtet hatten, ließen sie nun frei, da sie ihren Wert verloren hatten, und die Kobra-Population in Delhi war nun größer als jemals zuvor.

Diese Geschichte kann immerhin als Gleichnis dienen, denn es ist nicht sicher, ob sie wahr ist. Die Mechanismen des Kobra-Effekts sind allerdings weit verbreitet und finden sich in vergleichbarer Form allenthalben im gesellschaftlichen Leben. So führte eine Kampagne der französischen Kolonialverwaltung zur Rattenbekämpfung in Hanoi im Jahr 1902 zu ganz ähnlichen Ergebnissen wie in der Kobra-Geschichte.

Noch überraschender ist indessen die Tatsache, dass es im politischen Leben von Kobra-Effekten nur so wimmelt. Wegen der Kurzfristigkeit der dort getroffenen Entscheidungen stützt man sich allzu oft nur auf intuitive Vorstellungen und denkt lediglich an die primären, nicht aber die sekundären Effekte politischer Initiativen. Unter den gegenwärtigen Bedingungen des kognitiven Marktes ist damit zu rechnen, dass sich dieses endemische Problem noch verschärft.

Anlass zu Pessimismus gibt es da umso mehr, als es im kollektiven Leben keine Instanz gibt, die aus Fehlern lernt. Wie Christian Morel im zweiten Band seiner Studie über *Les Décisions absurdes* (absurde Entscheidungen) dargelegt hat, vermögen nur solche Institutionen zu überleben, die aus ihren Fehlern lernen. Das gilt auch für Wirtschaftsunternehmen, denn Firmen, die nur den nächsten Quartalsabschluss im Blick haben, verzeichnen auf lange Sicht ein deutlich geringeres Wachstum als solche, die eine langfristige Strategie verfolgen.[17]

Die Unmöglichkeit, aus Fehlern zu lernen, resultiert auch aus der Tatsache, dass echte Demokratien durch politischen Wechsel charakterisiert sind. Dieser notwendige Wechsel führt auch zu einer Pendelbewegung, die einen kumulativen Prozess behindert. Die neue Regierung stellt oft die Arbeit der vorigen infrage und sorgt für eine Amnesie, die uns daran hindert, aus unseren kollektiven Fehlern zu lernen.

Die Neigung, aus jedem Irrtum einen moralischen Fehler zu machen, trägt auch nicht gerade dazu bei, kumulative Prozesse in Gang zu halten. Im Gegenteil, solche von Anschuldigungen geprägten Prozesse verleiten eher dazu, Fehler zu verbergen, wodurch wertvolle Informationen schlicht verloren gehen.

Die Erleichterung des Ausgleichs zwischen Angebot und Nachfrage begünstigt die homothetische Übertragung von Merkmalen des individuellen Gehirns auf das kollektive Leben. Anders gesagt, manche Aspekte unseres öffentlichen Lebens vermitteln den Eindruck, es gerate immer stärker unter die Herrschaft weiter hinten gelegener Hirnregionen wie des Hippocampus oder der benachbarten Amygdala, die für kurzfristige Belohnungen sensibel sind, als unter die Herrschaft des orbitofrontalen Cortex. Auch die kollektive Amnesie, die uns hindert, aus unseren Fehlern zu lernen, ähnelt der Leistung eines Gehirns mit einer Schädigung des anterioren Gyrus cinguli.

Doch das Hindernis der zivilisatorischen Obergrenzen zeigt sich nicht nur hier. Ein weiteres charakteristische Merkmal unserer heutigen Welt liegt in der Tatsache, dass die Technologien (in den Bereichen Verkehr, Information, Energie usw.) eine Internationalisierung bestimmter Realitäten ermöglichen, während der Rahmen der politischen Legitimität sich weitaus langsamer entwickelt. So lassen sich die auf diese technologischen Entwicklungen zurückgehenden Ströme – Tourismus, Umweltverschmutzung, Migration, Klimawandel – nur auf internationaler Ebene vernünftig regulieren. Dort sind sie jedoch auf fragile Übereinkünfte zwischen Staaten angewiesen oder nationalem Egoismus ausgesetzt.

Das dringlichste Problem ist hier zweifellos die Klimafrage. Selbst wenn der Klimawandel nicht überall mit derselben Wucht zuschlagen wird, kann jeder zustimmen, dass es hier um das gemeinsame Interesse der Menschheit geht. Dennoch sind manche von der Furcht besessen, sie könnten als Verlierer aus den Verhandlungen hervorgehen, in denen man nach einem möglichst breiten Konsens sucht.

Wir alle erinnern uns noch, dass einer der Vertreter des Neopopulismus, Donald Trump, in dieser doch so wichtigen Frage ein trauriges Beispiel gab, indem er aus dem Pariser Klimaabkommen austrat. Diese aus den Verhandlungen der UN-Klimakonferenz in Paris 2015 zwischen 200 Staaten hervorgegangene Übereinkunft zur Begrenzung der Erderwärmung trat der amerikanische Präsident mit Füßen, als er am 1. Juni 2017 ankündigte, die USA würden sich aus dem Vertrag zurückziehen. Er begründete diesen Schritt mit der Priorität, die er der Beschäftigung in den USA und damit den Wirtschaftsinteressen seines Landes einzuräumen gedenke. Er hatte übrigens schon häufig Zweifel an der Realität dieser wissenschaftlichen Tatsache geäußert. So verwies er 2017 bei Twitter darauf, dass der Winter an der Ostküste besonders kalt sei, womit er implizit die behauptete Klimaerwärmung in Zweifel zog. Er war es auch, der zur Lösung eines derart komplexen Problems wie der Migration eine Mauer zu deren Abwehr bauen ließ. So übernehmen die unmittelbarsten Intuitionen die Führung, wenn solche Leute an die Macht kommen. «America first», der Slogan, der Trump bei den Präsidentschaftswahlen 2016 zum Sieg verhalf, ist eine Forderung, die aus sich selbst heraus verständlich erscheint, doch welchen vernünftigen Sinn hat sie, wenn die US-amerikanischen Interessen in jedem Fall eng mit den Interessen der Menschheit verschränkt sind?

Zu den fürchterlichen Problemen, vor die uns der Erfolg des Neopopulismus stellt, gehört die Aufspaltung des Gemeinwohls in Einzelinteressen. Nun fördert die Verfolgung persönlicher Interessen nicht immer das Gemeinwohl, wie es die Spieltheorie und insbesondere das berühmte Gefangenendilemma beweisen.

Dieser Klassiker der Spieltheorie handelt von einer fiktiven Situation, in der zwei Individuen (nennen wir sie X und Y), die gemeinsam eine Straftat begangen haben, getrennt voneinander inhaftiert sind und nicht miteinander kommunizieren können. Beide werden dem Richter vorgeführt, ohne zu wissen, ob der andere schweigen oder ein Geständnis ablegen wird. Sie wissen, wenn der eine (X) den anderen (Y) denunziert, während Y schweigt, dann wird X freigelassen und Y erhält eine zehnjährige Freiheitsstrafe und umgekehrt. Legen beide ein Geständnis ab und denunzieren zugleich den anderen, erhalten beide eine Freiheitsstrafe von fünf Jahren. Bleiben beide bei ihrem Schweigen, wird beiden (mangels greifbarer Beweise) eine sechsmonatige Freiheitsstrafe aufgebrummt. Die für sie optimale Lösung wäre es offensichtlich, zu schweigen und die sechs Monate abzusitzen. Da beide nicht wissen, was der andere tun wird, ist die Versuchung groß, den anderen zu denunzieren und zugleich zu hoffen, dass er sein Schweigen bewahren wird. Faktisch werden X und Y jedoch demselben, durchaus nicht irrationalen Gedankengang folgen und deshalb fünf Jahre absitzen müssen. Wäre es ihnen möglich gewesen, ihr Verhalten zu koordinieren, hätten sie zweifellos eine andere, vorteilhaftere Wahl getroffen.

Das Dilemma bildet die Matrix für alle Situationen, in denen es zwar eine optimale Wahlmöglichkeit gibt, die Akteure jedoch in einer Art kollektiver Irrationalität landen, weil sie ihr Handeln nicht koordinieren können und allein an ihren individuellen Interessen ausrichten. Solche Situationen lassen sich nur durch Entscheidungsinstanzen lösen, deren Eingreifen den blinden Ausdruck individueller Interessen verhindert. Nicht dass es solche Instanzen in der heutigen Welt gar nicht gäbe, sie besitzen nur keine reale Macht, können sich nur mühsam Gehör verschaffen oder werden nicht rational geführt, weil auch sie zum Kampfplatz nationaler Interessen gemacht werden.

Die weltweite Covid-19-Pandemie hat gezeigt: Angesichts der Globalisierung und der Geschwindigkeit der Probleme, vor denen wir stehen, ist eine internationale Koordinierung nötiger denn je. Ich weiß nicht, ob diese Koordinierung die Gestalt einer mit größerer Macht ausgestatteten Institution annehmen kann oder eine andere Form der Ausgestaltung kollektiver Entscheidungsprozesse annehmen wird, an die bislang noch niemand gedacht hat, aber wenn es überhaupt eine Lösung dafür gibt, dann liegt sie ohne jeden Zweifel in unserem Aufmerksamkeitskapital. Die zivilisatorische Obergrenze lässt sich nur überschreiten, wenn wir eine Lösung für das Problem finden, dass technologische Realität und politische Geografie nicht mehr synchron sind.

Übrigens verleiht gerade diese Desynchronisierung den ökologischen Bemühungen ihre Legitimation. Die Probleme wären nicht so beängstigend, wenn sich menschliche Entscheidungen auf den Bereich der menschlichen Interessen beschränken könnten. Diese legitimen Bemühungen – das sei hier kurz wiederholt – geraten in Gefahr, falls sie durch das Narrativ des seiner Natur entfremdeten Menschen instrumentalisiert werden. Dieses Narrativ verzweifelt an der Gegenwart und macht die menschliche Produktion (insbesondere die Technologie) zu einem Übel, während es von einer Welt träumt, in der der Mensch sich selbst durch Selbstversorgung und eine Abkehr vom Wachstum zurückerhält. Das Tragische an diesem Narrativ liegt, wie ich in meinem Buch *La Planète des hommes. Réenchanter le risque* (2014) [Der Planet der Menschen. Die Wiederverzauberung der Welt] zu zeigen versucht habe, in der Tatsache, dass es zum Abbruch der Erforschung des Möglichen durch unsere Spezies führt. Die Verfechter des Narrativs behaupten, die Erforschung des Möglichen werde im Schlimmsten enden. Sie haben diesen Glauben sogar zu einer Doktrin gemacht, die sich von Hans Jonas inspirieren lässt: *in dubio pro malo* – im Zweifel sollte man stets das Schlimmste erwarten. Seltsamerweise sehen sie nicht, dass Nichthandeln uns mit noch größerer Sicherheit zum Schlimmsten führt als selbst das geringste Handeln.

Wir vermögen uns unmöglich in vollem Umfang vorzustellen, welche Gefahren da im Einzelnen lauern und was wir dagegen unternehmen können. Die möglichen Antworten liegen jedoch im Schatz unserer verfügbaren Gehirnzeit bereit. Deshalb müssen wir aufmerksam auf die Bewahrung der gesellschaftlichen Voraussetzungen für die Erforschung des Möglichen, insbesondere durch Wissenschaft und Technologie, achten und in jedem Fall die Chancengleichheit fördern. Parallel dazu gilt es, diese Forschung und deren potenzielle Nebenfolgen rational zu organisieren. Daher wäre es ein gewaltiger Irrtum, wenn man das bisher Gesagte so interpretierte, als setzte ich mich – auch nur schamhaft verklausuliert – für Maßnahmen zur Regulierung des kognitiven Marktes ein, die unsere Freiheit zerstörten. Wie wir gesehen haben, sind solche Maßnahmen zwar unerlässlich, aber die Kur darf nicht schlimmer sein als die Krankheit. Das Schlimmste wäre daher, die Erforschung des Möglichen abzubrechen oder ihr nachhaltig zu schaden.

Wir sind auf diesem Gebiet weitaus besser als die Natur. Sie erkundet das Mögliche blind und ohne jede Absicht. Sie erreicht die – von den Animisten unserer Zeit so bewunderten – Gleichgewichtszustände nur um den Preis massenhaften Sterbens und extrem langer Zeiträume. Die Innovationen des Menschen erfolgen niemals ohne Absicht, auch wenn gelegentlich mehr oder weniger glückliche Versuche angestellt werden und mancherlei Fehler passieren. Doch da stets Intentionen dahinterstehen, sind sie mit weniger Verschwendung von Energie und Zeit verbunden. Es geht hier nicht um einen Gegensatz zwischen Mensch und Natur. Wir sind Teil der Natur, und die Intentionalität, die unsere Erforschung des Möglichen beschleunigt, ist – bis zum Beweis des Gegenteils – gleichfalls eine Hervorbringung der Natur. Wir sind allerdings die einzige Spezies, die ihre Zukunft derart vorausschauend denken kann, die einzige auch, die in ihrem Handeln primäre und sekundäre Folgen zu berücksichtigen vermag. Wir müssen allerdings noch lernen, unser gesamtes Potenzial zu entfalten.

Ich hoffe, man wird mir den emphatischen Tenor dieses Schlusses verzeihen, aber sollte man Angst haben, mit solcher Emphase lächerlich zu klingen, wenn es um das Schicksal der eigenen Spezies und die darüber hängenden Schatten geht? Ist es keine schwindelerregende Vorstellung, dass wir vielleicht als erste Zivilisation die von Fermi formulierte Grenze überschreiten werden, auch wenn wir wissen, wie unwahrscheinlich das ist?

Diese Grenze scheint für unsere Hypothesen heute mit bloßem Auge erkennbar zu sein. Die Natur braucht ihre Zeit, aber wir haben sie nicht.

Dank

Ich möchte mich (in alphabetischer Reihenfolge) bei allen bedanken, die es mir durch ihren Beistand, ihre Aufmerksamkeit oder ihre Hilfe ermöglicht haben, diese Arbeit zu Ende zu führen:

Camille Auzéby, Nathalie Bulle, Florian Capfiero, Laurent Cordonier, Pascal David, Luigi Del Buono, Sébastian Dieguez, Claude Fischler, Paul Garapon, Daphnée Gravelat, Nathalie Heinich, Manon Kapustka-Véret, Étienne Klein, Monique Labrune, Hassan Peerhossaini, Manuel Quinon, Thierry Rogel, Amélie Rougié, Thibaut de Saint-Pol, Nicolas Walzer, Léo Neauport.

Es ist üblich, aber auch wichtig, darauf hinzuweisen, dass alle Fehler und Ungeschicklichkeiten, die dieser Text ganz sicher enthält, aber auch die damit verbundenen Absichten allein mir selbst zuzuschreiben sind.

Anmerkungen

Subjektives Vorwort: Eine großartige Zeit

1 Libera (1991). Zu den vollständigen bibliografischen Daten siehe die Bibliografie.
2 Auzou (1973, S. 140–141).
3 *L'Osservatore Romano*, Wochenausgabe in deutscher Sprache, Nr. 44 (1. November 1996), S. 1.
4 Siehe z. B. Quattrociocchi (2018) oder Bronner (2013).
5 Erstmals skizzierte er diese Theorie in Boudon (1995).
6 Boudon (2000, S. 26).
7 Boudon (1995, S. 67).
8 Bronner (2003).

I. Der kostbarste aller Schätze

1 Lot (1963) und Charpentier-Morize (1997).
2 Gautier (2016).
3 Keynes (1963).
4 Hinzu kommt hier die Vermehrung der Teilzeitbeschäftigungen.
5 www.ifrap.org/emploi-et-politiques-sociales/les-francais-travaillent-moins-que-les-autres-les-chiffres und www.robertholcman.net/public/documents/35heures/35h1.pdf [beide zuletzt besucht am 27.01.2022].
6 https://ourworldindata.org/working-hours [zuletzt besucht am 27.01.2022].
7 Quelle: Insee, *Emploi du temps 1986–1987* und *2009–2010.*
8 Hublin u. a. (2017).
9 Leakey und Lewin (1978).
10 Cauvin (1994).
11 Siehe z. B. Goncalves, Perra und Vespignani (2011).
12 Aristoteles (1995, S. 9 [I, 983 b,20]).
13 Brun (1989, S. 17).
14 Frazer (1989, S. 18–64).
15 Weber (1973, S. 593–594).
16 Siehe dazu Bronner und Géhin (2010); Bronner (2014).
17 Broch und Charpak (2002).
18 McCarthy (1989).
19 Siehe De Groot (1965).
20 Bei der nachfolgenden Darstellung habe ich mich von Rougetet (2016) anregen lassen.

21 Crevier (1997, S. 275).
22 Rougetet (2016, S. 32).
23 Marsland und Schaeffer (1990, S. 10).
24 Manche nehmen an, dass die erste funktionierende Dampfmaschine 1698 erfunden wurde.
25 Lecun (2019).
26 www.lawgeex.com/resources/AIvsLawyer/ [zuletzt besucht am 27.01.2022].
27 Turcev (2018).
28 www.weforum.org/reports/the-future-of-jobs-report-2018 [zuletzt besucht am 27.01.2022].
29 Frey und Osborne (2013).
30 Siehe Delahaye (2019).
31 Insee, *Emploi du temps 1986–1987* und *2009–2010*.
32 Mermet (2012).
33 Siehe Einhard (1986).
34 Grew u.a. (1984).
35 www.insee.fr/fr/metadonnees/definition/c1156 [zuletzt besucht am 27.01.2022].
36 Insee (2018) und Briand, Chapoulie und Peretz (1979).
37 Lee und Lee (2016).
38 Mermet (2012).
39 Clarisse, Le Floch und Maintier (2017).
40 Owens (2014).
41 Keyes u.a. (2015).
42 Rosen u.a. (2016).
43 Siehe Lowe, Safati und Hall (2017); Carskadon (2011).
44 Murdock (2013).
45 Termack (2014).
46 Hofmann, Voh und Baumeister (2012).
47 Rideout (2017).
48 Desmurget (2019, S. 197).
49 Patino (2019, S. 86).
50 Rosenfeld, Thomas und Hausen (2019).
51 Wir werden später noch sehen, warum das in noch höherem Maße für homosexuelle Paare gilt.
52 Ifop (2018).
53 Povolotskiy u.a. (2020).
54 Spira und Feintuch (2005); Bailey und Kinston (2006).
55 Bear, Connors und Paradiso (2008, S. 195f.).

II. So viele verfügbare Gehirne

1 Cherry (1953).
2 Changeux (2002).
3 Treisman und Gelade (1980).
4 Siehe dazu Heinich (2012).

5 Nielsen und Sarason (1981).
6 Stiegler (2014, S. 128).
7 Siehe oben den Abschnitt «Der Blitzkrieg der Computer».
8 Nach Data Never Sleeps 5.0: www.domo.com/learn/data-never-sleeps-5 [zuletzt besucht am 27.01.2022].
9 https://larevuedesmedias.ina.fr/canal-histoire-dune-television [zuletzt besucht am 27.01.2022].
10 Perrier (1988).
11 https://larevuedesmedias.ina.fr/du-minitel-linternet [zuletzt besucht am 27.01.2022].
12 Bohler (2019, S. 61).
13 www.pornhub.com/insights/2018-year-in-review#countries [zuletzt besucht am 27.01.2022].
14 Sechs der acht Länder mit dem weltweit größten Pornokonsum sind nach der Einordnung eines Online-Magazins muslimisch: www.salon.com/test/2015/01/15/why_porn_is_exploding_in_the_middle_east_partner [zuletzt besucht am 27.01.2022].
15 Gazzaniga (2012, S. 55 f.).
16 Ebd. (S. 90).
17 Preston und Baratta (1948).
18 Griffith (1949).
19 Prelec (1998).
20 Siehe Bronner (2007).
21 Siehe Cosmides und Tooby (1992).
22 Boutang und De Lara (2019, S. 76).
23 Zum Beispiel Vuilleumier (2005).
24 Wogalter und Mayhorn (2005).
25 www.credoc.fr/publications/calcium-entre-6-et-10-ans-pres-dun-enfant-sur-deux-est-en-dessous-des-recommandations [zuletzt besucht am 27.01.2022].
26 Mattéi (2020, S. 134).
27 https://files.influencecommunication.com/bilan/bilan-2016-qc.pdf [zuletzt besucht am 27.01.2022].
28 Siegrist und Cvetkovich (2001); Liu, Huang und Brown (1998).
29 https://ourworldindata.org/causes-of-death [zuletzt besucht am 27.01.2022].
30 Hier findet man eine Zusammenfassung für «politische Entscheider», in der die vier Szenarien erwähnt werden: https://report.ipcc.ch/ar6wg1/pdf/IPCC_AR6_WGI_SPM.pdf [zuletzt besucht am 27.01.2022].
31 Bronner (2006).
32 Cordonier (2018).
33 Vuilleumier (2005); Corbetta, Patel und Shulman (2008).
34 https://ourworldindata.org/causes-of-death [zuletzt besucht am 27.01.2022].
35 Rui u. a. (2014).
36 Crockett (2017).
37 www.opinion-way.com/fr/sondage-d-opinion/sondages-publies/opinionway-pour-asic-les-francais-et-les-discours-de-haine-sur-internet-novembre-2018/viewdocument/2010.html [zuletzt besucht am 27.01.2022].

38 https://europa.eu/eurobarometer/surveys/detail/2119 [zuletzt besucht am 27.01.2022].
39 www.pewresearch.org/internet/2013/09/05/part-1-the-quest-for-anonymity-online [zuletzt besucht am 27.01.2022].
40 Siehe Anderson u. a. (2014).
41 Cardon (2010); Leadbeater und Miller (2004); Flichy (2010).
42 Tappin und McKay (2016).
43 Leary und Kowalski (1990).
44 Siehe Erner (2006).
45 www.aaup.org/report/trigger-warnings [zuletzt besucht am 27.01.2022].
46 Siehe z. B. Barbéris (2019) oder Roza (2020).
47 Badouard (2018).
48 www.lemonde.fr/police-justice/article/2018/07/07/sursis-pourun-troisieme-homme-accuse-d-avoir-menace-la-journaliste-nadia-daam_5327553_1653578.html [zuletzt besucht am 27.01.2022].
49 Mercier (2018).
50 Zum Beispiel Kahneman (2012, S. 85).
51 Eichenbaum, Yonelinas und Ranganath (2007).
52 Lachaux (2013, S. 120).
53 Siehe z. B. Humphries u. a. (2010).
54 Rhee u. a. (2011).
55 www.hacking-social.com/2015/02/05/arretez-tout-voici-les-secrets-des-titres-racoleurs-cela-va-vous-epater [zuletzt besucht am 27.01.2022].
56 Zum Stand der Wissenschaft siehe Loewenstein (1994).
57 Gruber, Gelman und Ranganath (2014).
58 Lau u. a. (2020).
59 Das *Corpus striatum* ist ein unterhalb des Cortex gelegener Komplex, der bei willentlichen Bewegungen, bei verschiedenen Formen der Motivation oder auch bei der Schmerzverarbeitung aktiviert wird.
60 Itti und Baldi (2009 und 2010).
61 Patino (2019, S. 35).
62 Lapouge (1978, S. 9).
63 Diese Vorstellung formalisierte zum Beispiel Aristoteles im Begriff der sublunaren Welt.
64 Es sei angemerkt, dass in der Geschichte immer wieder Versuche unternommen wurden, solche Gesellschaften hervorzubringen. Étienne Cabet unternahm selbst konkrete Anstrengungen dieser Art. Die Geschichte hat allerdings immer wieder gezeigt, dass diese Bemühungen nicht funktionieren und oft sogar böse enden. Siehe unseren Abschnitt mit der Überschrift «Der Preis, den wir zu zahlen haben».
65 Cabet (1979, S. 11).
66 Campanella (1960, S. 130).
67 Morus (1960, S. 67).
68 Cabet (1979, S. 34–36).
69 Campanella (1960, S. 123).
70 Ebd. (S. 150).

71 Servier (1985, S. 75).
72 Atran (2006, S. 68).
73 Zu diesem und den nachfolgenden Beispielen siehe https://ici.radio-canada.ca/recit-numerique/193/instagram-tourisme-photo-nature-effets-influenceur [zuletzt besucht am 27.01.2022].
74 Zusammenziehung aus *log* (Baumstamm) und Instagram.
75 Roye u. a. (2010).
76 Krasnova u. a. (2013).
77 www.rsph.org.uk/about-us/news/instagram-ranked-worst-for-young-people-s-mental-health.html [zuletzt besucht am 27.01.2022].
78 Turner und Lefevre (2017).
79 Solnick und Hemmenway (1998).
80 Zum Beispiel Cheung und Lucas (2016).
81 Blanchflower und Oswald (2004).
82 Layard (2009, S. 53).
83 Clark (2003).
84 Clark (1996).
85 Fliessbach u. a. (2007).
86 Redelmeier und Singh (2001).
87 Levitt und Dubner (2010, S. 136).
88 Rablen und Oswald (2008).
89 Layard (2009, S. 37).
90 Milgram (1967).
91 Bhagat u. a. (2016).
92 Marwick und Boyd (2011a, 2011b); Muntean und Petersen (2009).
93 Tocqueville (1976, S. 627–628).
94 Ursprünglich wurde dieser Hashtag 2017 von einem Aktivisten in Portland mit Blick auf die US-amerikanischen Präsidentschaftswahlen eingerichtet. Er forderte u. a. dazu auf, «einen Reichen zu verspeisen». Dieser Hashtag wurde anlässlich des Lockdowns reaktiviert.
95 Kurzman u. a. (2007).
96 Um hier nur ein Beispiel zu nennen: Die Einkünfte des Basketballstars Michael Jordan bestanden zu 75 Prozent aus solchen Einnahmen.
97 Loughlan, McDonald und Van Krieken (2010, S. 29).
98 Heinich (2012, S. 365).
99 Bourdieu (1976, S. 93).
100 Deaner, Khera und Platt (2005).
101 Gamson (2011) und Marwick (2015).
102 Martin-Krumm (2012).
103 Interview mit dem Magazin *Usbek & Rica*: https://usbeketrica.com/article/reseaux-sociaux-contenu-existe-maximiser-chiffres-nathan-jurgenson [zuletzt besucht am 27.01.2022].
104 www.theguardian.com/technology/2017/nov/09/facebook-sean-parker-vulnerability-brain-psychology [zuletzt besucht am 27.01.2022].
105 Ernst, Romeo und Andersen (2009).

106 Scholz u. a. (2017).

107 Gabielkov u. a. (2016).

108 Die Daten zu dieser Frage sind mit Vorsicht zu genießen, weil sie in der Regel auf einer Selbstauskunft basieren. Sie konvergieren allerdings in der Feststellung, dass die Heterosexuellen statistisch gesehen in der Mehrheit sind. In Frankreich zum Beispiel bezeichnen sich nach einer Ifop-Umfrage 82,7 Prozent der Franzosen als ausschließlich heterosexuell: www.ifop.com/wp-content/uploads/2019/06/116079_Ifop_FJR_2019.06.24.pdf [zuletzt besucht am 27.01.2022].

109 Hruby und Hu (2015).

110 Olds und Milner (1954).

111 Hyman, Melenka und Nestler (2006).

112 Wong u. a. (2006).

113 Zu einer zusammenfassenden Darstellung siehe Bohler (2019).

114 Im Einzelnen ausgeführt hat er diese Techniken hier: https://medium.com/thrive-global/how-technology-hijacks-peoples-minds-from-a-magician-and-google-s-design-ethicist-56d62ef5edf3#.93vbmi2yh [zuletzt besucht am 27.01.2022].

115 https://usbeketrica.com/article/dopamine-labs-renforcer-addiction-smartphones-notre-bien [zuletzt besucht am 27.01.2022].

116 Siehe z. B. Rozin und Royzman (2001); oder Baumeister, Bratslavsky, Finkenauer und Vohs (2001).

117 Lachaux (2014, S. 117).

118 Wasik (2009).

119 Cagé, Hervé und Viaud (2017).

120 Siehe Beauvisage u. a. (2013); und Mellet (2009).

121 Leskovec, Backstrom und Kleinberg (2009).

122 Sasahara u. a. (2019).

123 Matz u. a. (2017).

124 Salganik und Duncan (2008).

125 Weng u. a. (2012); Qiu u. a. (2017).

126 https://www.heise.de/tp/features/Unabhaengigkeitserklaerung-des-Cyberspace-3410887.html [zuletzt besucht am 27.01.2022].

127 Rand und Pennycook (2019).

128 Siehe dazu Dieguez (2018).

129 Tocqueville (1976, S. 186).

130 Vosoughi, Roy und Aral (2018).

131 Bronner (2003).

132 Bago, Rand und Pennycook (2020).

133 www.ouest-france.fr/sante/virus/coronavirus/confinement/pendant-le-confinement-le-trafic-internet-augmente-de-30-6841683 [zuletzt besucht am 27.01.2022].

134 www.washingtonpost.com/politics/2019/12/16/president-trump-has-made-false-or-misleading-claims-over-day. [Besuch nur mit Abonnement möglich].

135 Bronner (2013).

136 Kaplan, Gimbel und Harris (2016).

137 De Keersmaeker und Roets (2017).

138 Pennycook, Cannon und Rand (2018).

139 https://www.heise.de/tp/features/Unabhaengigkeitserklaerung-des-Cyberspace-3410887.html [zuletzt besucht am 27.01.2022].

III. Die Zukunft ist gar nicht so fern

1 Stoczkowski (2011, S. 149).
2 Da die öffentlichen Fernsehanstalten weniger auf Werbeeinnahmen angewiesen sind, können sie aus symbolischen Gründen an bestimmten Literatursendungen oder intellektuellen Debatten festhalten – aber die allgemeine Tendenz ist leider, dass auch sie verschwinden.
3 Zitiert nach Bruckner (2004, S. 169).
4 Galbraith (1970, S. 14).
5 www.inatheque.fr/medias/inatheque_fr/publications_evenements/ina_stat/INASTAT_30.pdf [zuletzt besucht am 27.01.2022].
6 www.inatheque.fr/publications-evenements/ina-stat/ina-stat-n-33.html [zuletzt besucht am 27.01.2022].
7 www.liberation.fr/ecrans/2009/07/21/telephone-gainsbourg-non-jordy_951504 [zuletzt besucht am 27.01.2022].
8 «Laxisme contre puritanisme». *Liberation*, 18. Mai 2011.
9 Beller (2006, S. 112).
10 Marcuse (1967).
11 Marx und Engels (1958, S. 25).
12 Berardi (2014, S. 147).
13 Debord (1996, S. 15).
14 Brotherton und French (2015); Tempel und Alcock (2015).
15 Bourdieu (1998, S. 23).
16 Chomsky und Herman (1988, S. xii).
17 Ebd. (S. 15 f.).
18 Ebd. (S. 14).
19 Ebd. (S. 339, Fn. 44).
20 www.sciencespo.fr/liepp/fr/content/qui-possede-les-medias-une-analyse-de-lactionnariat-des-medias [zuletzt besucht am 27.01.2022].
21 Es ist nicht sicher, dass diese Beweihräucherer ihn wirklich gelesen haben, denn (vor allem in der zweiten Abhandlung) wird deutlich, dass dieser Naturzustand lediglich ein zur begrifflichen Erfassung der Ungleichheit unternommenes Gedankenexperiment darstellt und keineswegs als eine vergangene Realität ausgegeben wird. Rousseau zweifelt auch nicht an der zutiefst sozialen Natur des Menschen (siehe *Vom Gesellschaftsvertrag*, 1. Buch, 8. Kapitel).
22 Patou-Mathis (2013).
23 Siehe die nüchterne, aber erschreckende Darstellung in Panh und Bataille (2013).
24 Besson und Vidal (1976, S. 40).
25 Ebd. (S. 52).
26 Ebd. (S. 193).
27 Ebd. (S. 229).
28 Ebd. (S. 37).

29 Balandier (1972, S. 49–51).
30 Besson und Vidal (1976, S. 37).
31 Ebd. (S. 237).
32 Gault (2001).
33 Dunbar (1993).
34 Dunbar (1998).
35 Hill und Dunbar (2003).
36 Goncalves, Perra und Vespignani (2011).
37 Dunbar (1996).
38 De Waal, Flack und Krakauer (2005).
39 Ebd.
40 www.vox.com/2015/11/16/9744640/paris-beirut-media [zuletzt besucht am 27.01.2022].
41 https://theconversation.com/disproportionate-coverage-of-paris-attacks-is-not-just-the-medias-fault-50761 [zuletzt besucht am 27.01.2022].
42 Timur (1998).
43 Dubet (2014).
44 Read, Loewenstein und Kalyanaraman (1999).
45 Zum Beispiel www.ifop.com/wp-content/uploads/2018/03/1950-1-study_file.pdf [zuletzt besucht am 27.01.2022].
46 Zum Rückgang des Vertrauens in der Öffentlichkeit siehe zum Beispiel die Längsschnittstudie des Cevipof: www.sciencespo.fr/cevipof/fr/content/le-barometre-de-la-confiance-politique [zuletzt besucht am 27.01.2022].
47 Freeden (1996).
48 Mudde und Kaltwasser (2017).
49 Akkermann, Mudde und Zaslove (2014).
50 Der alte Gegensatz zwischen Vernunft und Emotion hat viel von seiner Anziehungskraft verloren, seit die Neurowissenschaften gezeigt haben, wie stark diese beiden mentalen Realitäten ineinander verschränkt sein können. Siehe Damasio (2013).
51 www.conspiracywatch.info/monique-pincon-charlot-et-l-holocauste-climatique-autopsie-dune-theorie-du-complot.html [zuletzt besucht am 27.01.2022].
52 www.youtube.com/watch?v=JB75qjwoXSI&t [zuletzt besucht am 27.01.2022].
53 Jordan u. a. (2019).
54 Bronner (2019b).
55 Devecchio (2019, S. 155).
56 www.thetrumparchive.com [zuletzt besucht am 27.01.2022].
57 Devecchio (2019, S. 159).
58 www.lefigaro.fr/vox/politique/les-quatre-grandes-peurs-qui-constituent-l-horizon-politique-de-notre-temps-20190903 [zuletzt besucht am 27.01.2022].
59 Haubensak u. a. (2010).
60 www.lci.fr/sante/replay-video-du-professeur-didier-raoult-invite-exceptionnel-de-david-pujadas-mardi-28-mai-2020-sur-lci-hydroxychloroquine-covid-19-coronavirus-2154695.html [zuletzt besucht am 27.01.2022].
61 www.ifop.com/wp-content/uploads/2020/04/117231_rapport_Ifop_Labtoo_Cloroquine_2020.04.05.pdf [zuletzt besucht am 27.01.2022].

62 Furher und Cova (2020).
63 https://harris-interactive.fr/opinion_polls/limage-de-didier-raoult-aupres-des-francais [zuletzt besucht am 27.01.2022].
64 Bronner, Capfiero und Cordonier (2020).
65 https://jean-jaures.org/sites/default/files/redac/commun/productions/2020/2803/117275_rapport_covid_19.pdf. [Am 27.01.2022 nicht aufgefunden; siehe aber https://www.jean-jaures.org/page/6/?s=rapport+covid-19].
66 www.lemonde.fr/les-decodeurs/article/2020/07/03/une-exploration-de-la-raoultsphere-sur-facebook_6045017_4355770.html [zuletzt besucht am 27.01.2022].
67 www.lemonde.fr/politique/article/2020/05/24/emmanuel-macron-face-a-la-peur-des-outsiders_6040568_823448.html [zuletzt besucht am 27.01.2022].
68 Siehe auch Schank und Abelson (1977).
69 Ich verweise auf den Abschnitt: «Sie werden niemals erraten, wovon dieses Kapitel handelt …».
70 Siehe dazu Guillaud (2020).
71 Jordan u. a. (2018).
72 Siehe Poivet (2020).
73 Stoczkowski (1999, S. 11).
74 Mayo, White und Eysenk (1978).
75 Eysenk und Nias (1988).
76 Siehe Rubin, Munshi und Wessely (2005) oder Souques (2009).
77 Landgrebe u. a. (2008).
78 Bräscher u. a. (2017).
79 Chapman u. a. (2013).
80 Mohanty, Gitelman und Mesulam (2008).
81 Cools, Roberts und Robbins (2008).
82 Nisbett u. a. (1976).
83 www.thinkbox.tv/news-and-opinion/newsroom/dont-shout-and-other-things-that-help-us-remember-tv-advertising [zuletzt besucht am 27.01.2022].
84 https://jean-jaures.org/nos-productions/la-france-patrie-de-la-collapsologie [zuletzt besucht am 27.01.2022].
85 www.lefigaro.fr/vox/histoire/2018/03/02/31005-20180302ARTFIG00049-eric-zemmour-mai-68-la-grande-desintegration.php [zuletzt besucht am 27.01.2022].

Schluss: Der Endkampf

1 Siehe dazu Agelou u. a. (2017).
2 Da die Dinge stets noch komplexer sind, als man sich vorstellt, kann es sein, dass diese Technologie und die von ihr angebotenen Ersatzbefriedigungen uns eines Tages die Möglichkeit geben, Reisen und andere viel Treibhausgas freisetzende Aktivitäten auf virtuelle, das heißt für unsere Umwelt weniger gefährliche Weise zu unternehmen.
3 Wilson u. a. (2014).
4 Bohler (2019, S. 181).
5 Corbetta, Patel und Shulman (2008).

6 Lachaux (2013, S. 227).
7 Johnson, Straffella und Zatorre (2007).
8 Schoenbaum, Roesch und Stalnaker (2006).
9 Lachaux (2013, S. 273).
10 Monsell (2003).
11 Gazzaniga (2013, S. 92).
12 McGuire und Botvinick (2010).
13 Watts, Duncan und Quan (2018).
14 Siehe z. B. Fields (2015).
15 www.nytimes.com/2011/10/23/technology/at-waldorf-school-in-silicon-valley-technology-can-wait.html?mtrref=undefined [zuletzt besucht am 27.01.2022].
16 Siehe dazu z. B. Klingberg (2010).
17 Pink (2009).

Bibliografie

Acardo, A.: *Pour une socioanalyse du journalisme*. Paris 2017.

Acerbi, A.: «Cognitive Attraction and Online Misinformation». *Palgrave Commun*, 5–15 (2019); https://doi.org/10.1057/s41599-019-0224-y.

Adorno, T. W., und Horkheimer, M.: *Dialektik der Aufklärung* (1944). Frankfurt am Main 1969.

Agelou, M.: «Introduction». In: Agelou, M., Chardin, G., Duprat, J., Delaigue, A., und Lehoucq, R.: *Où sont-ils? Les extraterrestres et le paradoxe de Fermi*. Paris 2017, S. 5–22.

Agelou, M., Chardin, G., Duprat, J., Delaigue, A., und Lehoucq, R.: *Où sont-ils? Les extraterrestres et le paradoxe de Fermi*. Paris 2017.

Akkerman, A., Mudde, C., und Zaslove, A.: «How Populist Are the People? Measuring Populist Attitudes in Voters». *Comparative Political Studies*, 47–9 (2014), S. 1324–1353.

Anderson, A., Brossard, D., Scheufele, D. A., Xenos, M. A., und Ladwig, P. (2014), «The ‹Nasty Effect›: Online Incivility and Risk Perceptions of Emerging Technologies». *Computer-Mediated Communication*, 3–19 (2014), S. 373–387.

Anscombe, G. E. M.: «Modern Moral Philosophy». *Philosophy*, 33–124 (1958), S. 1–19.

Aristoteles: *Metaphysik*. In: Ders.: *Philosophische Schriften*, 6 Bde. Darmstadt 1995, Bd. 5.

Asch, S. E.: «Forming Impressions of Personality». *Journal of Abnormal and Social Psychology*, 41 (1946), S. 258–290.

Atran, S.: «Les origines cognitives et évolutionnistes de la religion». In: Fussman, G. (Hg.): *Croyance, raison et déraison*. Paris 2006.

Atran, S., und Norenzayan, A.: «Religion's Evolutionary Landscape: Counterintuition, Commitment, Compassion, Communion». *Behavioral and Brain Sciences*, 27 (2004), S. 713–770.

Auzou, G.: *Au commencement Dieu créa le monde*. Paris 1973.

Badouard, R.: «Internet et la brutalisation du débat public» (2018), https://laviedesidees.fr/Internet-et-la-brutalisation-du-debat-public.html.

Bago, B., Rand, D. G., und Pennycook, G.: «Fake News, Fast and Slow: Deliberation Reduces Belief in False (but not True) News Headlines». *Journal of Experimental Psychology: General* (2020), https://doi.org/10.1037/xge0000729.

Bailey, B. P., und Kinston, J. A.: «On the Need for Attention-Aware-Systems: Measuring Effects of Interruption on Task Performance, Error Rate, and Affective State». *Computers in Human Behavior*, 22 (2006), S. 685–708.

Balandier G.: *Politische Anthropologie*, München 1972.

Barbéris, I.: *L'Art du politiquement correct*. Paris 2019.

Barlow, J. P.: Unabhängigkeitserklärung des Cyberspace (1966); https://www.heise.de/tp/features/Unabhaengigkeitserklaerung-des-Cyberspace-3410887.html. [Zuletzt besucht am 27.01.2022].

Baromètre Santé Publique France (2019): http://beh.santepubliquefrance.fr/beh/2019/8-9/2019_8-9_1.html. [Zuletzt besucht am 27.01.2022].

Barrett, J., und Nihoff, M.: «Spreading Nonnatural Concepts». *Journal of Cognition and Culture*, 1 (2019), S. 69–100.

Baumeister, R. F., Bratslavsky, E., Finkenauer, C., und Vohs, K. D.: «Bad Is Stronger Than Good». *Review of General Psychology*, 5 (2001), S. 323–370.

Bear, M. F., Connors, B. W., und Paradiso, M. A.: *Neurowissenschaften. Ein grundlegendes Lehrbuch für Biologie, Medizin und Psychologie*. 3. Aufl., Heidelberg 2008.

Beauvisage, T., Beuscart, J. S., Couronne, T., und Mellet, K.: «Le succès sur Internet repose-t-il sur la contagion? Une analyse des recherches sur la viralité». *Traces. Revue de sciences humaines* (2013), http://journals.openedition.org/traces/5194; https://doi.org/10.4000/traces.5194.

Beller, J.: *The Cinematic Mode of Production: Attention, Economy and the Society of the Spectacle*. Hanover 2006.

Berardi, F.: «Attention et expérience à l'âge du neurototalitarisme». In: Citton, Y. (Hg.): *L'Économie de l'attention*. Paris 2014, S. 147–160.

Besson, M., und Vidal, B.: *Journal d'une communauté*. Paris 1976.

Bhagat, S., Burke, M., Diuk, C., Filiz, I. O., und Edunov, S. (2016), «Three and a Half Degrees of Separation». *Research at Facebook* (2016), https://research.fb.com/three-and-a-half-degrees-of-separation.

Blanchflower, D., und Oswald, A. (2004), «Well-Being over Time in Britain and the USA». *Journal of Public Economics*, 88 (2004), S. 1359–1386.

Blaya, C.: *Cyberhaine. Les jeunes et la violence sur Internet*, Paris 2019.

Bohler, S.: *Le Bug humain*. Paris 2019.

Boudon, R.: *Le Juste et le Vrai*. Paris 1995.

Boudon, R.: *Le Sens des valeurs*. Paris 1999.

Boudon, R.: *Études sur les sociologues classiques*, Bd. II. Paris 2000.

Boudon, R., *Déclin de la morale? Déclin des valeurs?*. Paris 2002.

Bourdieu, P.: «Le chaps scientifique». *Actes de la recherche en sciences sociales*, 2–3 (1976), S. 88–104.

Bourdieu, P.: *Über das Fernsehen*. Frankfurt am Main 1998.

Boutang, J., und De Lara, M.: *Les Biais de l'esprit*. Paris 2019.

Boyer, P.: *Und Mensch schuf Gott*. Stuttgart 2004.

Bräscher, A. K., Raymaekers, K., Van den Bergh, O., und Witthöft, M.: «Are Media Reports Able to Cause Somatic Symptoms Attributed to WiFi Radiation? An Experimental Test of the Negative Expectation Hypothesis». *Environmental Research*, 156 (2017), S. 265–271.

Brass, M., und Haggard, P.: «To Do or not to Do: The Neural Signature of Self-Control». *The Journal of Neuroscience*, 22/27–34 (2007), S. 9141–9145.

Briand, J.-P., Chapoulie, J.-M., und Peretz, H.: «Les conditions institutionnelles de la scolarisation secondaire des garçons entre 1920 et 1940». *Revue d'histoire moderne et contemporaine*, 26–3 (1979), S. 391–421.

Broch, H., und Charpak, G.: *Was macht der Fakir auf dem Nagelbrett? Erklärungen für unerklärliche Phänomene*. München 2003.
Bronner, G.: *L'Empire des croyances*. Paris 2003.
Bronner, G.: *L'Empire de l'erreur. Éléments de sociologie cognitive*. Paris 2007.
Bronner, G.: *La Démocratie des crédules*. Paris 2013.
Bronner, G.: *La Planète des hommes. Réenchanter le risque*. Paris 2014.
Bronner, G.: *Déchéance de rationalité*. Paris 2019.
Bronner, G.: «L'intelligence collective: un enjeu politique». *Revue européenne des sciences sociales*, 56–2 (2019), S. 161–182.
Bronner, G., Capfiero, F., und Cordonier, L.: «C18H26CIN3O: le révélateur chimique de la cartographie idéologique française» (2020), https://halshs.archives-ouvertes.fr/halshs-02904104.
Bronner, G, und Géhin, E.: *L'Inquiétant Principe de précaution*. Paris 2010.
Brotherton, R., und French, C. C. (2015), «Intention Seekers: Conspiracist Ideation and Biased Attributions of Intentionality». *PLoS One*, 10: e0124125 (2015). DOI: http://dx.doi.org/10.1371/journal.pone.0124125.
Brown, P. H., und Mintry, J. H.: «Media Coverage and Charitable Giving After the 2004 Tsunami». *Southern Economic Journal*, 75–1 (2008), S. 9–25.
Bruckner, P.: *Ich kaufe, also bin ich. Mythos und Wirklichkeit der globalen Welt*. Berlin 2004.
Brun, J.: *Les Présocratiques*. Paris 1989.
Cabet, É.: *Reise nach Ikarien*. Paris 1847 [[1]1840], Reprint Berlin 1979.
Cagé, J., Hervé, N., und Viaud, M.-L.: *L'Information à tout prix*. Paris 2017.
Campanella, T.: *Der Sonnenstaat*. In: *Der utopische Staat*, hg. von K. J. Heinisch. Reinbek bei Hamburg 1960 [[1]1602], S. 115–172.
Cardon, D.: *La Démocratie Internet*. Paris 2010.
Carskadon, M. A.: «Sleep's Effects on Cognition and Learning in Adolescence». *Progress in Brain Research*, 190 (2011), S. 137–143.
Cauvin, J.: *Naissance des divinités, naissance de l'agriculture. La révolution des symboles au Néolithique*. Paris 1994.
Chabris, C., und Simon, D.: *Le Gorille invisible*. Paris 2015.
Changeux, J.-P.: *L'Homme de vérite*. Paris 2002.
Chapman, S., St George, A., Waller, K. und Cakic, V.: «The Pattern of Complaints about Australian Wind Farms Does not Match the Establishment and Distribution of Turbines: Support for the Psychogenic, ‹Communicated Disease› Hypothesis». *PLoS One*, 8: e76584 (2013).
Chardin, G.: «Retour sur l'équation de Drake». In: Agelou, M., Chardin, G., Duprat, J., Delaigue, A., und Lehoucq, R.: *Où sont-ils? Les extraterrestres et le paradoxe de Fermi*, Paris 2017, S. 161–198.
Charpentier-Morize, M.: *Jean Perrin (1870-1942). Savant et homme politique*. Paris 1997.
Cheung, F., und Lucas, R. E.: «Income Inequality Is Associated with Stronger Social Comparison Effects: The Effect of Relative Income on Life Satisfaction». *Journal of Personality and Social Psychology*, 110 (2016), S. 332–341.
Cherry, E. C.: «Some Experiments on the Recognition of Speech, with One and with Two Ears». *The Journal of the Acoustical Society of America*, 25–5 (1953), S. 975–979.

Chomsky, N., und Herman, E.: *Manufacturing Consent: The Political Economy of the Mass Media*. London 1988.

Citton, Y. (Hg.): *L'Économie de l'attention*. Paris 2014.

Clark, A. E.: «L'utilité est-elle relative? Analyse à l'aide de données sur les ménages». *Économie et prévision*, 121 (1996), S. 151–164.

Clark, A. E.: «Unemployment as a Social Norm: Psychological Evidence from Panel Data». *Journal of Labor Economics*, 21 (2003), S. 323–351.

Clarisse, R., Le Floch, N., und Maintier, C.: www.ortej.org/IMG/pdf/rapport_final_menesr_depp_janvier_2017.pdf (2017). [Am 27.01.2022 nicht aufgefunden].

Cools, R., Roberts, A. C., und Robbins, T. W.: «Serotoninergic Regulation of Emotional and Behavioural Control Processes». *Trends in Cognitive Science*, 12–1 (2008), S. 31–40.

Corbetta, M., Patel, G., und Shulman, G. (2008): «The Reorienting System of the Human Brain: From Environment to Theory of Mind». *Neuron*, 58–3 (2008), S. 306–324.

Cordonier, L.: *La Nature du social*. Paris 2018.

Cosmides, L., und Tooby, J.: «The Psychological Foundations of Culture». In: Barkow, J., Cosmides, L., und Tooby, J. (Hg.): *The Adapted Mind: Evolutionary Psychology and the Generation of Culture*. New York 1992.

Crevier, D.: *Eine schöne neue Welt. Die aufregende Geschichte der künstlichen Intelligenz*. Düsseldorf 1994.

Crockett, M. J.: «Moral Outrage in the Digital Age». *Nature Human Behaviour*, 1 (2017), S. 769–771.

Damasio, A.: *Selbst ist der Mensch. Körper, Geist und die Entstehung des menschlichen Bewusstseins*. München 2013.

Deaner, R. O., Khera, A. V., und Platt, M. L.: «Monkeys Pay per View: Adaptive Valuation of Social Images by Rhesus Macaques». *Current Biology*, 15 (2005), S. 543–548.

Debord, G.: *Die Gesellschaft des Spektakels*. Berlin 1996.

Dehaene, S.: *Le Code de la conscience*. Paris 2014.

De Groot, A. D.: *Thought and Choice in Chess*. Den Haag 1965.

Delahaye, J.-P.: «IA: le danger potentiel des intelligences surhumaines». *Pour la science* (2019), S. 498.

Delaigue, A.: «Petite histoire économique de notre civilisation». In: Agelou, M., Chardin, G., Duprat, J., Delaigue, A., und Lehoucq, R.: *Où sont-ils? Les extraterrestres et le paradoxe de Fermi*. Paris 2017, S. 115–159.

Desmurget, M.: *La Fabrique du crétin numérique*. Paris 2019.

Devecchio, A.: *Récomposition*. Paris 2019.

Dieguez, S.: *Total Bullshit!*. Paris 2018.

Dubet, F.: *La Préférence pour l'inégalité. Comprendre la crise des solidarités*. Paris 2014.

Dunbar, R. I. M.: «Coevolution of Neocortical Size, Group Size and Language in Humans». *Behavioral and Brain Sciences*, 16–4 (1993), S. 681–735.

Dunbar, R. I. M.: *Grooming, Gossip and the Evolution of Language*. Cambridge 1996.

Dunbar, R. I. M.: «The Social Brain Hypothesis». *Evolutionary Anthropology*, 6–5 (1998), S. 178–190.

Einhard: *Vita Karoli Magni* [814]. Ditzingen 1986.

Eichenbaum, H., Yonelinas, A. P, und Ranganath, C.: «The Medial Temporal Lobe and Recognition Memory». *Annual Review of Neuroscience*, 30 (2007), S. 123–152.

Ellul, J.: *Propaganda. Wie die öffentliche Meinung entsteht und geformt wird.* Frankfurt am Main 2021.

Erner, G.: *La Société des victimes.* Paris 2006.

Ernst, M., Romeo, R. D, und Andersen, S. L.: «Neurobiology of the Development of Motivated Behaviors in Adolescence: A Window into a Neural Systems Model». *Pharmacology, Biochemistry and Behavior*, 93 (2009), S. 199–211.

Eysenck, H. J., und Nias, D. K. B.: *Astrology: Science or Superstition?* London 1988.

Fields, R. D.: «A New Mechanism of Nervous System Plasticity: Activity-Dependent Myelination». *Nature Reviews Neuroscience*, 16 (2015), S. 756–767.

Flack, J. C., De Waal, F. B. M., und Krakauer, D. C.: «Social Structure, Robustness, and Policing Cost in a Cognitively Sophisticated Species». *The American Naturalist*, 160–5 (2005), S. 126–139.

Flack, J. C., Krakauer, D. C., und De Waal, F. B. M.: «Robustness Mechanisms in Primate Societies: A Perturbation Study». *Proceedings of the Royal Society: Biological Sciences*, 272–1568 (2005), S. 1091–1099.

Flanquart, H.: *Des risques et des hommes.* Paris 2016.

Flichy, P.: *Le Sacre de l'amateur.* Paris 2010.

Fliessbach, K., Weber, B., Trautner, P., und Falk, A.: «Social Comparison Affects Reward-Related Brain Activity in the Human Central Striatum». *Science*, 318 (2007), S. 1305–1308.

Fontenelle Bernard Le Bovier: *Œuvres complètes*, Bd. 2. Paris 1991 [1686].

Frazer, J. G.: *Der goldene Zweig.* Reinbek bei Hamburg 1989.

Freeden, M.: *Ideologies and Political Theory: A Conceptual Approach.* Oxford 1996.

Frey, C. B., und Osborne, M. A.: *The Future of Employement: How Susceptible Are Jobs to Computerisation?* https://www.oxfordmartin.ox.ac.uk/downloads/academic/future-of-employment.pdf (2013) [zuletzt besucht am 27.01.2022].

Fukuyama, F.: *Das Ende der Geschichte.* München 1992.

Furher, J., und Cova, F.: «‹Quick and Dirty›: Intuitive Cognitive Style Predicts Trust in Didier Raoult and his Hydroxychloroquine-based Treatment against COVID-19» (2020), https://psyarxiv.com/ju62 p.

Gabielkov, M., Ramachandran, A., Chaintreau, A., und Legout, A.: «Social Clicks: What and Who Gets Read on Twitter?». *ACM SIGMETRICS Performance Evaluation Review*, 44–1 (2016), S. 179–192.

Gaillot, M. T., u. a.: «Self-Control Relies on Glucose as a Limited Energy Source: Willpower Is More Than a Metaphor». *Journal of Personality and Social Psychology*, 92–2 (227), S. 325–336.

Galbraith, J. K.: *Die moderne Industriegesellschaft.* München 1970.

Gamson, J.: «The Unwatched Life Is not Worth Living: The Elevation of the Ordinary in Celebrity Culture». *PMLA*, 126–4 (2011), S. 1061–1069.

Garcia, H. A.: *Sex, Power, and Partisanship: How Evolutionary Science Makes Sense of Our Political Divide.* New York 2019.

Gault, J.-P.: «La Cecilia». *Le Monde libertaire*, 1238, 29. März–4. April 2001.

Gautier, T.: *Fusains et eaux fortes* (1848). Paris 2016.

Gazzaniga, M. S.: *Die Ich-Illusion. Wie Bewusstsein und freier Wille entstehen.* München 2012.

Gazzaniga, M. S.: *Tales from Both Sides of the Brain: A Life in Neuroscience*. New York 2015.

Gigerenzer, G.: *Bauchentscheidungen. Die Intelligenz des Unbewussten und die Macht der Intuition*. München 2007.

Goncalves, B., Perra, N., und Vespignani, A.: «Validation of Dunbar's Number in Twitter Conversations» (2011), https://arxiv.org/PS_cache/arxiv/pdf/1105/1105.5170v1.pdf.

Gottschall, J.: *The Storytelling Animal: How Stories Make Us Human*. Boston 2013.

Greenberg, J., Yszczynski, T., Solomon, S., Rosenblatt, A., Veeder, M., Kirkland, S., und Lyon, D.: «Evidence for Terror Management Theory II: The Effect of Mortality Salience on Reactions of Those Who Threaten or Bolster the Cultural Worldview». *Journal of Personality and Social Psychology*, 58 (1990), S. 308–318.

Grew, R., Harigan, P., Whitney J., Albaret M.-B., und Valensi, J.: «La scolarisation en France, 1829–1906». *Annales. Économies, sociétés, civilisations*, 39–1 (1984), S. 116–157.

Griffith, R. M.: «Odds Adjustment by American Horse-Race Bettors». *American Journal of Psychology*, 62 (1949), S. 290–294.

Gruber, M. J., Gelman, B. D., und Ranganath, C.: «States of Curiosity Modulate Hippocampus-Dependent Learning via the Dopaminergic Circuit». *Neuron*, 84 (2014), S. 486–496.

Guillaud, H.: «La S. F. sert-elle à rendre la science inéluctable?». *Socialter*, Sondernummer (2020), *Le Réveil des imaginaires*, S. 46–47.

Hall E. T.: *Die Sprache des Raumes*. Düsseldorf 1976.

Haselton, M. G., und Nettle, D.: «The Paranoid Optimist: An Integrative Evolutionary Model of Cognitive Biases». *Personality and Social Psychology Review*, 10–1 (2006), S. 4–66.

Haubensak, W. u. a.: «Genetic Dissection of an Amygdala Microcircuit that Gates Conditioned Fear». *Nature*, 468 (2010), S. 270–276.

Hedström, P., und Bearman, P. (Hg.): *The Oxford Handbook of Analytical Sociology*. Oxford 2011.

Heinich, N.: *De la visibilité*. Paris 2012.

Hofmann, W., Voh, K. D., und Baumeister, R. F.: «What People Desire, Feel Conflicted About, and Try to Resist in Everyday Life». *Psychological Science*, 3 (2012), S. 582–588.

Hruby, A., und Hu, F. B.: «The Epidemiology of Obesity: A Big Picture». *PharmacoEconomics*, 33 (2015), S. 673–689.

Hublin J. J., u. a.: «New Fossils from Jebel Irhoud, Morocco, and the Pan-African Origin of Homo Sapiens». *Nature*, 546 (2017), S. 289–292.

Humphries, N., u. a.: «Environmental Context Explains Lévy and Brownian Movement Patterns of Marine Predators». *Nature*, 465 (2010), S. 1066–1069.

Hyman, S. E., Melenka, R. C., und Nestler, E. J.: «Neural Mechanisms of Addiction: The Role of Reward-Related Learning and Memory». *Annual Review of Neuroscience*, 29 (2006), S. 565–598.

Ifop (2018), www.ifop.com/publication/observatoire-2018-de-la-rencontre-en-ligne/ [zuletzt besucht am 27.01.2022].

Insee: «Évolution de l'espérance de scolarisation à l'âge de 2 ans selon le sexe entre 1985 et 2015» (2018), *Insee références*, «L'École et ses sortants».

Insee: «Depuis 11 ans, moins de tâches ménagères, plus d'Internet» (2011), www.insee.fr/fr/statistiques/1281050#titre-bloc-9 [zuletzt besucht am 27.01.2022].

Insee: Erhebungen «Emploi du temps» 2009–2010.

Insee: Erhebungen «Emploi du temps» 1986–1987.

Itti, L., und Baldi, P.: «Bayesian Surprise Attracts Human Attention». *Vision Research*, 49–10 (2009), S. 1295–1306.

Itti, L., und Baldi, P.: «Of Bits and Wows: A Bayesian Theory of Surprise with Applications to Attention». *Neural Networks*, 23–5 (2010), S. 649–666.

James, P. D.: *Im Land der leeren Häuser*. München 1993.

Johnson, J. A., Strafella, A. P., und Zatorre, R. J.: «The Role of the Dorsolateral Prefrontal Cortex in Bimodal Divided Attention: Two Transcranial Magnetic Stimulation Studies». *Journal of Cognitive Neuroscience*, 19–6 (2007), S. 907–920.

Jordan, K. N., Sterling, J., Pennebaker, J. W., und Boyd, R. L.: «Examining Long-Term Trends in Politics and Culture through Language of Political Leaders and Cultural Institutions». *PNAS*, 116–9 (2019), S. 3476–3481.

Jordan, P., Mubin, O., Obaid, M., und Paula A. S.: «Exploring the Referral and Usage of Science Fiction in HCI Literature». In: Marcus, A., und Wang, W. (Hg.): «Design, User Experience, and Usability: Designing Interactions». *Lecture Notes in Computer Science (2018)*, 10919arXiv:1803.08395.

Kahneman, D.: *Système 1, Système 2*. Paris 2012.

Kaplan, J., Gimbel, S., und Harris, S.: «Neural Correlates of Maintaining one's Political Beliefs in the Face of Counterevidence». *Scientific Reports*, 6 (2016), https://doi.org/10.1038/srep39589.

De Keersmaecker, J., und Roets, A.: «Fake News: Incorrect, but Hard to Correct. The Role of Cognitive Ability on the Impact of False Information on Social Impressions». *Intelligence*, 65 (2017), S. 107–110.

Keyes, K. M., Maslowsky, J., Hamilton, A., und Schulenberg, J.: «The Great Sleep Recession: Changes in Sleep Duration Among US Adolescents, 1991-2012». *Pediatrics*, 3–135 (2015), S. 460–468.

Keynes, J. M.: «Economic perspectives for our grandchildren». In: Ders., *Essays in Persuasion*. New York 1963, S. 358–373.

Klingberg, T.: «Training and Plasticity of Working Memory». *Trends in Cognitive Sciences*, 14 (2010), S. 317–324.

Krasnova, H., Wenninger, H., Widjaja, T., und Buxmann, P.: «Envy on Facebook: A Hidden Threat to Users' Life Satisfaction?» *Wirtschaftsinformatik Proceedings* (2013), https://www.researchgate.net/publication/256712913_Envy_on_Facebook_A_Hidden_Threat_to_Users%27_Life_Satisfaction [zuletzt besucht am 27.01.2022].

Kuran T.: *Private Truths, Public Lies: The Social Consequences of Preference Falsification*. Cambridge 1998.

Kurzman, C., Anderson, C., Key, C., Lee, Y. O., Moloney, M., Silver, A., und Van Ryn, M.: «Celebrity Status». *Sociological Theory*, 25–4 (2007), S. 347–367.

Lachaux, J.-P.: *Le Cerveau attentif*. Paris 2013.

Lachaux, J.-P.: «L'économie cérébrale de l'attention». In: Citton, Y. (Hg.): *L'Économie de l'attention*. Paris 2014, S. 109–120.

Landgrebe, M., u. a.: «Neuronal Correlates of Symptom Formation in Functional Somatic Syndromes: A fMRI Study». *Neuroimage*, 41–4 (2008), S. 1336–1344.

Lapouge, G: *Utopie et civilisations*. Paris 1978.

Lau, J. K. L., Ozono, H., Kuratomi, K., Komiya, A., und Murayama, K.: «Shared Striatal Activity in Decisions to Satisfy Curiosity and Hunger at the Risk of Electric Shocks». *Nature Human Behaviour* (2020), https://doi.org/10.1038/s41562-020-0848-3.

Layard, R.: *Die glückliche Gesellschaft*. Frankfurt am Main 2009.

Leadbeater, C., und Miller, P.: *The Pro-Am Revolution: How Enthusiasts are Changing our Economy and Society*. London 2004.

Leakey, R. E., und Lewin, R.: *Wie der Mensch zum Menschen wurde. Neue Erkenntnisse über den Ursprung und die Zukunft des Menschen*. Hamburg 1978.

Leary, M. R., und Kowalski, R. M.: «Impression Management: A Literature Review and Two-Component Model». *Psychological Bulletin*, 107–1 (1990), S. 34–47.

Lecun, Y.: *Quand la machine apprend*. Paris 2019.

Lee, J. W., und Lee, H.: «Human Capital in the Long Run». *Journal of Development Economics*, 122 (2016), S. 147–169.

Leskovec, J., Backstrom, L., und Kleinberg, J.: «Memetracking and the Dynamics of the News Cycle». *Proceedings of the 15th ACM SIGKDD International Conference on Knowledge Discovery and Data Mining*. New York 2009, S. 497–506.

Levari, D. E., Gilbert, D. T., Wilson, T. D., Sievers, B., Amodio, D. M., und Wheatley, T.: «Prevalence-Induced Concept Change in Human Judgment». *Science*, 360 (2018), S. 1465–1467.

Levin, D. T., und Angelone, B. I.: «The Visual Metacognition Questionnaire: A Measure of Intuitions About Vision». *American Journal of Psychology*, 121 (2008), S. 451–472.

Levitt, S. D., und Dubner, S. J.: *Superfreakonomics*. Paris 2010.

Lewitt, G.: *The Turk Chess Automaton*. New York 2000.

Libera, A. de: *Penser au Moyen Age*. Paris 1991.

Liu, S., Huang, J. C., und Brown, G. L.: «Information and Risk Perception: A Dynamic Adjustment Process». *Risk Analysis*, 18–6 (1998), S. 689–699.

Loewenstein, G.: «The Psychology of Curiosity: A Review and Reinterpretation». *Psychological Bulletin*, 116–1 (1994), S. 75–98.

Lot, F.: *Jean Perrin et les atomes*. Paris 1963.

Loughlan, P., McDonald, B., und Van Krieken, R.: *Celebrity and the Law*. Sydney 2010.

Lowe, C. J., Safati, A., und Hall, P. A.: «The Neurocognitive Consequences of Sleep Restriction». *Neuroscience and Biobehavioral Reviews*, 80 (2017), S. 586–604.

Luchins, A. S.: «Experimental Attempts to Minimize the Impact of First Impressions». In: Hovland, C. (Hg.): *The Order of Presentation in Persuasion*, New Haven 1957.

Lustig, R.: *Brainwashed. Wie die Lebensmittelindustrie unser Glücksempfinden verändert, mit Werbung unsere Bedürfnisse manipuliert – und wie wir uns dagegen wehren können*. München 2018.

McCarthy, J.: «Chess as the Drosophila of AI». *Conference of the Canadian Information Processing Society*, Nr. 31. Alberta, Kanada 1989.

McGuire, J. T., und Botvinick, M. M.: «Prefrontal Cortex, Cognitive Control, and the Registration of Decision Costs». *PNAS*, 107 (2010), S. 7922–7926.

Marcuse, H.: *Der eindimensionale Mensch. Studien zur Ideologie der fortgeschrittenen Industriegesellschaft*. Neuwied 1967.

Marsland, A., und Schaeffer, J. (Hg.): *Computers, Chess, and Cognition*. New York, Berlin, Paris 1990.

Martin-Krumm, C.: «L'optimisme: une analyse synthétique». *Les Cahiers internationaux de psychologie sociale*, 1–93 (2012), S. 103–133.
Marwick, A. E.: «Instafame: Luxury Selfies in the Attention Economy». *Public Culture*, 27–1 (2015), S. 137–160.
Marwick, A. E., und Boyd, D.: «To See and Be Seen: Celebrity Practice on Twitter». *Convergence*, 17–2 (2011a), S. 139–158.
Marwick, A. E., und Boyd, D.: «I Tweet Honestly, I Tweet Passionately: Twitter Users, Context Collapse, and the Imagined Audience». *New Media and Society*, 13–1 (2011b), S. 114–133.
Marx, K., und Engels, F.: *Die Deutsche Ideologie*. In: Dies.: *Werke*, Bd. 3. Berlin 1958.
Mattéi, J.-F.: *Santé. Le grand bouleversement*. Paris 2020.
Matz, S. C., Kosinski, M., Nave, G., und Stillwell, D. J.: «Psychological Targeting in Digital Mass Persuasion». *Proceedings of the National Academy of Sciences*, 114–48 (2017), S. 12714–12719.
Mayo, J., White, O., und Eysenck, H. J.: «An Empirical Study of the Relation between Astrological Factors and Personality». *Journal of Social Psychology*, 105 (1978), S. 229–236.
Medvec, V. H., Madey, S. F., und Gilovitch, T.: «When Less Is More: Counterfactual Thinking and Satisfaction among Olympic Medalists». *Journal of Personality and Social Psychology*, 69 (1995), S. 603–610.
Méheust, B.: *Science-fiction et soucoupes volantes*. Paris 1978.
Mellet, K.: «Aux sources du marketing viral». *Reseaux*, 157–158 (2009).
Mercier, A.: «L'ensauvagement du Web» (2018), https://theconversation.com/lensauvagement-du-web-95190.
Mermet, G.: *Francoscopie*, Paris 2012.
Milgram, S.: «The Small World Problem». *Psychology Today*, 1–1 (1967), S. 61–67.
Mirazon Lahr, M. M., u. a.: «Inter-Group Violence Among Early Holocene Hunter-Gatherers of West Turkana, Kenya». *Nature*, 529 (2016), S. 394–398.
Mohanty, A., Gitelman, D., und Mesulam, M.: «The Spatial Attention Network Interacts with Limbic and Monoaminergic Systems to Modulate Motivation-Induced Attention Shifts». *Cerebral Cortex*, 18–11 (2008), S. 2604–26113.
Monsell, S.: «Task Switching». *Trends in Cognitive Sciences*, 7 (2003), S. 134–140.
Morus, T.: *Utopia*. In *Der utopische Staat*, hg. von K. J. Heinisch. Reinbek bei Hamburg 1960 [[1]1516], S. 9–110.
Mudde, C., und Kaltwasser, C. R.: *Populismus. Eine sehr kurze Einführung*. Bonn 2019.
Mullainathan, S., und Shafir, E.: *Knappheit. Was es mit uns macht, wenn wir zu wenig haben*. Frankfurt am Main 2013.
Muntean, N., und Petersen, A. H.: «Celebrity Twitter: Strategies of Intrusion and Disclosure in the Age of Technoculture». *M/C Journal*, 12–5 (2009), journal.media-culture.org.au/index.php/mcjournal/article/viewArticle/194.
Murdock, K. K.: «Texting While Stressed: Implications for Students' Burnout, Sleep, and Well-Being». *Psychology of Popular Media Culture*, 2 (2013), S. 207–221.
Neuhoff, J. G.: «Perceptual Bias for Rising Tones». *Nature*, 395–6698 (1998), S. 123–124.
Nielsen, S. L., und Sarason, I. G.: «Emotion, Personality, and Selective Attention». *Journal of Personality and Social Psychology*, 41–5 (1981), S. 945–960.
Nisbett, R. E., Borgida, E., Crandall, R., und Reed, H.: «Popular Induction: Information

Is not always Informative». In: Carroll, J. S., und Payne, J. W. (Hg.): *Cognition and Social Behaviour*. New York 1976.

Olds, J., und Milner, P.: «Positive Reinforcement Produced by Electrical Stimulation of Septal Area and other Regions of Rat Brain». *Journal of Comparative and Physiological Psychology*, 47 (1954), S. 419–427.

O'Neil, C.: *Angriff der Algorithmen. Wie sie Wahlen manipulieren, Berufschancen zerstören und unsere Gesundheit gefährden*. München 2017.

Owens, J.: «Insufficient Sleep in Adolescents and Young Adults: An Update on Causes and Consequences». *Pediatrics*, 134–3 (2014), S. 921–932.

Palmiter, R. D.: «Dopamine Signaling in the Dorsal Striatum Is Essential for Motivated Behaviors: Lessons from Dopamine-Deficient Mice». *Annals of the New York Academy of Sciences*, 1129 (2008), S. 35–46.

Panh, R., und Bataille, C.: *Auslöschung. Ein Überlebender der Roten Khmer berichtet*. Hamburg 2013.

Pantazi, M., Kissine, M., und Klein, O.: «The Power of the Truth Bias: False Information Affects Memory and Judgment even in the Absence of Distraction». *Social Cognition*, 36–2 (2018), S. 167–198.

Patino, B.: *La Civilisation du poisson rouge*. Paris 2019.

Patou-Mathis, M.: *Préhistoire de la violence et de la guerre*. Paris 2013.

Pennycook, G., Cannon, T. D., und Rand, D. G.: «Prior Exposure Increases Perceived Accuracy of Fake News». *Journal of Experimental Psychology: General*, 147–12 (2018), S. 1865–1880.

Peper, J. S., u. a.: «Delay Discounting and Frontostriatal Fiber Tracts: A Combined DTI and MTR Study on Impulsive Choices in Healthy Young Adults». *Cerebral Cortex*, 23 (2013), S. 1695–1702.

Perrier, D.: *Les Dossiers noirs du Minitel rose*, Paris 1988.

Pink, D. H.: *Drive: The Surprising Truth About What Motivates Us*. New York 2009.

Pinker, S.: *Gewalt. Eine neue Geschichte der Menschheit*. Frankfurt am Main 2011.

Poivet, E.: «Comment la S. F. est récupérée par les multinationales et l'armée». *Socialter*, Sondernummer (2020): *Le Réveil des imaginaires*, S. 46–47.

Povolotskiy, R., Gupta, N., Leverant, A. B., Kandinov, A., und Paskhover, B.: «Head and Neck Injuries Associated With Cell Phone Use». *JAMA Otolaryngology – Head & Neck Surgery*, 146–2 (2020), S. 122–127, DOI: 10.1001/jamaoto.2019.3678.

Prelec, D.: «The Probability Weighting Function». *Econometrica*, 47 (1998), S. 313–327.

Preston, M. G., und Baratta, P.: «An Experimental Study of the Auction-Value of an Uncertain Outcome». *American Journal of Psychology*, 61 (1948), S. 183–193.

Qiu, X., Oliveira, F. M., Sahami Shirazi, A., Flammini, A., und Menczer, F.: «Limited Individual Attention and Online Virality of Low-Quality Information». *Nature Human Behavior*, 1–0132 (2017), S. 1–8.

Quattrociocchi, W.: *Liberi di crederci. Informazione, internet e post-verita*. Rom 2018.

Rablen, M. D., und Oswald A. J.: «Mortality and Immortality: The Nobel Prize as an Experiment into the Effect of Status upon Longevity». *Journal of Health Economics*, 27–6 (2208), S. 1462–1471.

Rand, D. G., und Pennycook, G.: «Lazy, not Biased: Susceptibility to Partisan Fake News

Is Better Explained by Lack of Reasoning than by Motivated Reasoning». *Cognition*, 188 (2019), S. 39–50.

Raude, J.: «L'écologie de la perception des risques. Études des interactions environnement-individus dans la construction des croyances sur les maladies infectieuses». Mémoire de synthèse en vue de l'obtention de l'HDR, EHESS 2014 (unveröffentlicht).

Read, D., Loewenstein, G., und Kalyanaraman, S.: «Mixing Virtue and Vice: Combining the Immediacy Effect and the Diversification Heuristic». *Journal of Behavioral Decision-Making*, 12 (1999), S. 257–273.

Redelmeier, D. A., und Singh, S. M.: «Survival in Academy Award-Winning Actors and Actresses». *Annals of Internal Medecine*, 134 (2002), S. 955–962.

Renard, J.-B.: *Les Merveilleux*. Paris 2011.

Rhee, I., Shin, M., Hong, M., Lee, K., Kim, S. J., und Chong, S.: «On the Levy-Walk Nature of Human Mobility». *IEEE/ACM Transactions on Networking*, 19–3 (2011), S. 630–643.

Rideout, V.: «The Common Sense Census: Media Use by Kids Age Zero to Eight» (2017), www.commonsensemedia.org/sites/default/files/uploads/research/csm_zerotoeight_fullreport_release_2.pdf [zuletzt besucht am 27.01.2022].

Rifkin, J.: *Das Ende der Arbeit*. Frankfurt am Main 1995.

Rosen L., Carrier, L. M., Miller, A., Rokkum, J., und Ruiz, A.: «Sleeping with Technology: Cognitive, Affective, and Technology Usage Predictors of Sleep Problems among College Students». *Sleep Health*, 2–1 (2016), S. 49–56.

Rosenfeld, M. J., Thomas, R. J., und Hausen, S.: «Disintermediating your Friends: How Online Dating in the United States Displaces other Ways of Meeting». *PNAS*, 116–36 (2019), S. 17 753–17 758.

Rougetet, L.: «Un ordinateur champion du monde d'échecs: histoire d'un affrontement homme-machine». *Sciences du jeu* (2016), http://journals.openedition.org/sdj/598; DOI: 10.4000/sdj.598.

Rousseau, J.-J.: *Vom Gesellschaftsvertrag*. Stuttgart 1977.

Roye, A., Schröger, E., Jacobsen, T., und Gruber, T.: «Is My Mobile Ringing? Evidence for Rapid Processing of a Personally Significant Sound in Humans». *Journal of Neuroscience*, 30–21 (2010), S. 7310–7313.

Roza, S.: *La Gauche contre les Lumières?*. Paris 2020.

Rozin, P., und Royzman, E. B.: «Negativity Bias, Negativity Dominance, and Contagion». *Personality and Social Psychology Review*, 5 (2001), S. 296–320.

Rubin, G. J., Munshi, J. D., und Wessely, S.: «Electromagnetic Hypersensitivity: A Systematic Review of Provocation Studies». *Psychosomatic Medicine*, 67 (2005), S. 224–232.

Rui, F., Jichang, Z., Yan, C., und Ke, X.: «Anger Is More Influential than Joy: Sentiment Correlation in Weibo». *PLoS One* (2015), DOI: 10.1371/journal.pone.0 110 184.

Salganik, M., und Duncan, W.: «Leading the Herd Astray: An Experimental Study of Self-Fulfilling Prophecies in an Artificial Cultural Market». *Social Psychology Quarterly*, 4–71 (2008), S. 338–355.

Santana, A. D.: «Virtuous or Vitriolic: The Effect of Anonymity on Civility in online Newspaper Reader Comment Boards». *Journalism Practice*, 8–1 (2014), S. 18–33.

Sasahara, K., Chen, W., Peng, H., Ciampaglia, G. L., Flammini, A., und Menczer, F.; «On the Inevitability of Online Echo Chambers». *arXiv* (2019), DOI: 1905.03 919.

Schank, R. C., und Abelson, R. P.: *Scripts, Plans, Goals, and Understanding: An Inquiry into Human Knowledge Structures*. Hillsdale 1977.

Schoenbaum, G., Roesch, M. R., und Stalnaker, T. A.: «Orbitofrontal Cortex, Decision-Making and Drug Addiction». *Trends in Neurosciences*, 292 (2006), S. 116–124.

Scholz, C., Baek, E., O'Donnell, M. B., Kim, H. S., Cappella, J. N., und Falk, E. B.: «A Neural Model of Valuation and Information Virality». *PNAS*, 114–11 (2017), S. 2881–2886.

Senft, T. M.: *Camgirls: Celebrity and Community in the Age of Social Networks*. New York 2008.

Servier, J.: *L'Utopie*. Paris 1985.

Shermer, M.: «Why ET Hasn't Called». *Scientific American*, 287–2 (2002), S. 21.

Siegrist, M., und Cvetkovich, G.: «Better Negative than Positive? Evidence of a Bias for Negative Information about Possible Health Dangers». *Risk Analysis*, 21 (2001), S. 199–206.

Solnick, S., und Hemenway, D.: «Is More Always Better? A Survey on Positional Concerns». *Journal of Economic Behaviour and Organisation*, 37 (1998), S. 373–383.

Souques, M.: «Faut-il avoir peur des champs électromagnétiques liés à l'électricité?». *Science et pseudoscience*, 285 (2009), S. 32–40.

Spira, J. B., und Feintuch, J. B.: «The Cost of not Paying Attention: How Interruptions Impact Knowledge Worker Productivity» (2005), https://iorgforum.org/wp-content/uploads/2011/06/CostOfNotPayingAttention.BasexReport1.pdf.

Stephens-Davidowitz, S.: *Everybody lies: Big Data, New data, and What the Internet can tell us about who we really are*. London 2017.

Stiegler, B.: «L'attention, entre économie restreinte et individuation collective». In: Citton Y. (Hg.), *L'Économie de l'attention*. Paris 2014, S. 123–135.

Stoczkowski, W.: *Des hommes, des dieux et des extraterrestres*. Paris 1999.

Stoczkowski, W.: *Anthropologies rédemptrices. Le monde selon Lévi-Strauss*. Paris 2008.

Stoczkowski, W.: «La double quête: un essai sur la dimension cosmologique de synthèses interdisciplinaires en sciences sociales». *Nouvelles perspectives en sciences sociales*, 7–1 (2011), S. 137–155.

Suler, J.: «The Online Disinhibition Effect». *CyberPsychology and Behavior*, 7–3 (2004), S. 321–326.

Sutter, Laurent de: *Indignation totale: ce que notre addiction au scandale dit de nous*. Paris 2019.

Tainter, J.: *The Collapse of Complex Societies*, Cambridge 1988.

Tappin, B. M., und McKay, R. T.: «The Illusion of Moral Superiority». *Social Psychological and Personality Science*, 8–6 (2016), S. 623–631.

Tempel, J., und Alcock, J. E.: «Relationships Between Conspiracy Mentality, Hyperactive Agency Detection, and Schizotypy: Supernatural Forces at Work?». *Personality and Individual Differences*, 82 (2015), S. 136–141.

Tecmark (2014), https://www.tecmark.co.uk/resources/insights/uk-smartphone-usage-data-2014 [zuletzt besucht am 27.01.2022].

Tocqueville, A. de: *Über die Demokratie in Amerika*. München 1976.

Treisman, A. M., und Gelade, G.: «A Feature-Integration Theory of Attention». *Cognitive Psychology*, 12–1 (1980), S. 97–136.

Turcev, N.: «Un livre entièrement traduit par une intelligence artificielle». *Livres hebdo*, 3. Oktober 2018.

Turner, P. G., und Lefevre, C. E.: «Instagram Use Is Linked to Increased Symptoms of Orthorexia Nervosa». *Eating and Weight Disorders: Studies on Anorexia, Bulimia and Obesity*, 22–2 (2017), S. 277–284.

Tversky, A., und Kahneman, D.: «Subjective Probability: A Judgment of Representativeness». *Cognitive Psychology*, 3 (1972), S. 430–454.

Twenge, J., Krizan, Z., und Hisler, G.: «Decreases in Self-Reported Sleep Duration among U. S. Adolescents 2009–2015 and Association with New Media Screen Time». *Sleep Medicine*, 33 (2017), S. 47–53.

Van Prooijen, J. W., Krouwel, A. P., und Pollet, T. V.: «Political Extremism Predicts Belief in Conspiracy Theories». *Social Psychological and Personality Science*, 6–5 (2015), S. 570–578.

Vann, M. G.: «Of Rats, Rice, and Race: The Great Hanoi Rat Massacre, an Episode in French Colonial History». *French Colonial History*, 4–1 (2003), S. 191–203.

Vosoughi, S., Roy, D., und Aral, S.: «The Spread of True and False News Online». *Science*, 359–6380 (2018), S. 1146–1151.

Vuilleumier, P.: «How Brains Beware: Neural Mechanisms of Emotional Attention». *Trends in Cognitive Sciences*, 9–12 (2005), S. 585–594.

Wasik, B.: *And Then There This: How Stories Live and Die in Viral Culture*. New York 2009.

Watson, J. R. I.: «Investigation into Deindividuation Using a Cross-Cultural Survey Technique». *Journal of Personality and Social Psychology*, 25 (1973), S. 342–345.

Watts, T. W., Duncan, G. J., und Quan, H.: «Revisiting the Marshmallow Test: A Conceptual Replication Investigating Links Between Early Delay of Gratification and Later Outcomes». *Psychological Science*, 29–7 (2018), S. 1159–1177.

Weber, M.: «Wissenschaft als Beruf». In: Ders.: *Gesammelte Aufsätze zur Wissenschaftslehre*. Tübingen 1973, S. 582–613.

Weng, L., Flammini, A., Vespignani, A., und Menczer, F.: «Competition among Memes in a World with Limited Attention». *Science Report*, 2 (2012), S. 335, https://doi.org/10.1038/srep00335.

Wilson, T. D., Reinhard, D. A., Westgate, E. C., Gilbert, D. T., Ekkerbeck, N., Hahn, C., Brown, L., und Shaked, A.: «Just Think: The Challenges of the Disengaged Mind». *Science*, 345–6192 (2014), S. 75–77.

Wogalter, M. S., und Mayhorn, C. B.: «Providing Cognitive Support with Technology-Based Warning Systems». *Ergonomics*, 48–5 (2005), S. 522–533.

Wong, D., u. a.: «Increased Occupancy of Dopamine Receptors in Human Striatum During Cue-Elicited Cocaine Craving». *Neuropsychopharmacology*, 31 (2006), S. 2716–2727.

Zajonc, R. B.: «Attitudinal Effects of Mere Exposure». *Journal of Personality and Social Psychology Monographs*, 9–2 (1968), S. 1–27.